影响力书系

赢得改革红利

Earning the Dividends of Reform

蔡昉 / 著

社会科学文献出版社
SOCIAL SCIENCES ACADEMIC PRESS (CHINA)

目录
CONTENTS

1

前　言

　　2011 年出版的《超越人口红利》一书，从各个方面论证了中国的刘易斯转折点的到来和人口红利即将消失，以及如何未雨绸缪，探寻未来的经济增长源泉。在该书出版后的第二年即 2012 年，中国 15～59 岁的劳动年龄人口便出现大幅度的绝对减少，劳动力短缺愈演愈烈，以农民工为代表的普通劳动者的工资持续上涨，中国经济不仅完成了刘易斯转折，而且正在迅速丧失长期赖以支撑高速经济增长的人口红利。

　　绝非偶然的，中国经济从 2012 年开始明显减速，而且这个减速趋势一直在持续。在经济学争论中的反映则是：首先，经济学家跃跃欲试，分别提出各种关于减速的理论解释和经验论证，并对中国经济增长的未来趋势做出了众说纷纭、莫衷一是的判断；其次，基于对减速原因的各异观点以及对中国经济面临问题的不同判断，经济学家分别从供给方面和需求方面解释减速原因，因而提出了不尽相同甚至大相径庭的政策建议。

　　由于研究资源和政策资源都是稀缺资源，配置到哪个领域无疑应该遵循收益最大化原则。据说，诺贝尔经济学奖获得者托宾说过一句话：需要一堆"哈伯格三角"才能填满一个"奥肯缺口"。这里讲到的两个经济学概念，前者指因垄断、价格扭曲等体制因素造成的福利损失，后者指实际经济增长低于潜在增长能力的幅度。托宾这句话的意思是关注宏观经济问题，比关注体制问题更加有意义。

在关于中国潜在增长率的争论中，一些研究者认为经济增长减速原因是需求不足，因此，通过加大投资，预期的增长潜力可达 8%。这与本文作者从供给方预测的潜在增长率相比，预期判断相差接近 2 个百分点，按照中国目前超过 62 万亿元的 GDP 总量计，这种不同的判断意味着每年有超过 1 万亿元 GDP 的差别，所以这个争论也可谓"万亿元之争"。如果中国经济的确是在潜在增长能力之下增长，研究如何填满"奥肯缺口"无疑是十分重要的。

问题在于，与作者所做的估计比较，迄今为止各年份的实际增长率仍然在潜在增长率之上，例如，作者估计的中国经济潜在增长率，2012 年为 7.89%，2013 年为 7.48%，2014 年为 7.14%。如果 2015 年中国经济能够实现 7%左右的 GDP 增长，则仍然在潜在增长能力（6.86%）之上。另一方面，由于体制障碍造成生产要素（特别是劳动力）供给不足和生产率低下的问题，可以也必须通过深化改革予以解决，根据本书作者的测算，通过改革增加劳动力供给、扩大人力资本积累、提高生产率和均衡人口发展，产生的提高潜在增长率的效果可以高达未来 GDP 总量的 1~2 个百分点，可见改革红利也颇为不菲。

因此，本书作者强调通过深化相关领域的经济体制改革，赢取改革红利。为此，作者不仅在专业期刊上发表了一系列较为理论性和技术性的学术论文，还在报刊上撰写了更为直截了当论述相关问题、面向大众读者的各类短论。本文集选取了作者近年发表过的成果，并安排在六个板块中，分别为：第一篇"适应经济增长新常态"、第二篇"坚持改革的正确方法论"、第三篇"探寻新的经济增长源泉"、第四篇"认识新常态下的劳动力市场"、第五篇"积极应对'未富先老'"和第六篇"深化关键领域的改革"。

在《超越人口红利》一书出版时，中国经济学家的一项重要工作，是为国家"十二五"规划提供政策建议。现在，在本书出版之际，我们开始思考如何应对"十三五"时期经济社会发展的挑战，特别是为如期完成党的十八大提出的全面建成小康社会的宏伟任务献计献策。如果说,《超越人口红利》一书对于 5 年前认识中国经济发展阶段有所帮助的话,希望以"赢取改革红利"为主题的本书能够服务于经济学家这一责无旁贷的职责,对读者思考相关问题有所裨益。

蔡昉

2015 年 3 月 11 日

第一篇
适应经济增长新常态

把握经济走势，坚持稳中求进

按照世界银行的划分标准，人均国内生产总值（GDP）达到12000美元，是定义中等偏上收入国家和高收入国家的分界点。2014年我国人均GDP已经超过7000美元，正在向高收入阶段迈进。与此同时，我国经济发展也进入了一个新常态。实现全面建成小康社会目标和完成党的三中全会部署的全面深化改革目标，顺利度过这个双重关键时期，不仅需要我们付出更多努力啃硬骨头和涉险滩，也要求我们很好地把握经济走势，坚持稳中求进的工作总基调。

一 从发展阶段把握经济走势

1978～2014年期间，在改革开放大环境下，我国GDP年均实际增长率为9.7%，在同期世界经济增长中堪称一枝独秀。取得这样的经济成绩，是供给和需求两方面的有利因素造就的。从供给能力角度看，是得益于人口结构朝着有利于经济增长的方向变化。也就是说，在这个发展阶段上，我国经济增长享受到充足的人口红利，突出地表现为劳动年龄人口增长快于其他年龄组的人口，保证了经济发展所需劳动力的充足供给；加之人口抚养比的持续下降有利于资本积累，以及保持了较高的投资回报率，使得投入驱动成为可行的经济增长模式。此外，大规模劳动力转移带来了资源重新配置效率，也使这一时期的生产率提高潜力得到释放。与此同时，城乡居民收入持续大幅度提高释放出巨大的消费需求，城镇化、工业化和区域发展拉动了大规模的投资需求，积极参与经济全球化为劳动密集型制造业产品开辟了国际市场，使得拉动我国经济增长的需求因素也十分强劲。

进入"十二五"时期以来，我国经济增长面临的国内外环境，以及影响增长的供给和需求因素都发生了显著的变化。从国内供给能力看，随着2011年以来15～59岁劳动年龄人口的逐年减少，劳动力结构性短缺现象愈演愈烈，劳动力成本大幅度上升。2004～2013年，作为普通劳动力代表的农民工工资年平均实际增长率为12%。与此相应，投资回报率也呈加速递减趋势，一些以往单纯依靠廉价劳动力经营的中小企业难以为继。由于农业中劳动力的剩余程度缓解，劳动力向城镇非农产业转移的速度下降，生产率提高的空间也缩小了，这导致我国劳动密集型制造业的比较优势和竞争力下降。

世界金融危机以及随后欧洲的主权债务危机，使得发达经济体经济增长复苏乏力，也抑制了贸易增长，对我国外需产生不利的影响。但是，净出口对我国经济增长贡献率的大幅度下降，主要还是因为国内劳动力成本上升导致劳动密集型产品比较优势降低所造成的。根据计算，我国传统上具有比较优势且占出口主导的11种劳动密集型产品的比较优势指数（即我国该类产品出口比重与世界同一比重的比值），从2003年的4.4显著下降到2013年的3.4，下降幅度为22.7%。由此证明，我国劳动密集型产品出口的下降幅度快于世界同类产品贸易量的下降幅度，主要还是供给方面的因素造成的。

上述因素对我国经济增长速度减缓造成的影响，可以用估算潜在增长率的变化定量来表示。潜在增长率是指在一定的生产要素供给能力以及生产率提高速度下，一国经济在没有周期性失业和明显通货膨胀条件下所能实现的GDP增长率。测算表明，我国潜在增长率从1995～2010年间的年均10.3%，明显下降到"十二五"时期的年均

7.6%，在"十三五"时期则会进一步下降为 6.2%。实际上，经济增长从高速转向中高速为特征的新常态，是经济发展发生阶段性变化的结果，而潜在增长率的变化趋势，则是这个增长速度新常态的定量证明。

二 靠深化改革实现稳中求进

经济发展转入新常态这一变化，没有改变我国发展仍然处于可以大有作为的重要战略机遇期的判断，但是，如何应对新挑战、抓住机遇从而大有作为，需要深刻认识和主动适应新常态。需要做出准确判断的是，我国面临的经济增长减速，不是需求方面因素造成的周期性冲击，而是供给方面的阶段性变化导致的长期趋势。虽然在任何时期短期的需求波动都可能发生，也需要宏观经济政策予以调控，但是，我们所要理解的新常态显然主要不是需求周期造成的。这一点可以从我国宏观经济刺激政策的边际效果递减，以及欧美国家经济复苏对我国出口的拉动弹性下降得到证实。而既然经济增长减速主要是潜在增长率决定的供给方面的因素造成的，则通过推进诸多关键领域的改革，创造更好的生产要素供给条件和生产率提高激励，完全可以提高潜在增长率。具体来说，可以从以下几个方面着手，通过改革提高潜在增长率，从而抓住新的发展机遇。

首先，劳动力供给尚有巨大的挖掘潜力。根据国家统计局的数字，2013 年我国农业劳动力比重为 31%，即使剔除由于口径因素造成的高估，农业劳动力也仍然达到 22%，大大高于发达国家的农业劳动力比重。因此，加快推进以农业转移人口市民化和基本公共服务均等化为核心的户籍制度改革，可以稳定和增加非农产业的劳动力供给。目前已经转移到城镇的农民工已达 1.7 亿人，一旦他们能够取得城镇户口，或者均等地享受到城镇基本公共服务，其劳动参与率也可以得到大幅度的提高。从农业劳动力比重每年下降 1 个百分点，以及已经在城市务工的农民工分步实现落户来看，未来 20 年仍有足够大的劳动力供给潜力可供挖掘。而长期来看，渐进提高退休年龄和逐步调整生育政策，都可以产生改善未来劳动力供给的效果，延长人口红利机遇期。

其次，人力资本对经济增长贡献仍需大幅提高。进入新常态后的经济增长、产业升级和创新驱动，都对劳动者素质提出更高的要求，对教育发展和教育体制改革提出更紧迫的任务。目前我国成年人受教育年限仍然明显低于发达国家水平，主要表现在基础教育的区域差异和城乡差异大，不发达地区和贫困农村地区的义务教育完成率低；农村青少年义务教育后升学率低，从而高中阶段教育和高等教育的普及率低；由于历史原因，现有职工队伍中年龄越大受教育程度越低，等等。因此，通过深化相关领域的改革进一步提高教育的均等化程度、推动普及高等教育和加强职工培训的有效性，可以显著提高整体人力资本，通过获取人才红利保持经济增长的可持续性。

最后，提高生产率有着无限的空间。一国经济发展水平越高，其增长速度越是依赖生产率特别是全要素生产率的提高。从经济整体层面来看，全要素生产率就是生产要素配置的效率。在我国过去的高速增长中，全要素生产率的改善，主要来自劳动力从生产率低的农业向生产率更高的非农产业的转移。虽然今后户籍制度改革的推进仍然有利于改善产业之间的资源配置效率，从而提高全要素生产率，但更多的资源重新配置效率将来自企业之间的优胜劣汰，即有竞争力的企业得以生存和发展，没有竞争力的企业萎缩甚至退出经营。因此，对于政府这只"看得见的手"来说，提高全要素生产率的抓手不是代替企业去选择投资方向和经营策略，而是通过推进全面改革，创造公平而充分的竞争环境，同时硬化企业的预算约束，推动企业实现经济增长动力的转换。

随着人口红利的逐渐消失，潜在增长率下降是必然要发生的，由此导致的经济增长速度的长期下降也是一个自然的过程。但是，现存的一系列体制机制因素，仍然阻碍着生产要素特别是劳动力的充分供给和生产率的合理提高，因此，旨在消除这些体制性障碍的改革，可以从诸多方面挖掘潜力，提高未来的潜在增长率。根据测算，如果一系列重要领域的改革，包括具有立竿见影效果的户籍制度改革、未来长期显示效果的教育体制改革和生育政策调整，以及具有长期可持续效果的竞争环境的构造，等等，能够及时和实质性地推进，综合的改革红利可以表现为近2个百分点的潜在增长率提高。

三　在新常态下达到增长目标

新常态的一个重要表现是经济增长从高速转为中高速，应主动适应新常态要求，不再单纯追求增长速度，不以GDP论英雄。因此，理性确立经济增长速度的预期目标，有助于在观念上适应新常态，做到认识到位、方法对路和工作得力。确立增长目标的一项基础工作是对未来GDP增长率做出预测，而认识不同决定了预测方法的差异，这种差异通常会导致大相径庭的预测结果。

在没有发生经济发展阶段变化的情况下，简单的外推法，即用过去的增长速度预测今后的增长速度，常常也可以准确地预见到未来的经济走势。然而，一旦经济发展阶段发生变化，则一系列影响增长速度的参数也就改变了，依靠简单的外推法就无法做出准确的增长预测了。近来一些经济学家尝试把发展阶段的因素纳入其预测方法，即所谓"趋同法"，认为以人均GDP作为衡量标准，收入水平相对低的国家应该比收入水平相对高的国家有更快的增长速度。按照这个逻辑，目前我国人均GDP仅为美国的20%多一点，相当于日本20世纪50年代初的水平、新加坡20世纪60年代后期的水平、韩国20世纪70年代后期的水平。由于这些国家在达到类似发展水平之后继续保持了大约20年的高速增长，所以这类预测断言，我国仍有20年的高速增长期。作为一种对经济增长潜力的判断和预期，根据这种方法做出的预测有其参考价值，但是，这种预测本身并不能告诉人们预测结果中所包含的"潜力"因素是什么，以及怎样去挖掘，因此，其预测结果常常使人产生误解，以为可以无条件达到较高的增长速度。

近期还流行着一种对我国增长速度将大幅度放缓的预测,其依据的方法被称为"趋中律",即根据一个观察到的"回到平均值"统计现象,主张任何高速经济增长都是异常的表现,最终增长速度必然回归到世界平均水平上。据此,萨默斯等两位哈佛大学教授估计,中国在 2013~2023 年间,GDP 年平均增长率将仅为 5.01%,2023~2033年间则将进一步降低到 3.28%。与此相类似的其他研究还表明,大约在一个特定的人均 GDP 水平上,高速增长必然终结,而中国正处在这样的收入水平转折点上。但是,这里采用的花哨"规律",充其量只是一个统计现象,不能对其关于减速的判断做出科学合理的经济解释。

无依据地低估中国未来的增长率从而唱衰中国的论调,固然缺乏足够的说服力,而对中国经济增长速度做出过高的预测,也不利于帮助社会建立合理的预期。笔者及其研究团队基于劳动力供给、固定资产形成和生产率提高等趋势,以及改革红利的潜力所做出的潜在增长率估计,预测了今后一段时期我国 GDP 增长率的可能性区间,可以作为 2015 年和"十三五"时期的增长速度预期目标的依据。鉴于2015 年我国潜在增长率的自然下限为 6.9%,加上改革红利的潜在增长率上限为 7.2%,我们建议把 2015 年 GDP 增长率目标定在 7% 左右。鉴于"十三五"时期上述潜在增长率的下限和上限分别为 6.2%和 6.7%,并且有必要假设更多的改革红利释放,可能进一步提高潜在增长率,因此,我们认为在"十三五"时期,设定 6.5%~7.0%的 GDP 增长率预期目标是适当的。

这样的增长速度目标既是稳妥的,又不失进取精神。首先,实际增长率与潜在增长能力相符,就意味着既不会出现明显的通货膨胀,也不会遭遇就业冲击。2014 年出现的工业生产者出厂价格的下降趋势,主要是高投资增长率降下来产生的预期因素,以及一些产业的产能过剩造成的。由于就业需求仍然旺盛,普通劳动者工资持续上涨,因此,对于通货紧缩的担忧是不必要的。其次,实际增长率与潜在增长能力相符,有利于消除产能过剩、缓解资源环境压力、挤掉 GDP

统计中的水分，因此是更加健康、更具包容性、更可持续的增长速度。最后，通过改革提高潜在增长率是一个积极、现实、合理的假设。通过清除阻碍生产要素供给和生产率提高的制度障碍，改革可以为我们赢得更高的经济增长率。按照目前测算的潜在增长率确定增长速度目标，加上合理预期的改革红利，可以实现党的十八大确立的2010~2020年间GDP总量翻一番的目标，即GDP总量在2010年40.15万亿元的基础上，按照不变价格2020年达到80.3万亿元。由于"十二五"时期居民收入增长快于经济发展，相应的城乡居民收入翻一番的目标也完全可以实现。

原载 2015 年第 1 期《求是》

防止产业结构 "逆库兹涅茨化"

有的研究者认为,由于第三产业的劳动生产率低于第二产业,前者的发展逐渐领先于后者,是经济增长减速的原因之一。且不论这个判断的政策含义是什么,这个判断是否正确并非一个纯理论思辨的问题,而是需要在数据分析的基础上通过实证研究才能做出的结论。本文认为,总体来说我国产业结构的调整,是朝着有利于提高生产率的方向进行的。同时,加快旨在促进生产要素市场发育的改革,有助于产业结构沿着升级、优化的方向得到调整,可以避免产业结构演变的 "逆库兹涅茨化"。

一 生产率提高是产业升级的要义

虽然很久以来经济学家就总结出产业结构演进的规律,如克拉克发现并揭示,产业结构调整通常沿着第一产业、第二产业和第三产业的顺序进行演化,然而真正揭示产业演进动力和结果的,则是1971年诺贝尔经济学奖获得者库兹涅茨。他指出,产业结构升级的关键是资源从生产率较低的部门向生产率更高的部门转移,从而经济整体的资源配置效率得以提高。我们可以将此视作 "库兹涅茨式" 产业结构演进。由此，如果产业结构演进的确遵循第一、第二和第三次产业的顺序，其隐含的假设则是生产率按照相同的产业顺序依次提高，因此，一国经济的整体资源配置效率得以不断改善，表现为全要素生产率的提高。

改革开放时期，我国产业结构的调整基本上是按照生产率提高的规律进行的，产业间的资源重新配置效率构成全要素生产率增长的重要部分，对这个时期的经济增长做出显著贡献。例如，从三次产业的劳动生产率，即每个劳动力生产的该产业增加值来看，在1978～2013年间，农业劳动生产率从劳均0.04万元提高到劳均2.92万元，从相当于非农产业劳动生产率的16.4%提高到31.8%。这个生产率提高固然有技术进步带来的增产等因素起作用，更主要的则是农业劳动力比重持续下降的效果。根据对官方数据进行调整后的重新估计，这一期间，农业劳动力比重从70.5%下降到21.9%。

然而，并非按照从第一产业先后到第二产业和第三产业这样的顺序所进行的产业结构调整，就自然而然产生提高劳动生产率和改善资源配置效率的效果。近年来，有的观察者开始注意到，劳动力从第二产业到第三产业的转移有时反而导致劳动生产率的下降。如果这是实际中发生的事实，则意味着出现了产业结构调整过程中的"逆库兹涅茨化"现象。

继1994年我国第三产业就业比重超过第二产业之后，2014年第三产业GDP占比首次超越第二产业，第二产业和第三产业分别占到全部GDP的43.9%和46.1%。这个变化被普遍看作是结构调整的一个重要里程碑。然而，如果这个变化的背后隐藏着生产率下降的事实，则需要重新审视一直以来把提高第三产业比重作为结构调整目标的政策导向，或者需要重新审视提高第三产业比重的恰当方式和途径。从总体上观察，2013年我国第二产业和第三产业的劳动生产率分别为劳均10.8万元和劳均8.8万元，后者比前者低18.5%。由此看来，有人认为第三产业比重提高会降低整体资源配置效率，甚至要对经济增长减速负责，也不无缘由和针对性。存在这样的担心固然可以具有未雨绸缪的作用，不过，得出这个结论的统计依据却不足。

对这个问题给出答案，关键不在于第三产业比重是否提高，或者第二产业与第三产业之间是否具有此消彼长的关系，而在于两者的相对变化趋势是怎样的。我们可以借助于一个统计指标——比较劳动生产率（即每个产业的产值占比与就业占比之间的比率），来观察第二产业与第三产业之间的资源配置是否合理。在仅仅考虑这两个产业的情况下，长期以来，第二产业的比较劳动生产率一直明显大于1，意味着以较小的劳动力比重创造了较大的增加值比重，而第三产业的比较劳动生产率一直明显小于1，即以较大的劳动力比重创造了较小的增加值比重。这说明资源在产业间的配置未达到最优状态。但是，在过去的一段时期内，第二产业的比较劳动生产率呈现向1收敛的下行趋势，而第三产业的比较劳动生产率则呈现向1收敛的上行趋势。这样的变化趋势，特别是第三产业产值比重超过第二产业的转折点，是资源配置向合理方向变化的标志。

二 潜在的产业结构"逆库兹涅茨化"

不过，对于产业结构发生"逆库兹涅茨化"的现象做出警示，也不是完全没有针对性的；其实，在现实中已经出现某些值得关注的问题端倪。在我国经济发展进入新常态的条件下，经济增长速度将明显减缓，保持经济增长可持续性要求通过加快产业结构调整和升级，把增长的动力从投入驱动转向生产率驱动。实际上，一个经济体逐渐从二元经济发展阶段转向新古典阶段，意味着经济增长越来越依靠全要素生产率的提高。从微观层面看，企业提高效率的努力可以多种多样，如采用新技术、开拓新市场、改善管理等，从宏观层面看，全要素生产率的提高归根结底是通过资源配置效率的提高体现出来的，因此，产业结构调整必须遵循提高生产率的原则。潜在和实际存在的逆库兹涅茨产业结构调整现象，至少有以下两种表现。

首先，由于户籍制度改革没有完成，已经转移到城镇就业和生活的农民工，由于不能均等享受城镇的基本公共服务，特别是不能享受基本社会养老保险、失业保险和最低生活保障待遇等社会保障，在他们仍然具有很高就业能力的时候往往就退出城镇劳动力市场。现实中，农民工一般在40岁以后就考虑返乡。虽然返乡后他们仍然处于就业状态，但是，从非农产业回归到务农状态，从沿海地区的城市经济就业回到中西部地区的农村经济就业，必然意味着生产率和资源配置效率的降低。所以，如果说劳动力从农业和农村转移出来，到城镇非农产业就业是一种对经济增长做出重要贡献的资源重新配置，推动了库兹涅茨式的产业结构演进，这种农民工返乡则表现为逆库兹涅茨现象，不仅减少了劳动力供给，更降低了资源配置效率，不利于保持经济可持续增长。

其次，劳动力从第二产业向第三产业转移，是库兹涅茨式的产业结构演进还是与此相背离的变化方向，取决于从怎样的第二产业转移到怎样的第三产业。实际上，第三产业是一个涵盖甚广的大产业，既包括与居民日常生活息息相关的传统服务业，也包括一系列与新科技紧密结合的现代服务业，各类服务业的生产率水平大不相同。我们可以利用第一次经济普查和第三次经济普查的数据，考查2004~2013年间第三产业的发展及其构成的变化。如果我们把第三产业大体上划分为"传统服务业"（包括批发和零售业，交通运输、仓储和邮政业，住宿和餐饮业，居民服务，修理和其他服务业）和"现代服务业"（包括水利、环境和公共设施管理业，信息传输、软件和信息技术服务业，金融业，房地产业，租赁和商务服务业，科学研究和技术服务业，教育、卫生和社会工作，文化、体育和娱乐业，公共管理、社会保障和社会组织）两类部门，在此期间前者增长了117.4%，2013年占全部第三产业的比重为34.7%；后者增长了68.3%，2013年占全部第三产业的比重为65.3%。两种类型服务业的发展趋势既是同方向的，也有不尽相同的诱因和动力。在经济发展进入更高的阶段下，人民生活水平改善对各种生活服务业发展提出更大的需求，新常态下的经济增长驱动力，也越来越有赖于诸多现代服务业部门的加快发展。一方面，传统服务业增长明显快于现代服务业，这无疑是一个降低生产率的因素；另一方面，由于现代服务业占比高，因此其对第三产业发展的贡献更大，则成为提高生产率的因素，后者的效果超过前者。

当我们讲通过产业结构调整实现资源重新配置时，并不一定意味着第三产业与制造业的此消彼长。实际上，制造业升级也包括从价值链"微笑曲线"的底端向两个方向上延伸，从而从制造过程生长出研发、设计、营销、售后服务等生产性服务业，后者帮助制造业变得更具竞争力。这样，制造业升级和现代服务业发展可以同步实现。国际比较表明，分别处于不同发展阶段的许多国家的第三产业的就业比重都高于我国，但是背后的逻辑以及第三产业的内涵却不尽相同，甚至大相径庭。一般来说，发达国家的服务业比重较高，而且通常是在高度工业化的基础上发展起来的现代服务业。例如，在美国、德国和日本这样的制造业大国，服务业比重已经高达70%～80%。另外，一些长期徘徊在中等收入水平上的国家也有较高的服务业比重，却往往是制造业缺乏比较优势，甚至是产业结构"去工业化"的结果，表现为传统服务业为主的特征，并不代表一种产业结构的高度化和优化，反而可以被看作其经济增长结构性弊端之一。

三　实现产业结构升级的改革思路

把结构演化真正变为生产率提高导向型的产业升级和优化过程，最重要的原则是充分发挥市场机制配置资源的作用，而避免政府过多使用政策手段人为推动结构调整。在面对产业结构调整这样具有重要性和紧迫性的问题时，政府往往急于寻找可以产生立竿见影效果的政策抓手。除了一般性的倡导之外，传统上政府习惯使用的并且在以往被认为"行之有效"的政策抓手，主要是实施附带着一系列奖惩措施的产业政策，即从财政、税收、信贷、审批等方面支持意欲鼓励发展的产业，或者抑制意欲限制发展的产业。正如国内外大量发展经验所表明的那样，虽然一般来说实施产业政策的本意是好的，也可以取得预期的效果，但是，实践中也不乏相关激励措施使用过度，扭曲了生产要素价格，把自然的产业结构演进变成人为干预过程的事例，常常出现事倍功半甚至适得其反的效果。

在观察到产业政策实施中存在问题的情况下，一些研究者建议放弃这种政策形式以及政府对产业结构调整的干预，完全由市场自发调节产业结构的演进方向、节奏和力度。这不啻为一种把婴儿连同洗澡水一起倒掉的想法。实际上，发挥市场机制配置资源的决定性作用，与政府在产业结构升级过程中更好地发挥作用并不矛盾，而且，政府履行职责也仍然有切实有效的抓手。目前，遵循提高资源重新配置效率的原则实现产业结构升级和优化，防止产业结构变化的"逆库兹涅茨化"倾向，政府的抓手在于推动深化若干重要领域的改革，其中特别是有利于生产要素市场发育的改革。

生产要素市场发育的关键是把价格信号搞对。一方面，只有生产要素价格充分反映资源的相对稀缺性，全国乃至每个地区的比较优势才能得到显示，从而产业结构的调整才是与比较优势相符的。另一方面，生产要素充分流动才能引导资源有效配置的产业结构的形成。首先，促进劳动力转移并使那些已经实现就业转移的农民工真正在城市落户，使其稳定从事非农产业就业，不致发生逆向转移从而重新造成资源配置的低效率，要求加快推进户籍制度改革。其次，旨在提高资源配置效率的产业结构变化，归根结底要表现为千千万万个企业和投资者遵循要素相对价格变化的方向，进入具有比较优势的产业，退出丧失了比较优势的产业。充分竞争和公平待遇的金融服务，既可以帮助企业和投资者根据自己的判断做出理性的选择，又可以避免优惠政策可能导致的对比较优势的错判，以及产业结构调整上出现盲目的一拥而上现象，这对深化金融体制和投融资体制的改革，实现资金的合理分配和有效使用提出紧迫的要求。

原载 2014 年 12 月 30 日《第一财经日报》

中国需要接受潜在增长率下降

目前在中国，对人口问题与经济增长的关系仍有不少认识误区。比如把人口变化的长期趋势和宏观经济的周期性变化混为一谈，总是尝试用解决周期问题的手段来解决长期的结构问题；在关注经济增长变化趋势时，把供给因素与需求因素混淆；还有人预期中国人口总量要达到 15 亿，不知道人口变化往往比人们的预期要快。例如在日本，人们的认识就常常跟不上人口变化，日本人口已经连续 3 年绝对减少了，今年（2012 年）减少了几十万人。

我认为可以从劳动年龄人口的供给和需求两个方面来分析对中国经济增长的影响。因为需求不能代替供给，从政策层面上说，并不能通过寻找新的需求因素，运用刺激手段，借助所谓的经济增长点来提高潜在经济增长率。

如果把劳动年龄人口的增长或减少看作劳动力供给的话，中国劳动力供给已经不是增长率下降，而是已经从 2010 年开始绝对减少。即使按照许多人建议的实施"单独二孩"政策（即夫妻双方有一人是独生子女即可生两个孩子），也改变不了人口变化的大趋势。再加上中国在劳动年龄人口上的一个最大的特点：中国的劳动年龄人口不仅受教育程度低，而且随着年龄提高，其受教育程度迅速下降。也就是说，当中国人口到达官方规定的退休年龄时，即男性 60 周岁，女性大部分 55 周岁，其受教育程度很低，很难实现充分就业。

再看需求方面，虽然我们不能明确未来的劳动力需求有多大，但是从过去 10 年来看，假设城市就业人口是城市居民就业人口和农民工进城就业人口之和，那么城市对劳动力的需求增长还是非常快的。劳动力需求取决于未来的经济增长速度。在未来一段时间里，即使中国 GDP 的增长下降，劳动力的需求还是会增长，到那时劳动力供需关系将发生根本性的变化。

这种变化对中国经济增长将产生何种影响呢？

过去，中国经济增长从各种要素贡献和全要素生产率贡献，都可以看到人口红利的因素。随着中国人口转变到了一个新阶段，劳动年龄的人口如果到了绝对减少的程度，那么所有因素都会随之改变。到那时，中国经济的潜在增长率一定会随之下降。

自 2004 年出现"民工荒"开始，中国劳动力短缺现象一直持续到现在。这意味着中国经济依赖人口红利的增长基础发生了变化，总体上中国经济不会再有原来的增长速度。根据我们的估算，在"十二五"和"十三五"规划时期，中国经济的潜在增长率会有明显的下降，2011～2016 年是 7.2%；2016～2020 年是 6.1%。

我们需要认识到，潜在经济增长率是不能被超越的，即不应该通过一些干预性的政策手段去超越。如果政府通过创造新的经济增长点刺激需求，超越潜在经济增长率，会造成诸多不良后果。包括产业政策、区域政策和刺激政策，如果旨在超越潜在增长率，往往会扭曲生产要素的价格，使产业结构偏离比较优势，造成通货膨胀、宏观经济不稳定、产能过剩、保护落后部门和企业等诸多不良后果。目前已经显现出一些这样的端倪。像中西部地区制造业的资本密集程度超越了沿海地区，从宏观上看就一定是偏离了中西部的比较优势。许多政策扶植的产业与目前中国产能过剩的产业也是高度重合的。

中国经济的出路在哪儿？高增长还能持续多久？我认为，潜在增长率虽然不能超越，但是通过正确的政策干预，也是可以改变或者提高的。这需要进行一系列改革和政策调整。例如，改革户籍制度可以稳定劳动力供给，进一步挖掘劳动力供给；改变教育资源的区域不公平现象，进一步扩大人力资本，可以增加人力资本对经济增长的贡献率；清除生产要素在企业、部门、产业之间流动的制度性障碍，提升资源重新配置效率，使单位生产要素贡献更多的经济增长。这些都是增加潜在经济增长率的重要方面。

不过，上述改革的效果需要较长时间才能显现，所以，我们看待改革要有一个良好的心态，不能过于功利，要着眼于经济增长的长期可持续性。最为重要的是必须先在心理上接受潜在经济增长率下降这一判断，才能够着眼于长期的经济增长，稳妥推进各方面的改革。

原载《凤凰周刊》，http：//www.51fenghuang.com/news/zhong/1468.html

关于我国经济总量世界排位的思考

世界银行在 2014 年 4 月发布的一份报告中宣称，按照购买力平价计算，中国 GDP 总量预计年底超过美国，成为世界第一大经济体。对于这个判断，我国官方没有也不必做出明确的评价，但是，应该密切关注，充分研究成为第一大经济体的含义。本文拟简述对我国经济总量排位的思考，并提出几点政策建议。

一 对世界银行的预测应该采取的态度

第一，目前国际上关于购买力平价的估算存在诸多问题，不应该引以为据。世界银行、国际货币基金组织等在进行国际经济总量和人均收入比较时，不仅使用汇率法计算 GDP 总量和人均量，也提供一套按照购买力平价计算的分国别数据。由于一般认为，各国的价格水平不尽相同，汇率也不能完全反映市场均衡水平，所以，一些国际机构和学术单位，常常按照各国货币对一揽子商品的实际购买能力，计算出购买力平价，修正 GDP 总量和人均水平。这种估算在应用于我国时，往往会有意无意地产生两个误判：一是低估我国实际物价水平，二是暗含我国汇率仍然被低估的假设。其结果可能过早改变我国作为发展中国家的地位。实际上，我国官方从未承认以购买力平价计算的 GDP 数字。因此，按照一贯的原则，我国不应正式对世界银行的这个预测做出反应。

第二，对于我国经济总量超过美国的预期，应该有所预判并及早研究，形成政策储备。应该看到，按照我国过去的实际增长速度，以及未来一段时间的增长速度预期，经济总量超过美国是迟早的事情。例如，按照汇率法计算的我国经济总量，在 20 世纪 90 年代，从占世界第十位提高到占世界第六位，在 21 世纪的前 10 年，则分别超过法国、英国、德国和日本，位居美国之后占世界第二位。几年前，国际货币基金组织就已经预测，以购买力平价计算，中国 GDP 总量将于 2017 年赶超美国。一般认为，按照汇率法计算经济总量，中国也将在 2030 年之前超过美国，跃居世界第一大经济体。对于世界经济版图这一迟早要发生的重大变化，我们应该及时做好严肃的研究和充足的政策准备。

二　预期或实际成为"世界第一"的含义

第三，被反复渲染的赶超美国预期，具有正面和负面双重影响。从正面来看，我国经济将继续快速增长的预期，有利于消除悲观的经济形势判断，增强国内外投资者的信心。随着我国劳动年龄人口从连续增长转为绝对减少，人口红利逐渐消失，GDP 增长率从"十二五"期间开始已经有所减缓。在国内外分析家中产生了一种经济悲观情绪。一些国际上的观察家关于中国经济将要"撞墙"，或者像美国底特律那样深陷"锈带"命运之中，乃至泡沫即将破裂的各种预言不绝如缕。我国经济增长中长期面临的一些深层次问题，尽管正在得到改善，也成为唱衰中国经济的素材。国内一些经济分析人士也受到增长速度减缓等现象的影响，陷入经济悲观主义，影响客观冷静的判断，乃至提出不恰当的政策建议。在这种氛围下，由世界经济发展的权威机构发布看好中国经济的新闻，有利于消除分析家和投资者的悲观情绪，为我国经济发展保持持续动力赢得信心。

然而，中国经济超越美国的预测被不断炒作，也会刺激美国的神经，使其做出进一步遏制我国的政治、经济和外交的举措，不利于保持我国和平发展的外部环境。例如，2013 年，美国哈佛大学学者阿里森发表文章，认为中美面临着所谓的"修昔底德陷阱"。两千多年前，雅典将领、历史学家修昔底德在其著作《伯罗奔尼撒战争史》中指出，历时长久、后果惨烈的伯罗奔尼撒战争，起因正是雅典的崛起及其在斯巴达所引发的恐惧。阿里森还举出诸多其他历史事实，证明在大国关系历史上的确存在着这个"修昔底德陷阱"。即使经济总量日益接近甚至最终超过美国，我国人均 GDP 排位仍将长期靠后，缩小与美国在科技、军事、文化等方面的硬实力和软实力差距，仍然需要付出长期、艰巨的努力。因此，我们应该放低姿态，赢得时间，加快全面深化改革的步伐，实现向高收入国家的转变。

第四，我们应该加紧研究作为对世界经济、政治、外交负有更多责任的大国策略。作为世界经济大国，各国对我国所要承担的国际责任有更高的期望。其中不乏来自那些意图遏制我国和平发展的国家的恶意要求，如在履行世界贸易组织协议和承诺温室气体排放等方面，否定我国作为发展中国家的地位；也有来自其他新兴市场经济体和许多发展中国家，由于对中国经济的依赖度大幅提高而产生了更多期待。对此，我国应有足够的研究，形成具有长期性、大局性和战略性的策略，一方面利用日益增强的经济实力，加快对外投资"走出去"的步伐，提高制定国际交往规则的话语权，创造更有利于经济发展的外部环境；另一方面争取长期保持作为发展中国家的身份，本着以我为主、以国内发展为主的原则发挥应有的国际作用，形成有利于发展中国家赶超发达经济体的世界经济格局。

三 保持经济持续增长的政策选择

第五，准确判断我国经济发展所处的阶段性特征，防止政策失误把增长速度放缓演变成经济发展停滞,陷入中等收入陷阱。虽然按照以往的增长率预测,我国终将在总量上赶超美国,在人均 GDP 水平上进入高收入国家的行列,但是,从劳动力供给、资本回报率和生产率提高的趋势判断,我国 GDP 增长率预期将逐年有所下降。根据我们的估算,GDP 的潜在增长率,即生产要素供给和生产率提高速度可以维持的正常增长速度,正在从 1995～2010 年这 15 年的平均 10.3%,下降到"十二五"时期的平均 7.6%,到"十三五"时期还会继续下降到 6.2%。应该认识到,这个经济增长放缓的原因是供给方面能力变化的结果,而不是需求方面的冲击造成的。因此,应准确认识经济增长换挡期,冷静接受与潜在增长率相符的较低增长速度,正确的应对策略不是加大对经济的刺激力度,而是通过改革释放经济增长潜力。

第六,通过全面深化改革获得制度红利,保持中国经济持续健康发展。抑制经济增长的制度性障碍,包括户籍制度对劳动力供给潜力的制约、现行投融资体制对投资效率改进的制约,以及对中小企业和民营经济的歧视性待遇导致的对生产率提高的制约等。通过推进改革破除这些制度障碍,可以立竿见影地提高增长率。例如,我们的测算表明,在 2011～2020 年期间,通过一系列改革,每年把劳动参与率提高 1 个百分点,可以把潜在增长率提高 0.88 个百分点;如果把全要素生产率的年增长速度提高 1 个百分点,可以把潜在增长率提高 0.99 个百分点;而通过逐步调整生育政策,把总和生育率提高到接近 1.8 的水平,则可以在 2030 年之后显示效果,潜在增长率可以提高 10%～15%。

原载 2014 年第 8 期《群言》

从"帕累托改进"走向"卡尔多改进"[*]

告别了三十多年的高歌猛进，中国经济发展迈入新阶段。在人口红利消失的情况下，中国经济发展遭遇叠加三重下行压力。2014年是中国经济改革元年，目前经济运行已进入三季度末期，如何客观认识新常态下的中国经济和社会发展面临的挑战和潜力？中国经济新常态下的发展路径是什么？

对此，《上海证券报》记者专访了中国社会科学院副院长蔡昉。他认为，中国经济增速下行的根本原因在于潜在增长率。解决方案应该是针对供给方，努力提高潜在增长率，而不是刺激需求。

"改革与增长不是或此或彼、此消彼长的关系，而是可以产生显著的红利。改革的意义在于形成改革共识，坚定改革决心，选择有利于推进的改革方式，从'帕累托改进'走向'卡尔多改进'。"蔡昉说。

中国经济面临下滑压力已形成共识

上海证券报：8月份宏观经济数据显示，投资不旺，内需继续乏力。微刺激下的中国经济增长减速好像已是现实。您怎样看待？

蔡昉：这两年官方的表述在讲中国经济增长面临下行压力。也就是说，中国经济增长的速度在减慢。自2011年初以来，已经连续有十几个季度的经济增速都在个位数，明显低于过去35年的平均经济增速。

关于中国经济增长减速，决策者、经济学家和观察家大都认识

---

[*] 本文由《上海证券报》记者卢晓平撰写。

23

到，中国进入一个新的经济增长速度常态，至少从理论上都承认：这是长期的、结构性的现象，而不是一个周期性的减速，或者短期的冲击现象。但是，在提出政策对策时，大家还是会从周期性的需求方面的冲击来考虑。

美国经济学家艾肯格林（Barry Eichengreen），既是经济史学家，也研究宏观经济和经济增长。他和亚洲开发银行的几位合作者，做了一个比较有影响力的研究。这项研究找到所有具有经济增长时间序列数据的国家，研究发现，任何一个实现高速经济增长的国家，终究在某一时刻要减速。后来经过归纳，"特定发展阶段"对应的人均收入水平有高有低，平均大概是在人均收入17000美元。这是按照购买力平价的计算，大体上相当于中国目前的收入水平。因为指标不同，再加上汇率因素，这些国家平均减速的幅度，比我们现在看到的中国的情况还要严重：从减速前七年平均6.8%的增速，下滑到了减速后七年平均3.3%，减速幅度达到一半以上。这是看到的所谓一般规律，其实只能叫平均规律。

从这一点可以得出两点结论：第一，中国现在的经济减速，还没有充分发挥出来，按照自然趋势或者重力规律还要继续往下减；第二，减速几乎是不可避免的现象，也不是中国特有的现象。因此，现在大家逐渐意识到了这一点。2013年的《政府工作报告》里有一句话："增长速度应与潜在增长率相适应"，也就是不再强调一定要追求8%的增长速度。

上海证券报：您刚才提及，在提出政策对策时，大家还是会从周期性的需求方面的冲击来考虑？

蔡昉：尽管大部分人都认为，经济减速不是周期性现象，而是结构性的长期现象，但是当大家提政策建议时，常常还是会从需求方入手。

从宏观经济的角度来说，需求方因素大部分情况是短期的冲击性因素，而非长期的结构性因素。对于长期结构性因素，应该从供给方，也就是增长能力来解决。美国经济学家克鲁格曼曾讲到中国的主要问题是长期的人口红利和劳动力，中国过去的高速增长得益于丰富的剩余劳动力，现在受到的制约则转变成了需求方因素，就是中国的内需特别是消费需求不足。如果中国解决不了消费不足的问题，其经济就会"撞墙"。这么大的国家撞到的可不是普通的墙，而是 THE GREAT WALL（长城）。克鲁格曼是一贯唱衰新兴经济体的。针对他所讲的消费问题，林毅夫教授认为消费是一个结果，不应该作为原因提出，去抓消费刺激经济增长是不对的。我认为这个批评是正确的。所以，林毅夫教授提出了要推动投资来拉动中国经济增长。

我认为两个人讲得都有道理。中国长期需求方拉动经济增长的因素——外需、消费需求和投资需求——三驾马车，一直是不平衡的。先是过度依靠外需，随后过度依靠投资需求，消费需求的贡献还不大。所以，克鲁格曼讲的是长期的需求平衡问题。而林毅夫讲经济增长要靠投资，因为技术进步和新的比较优势都体现在投资中。其实，人口红利消失后我们会面临储蓄率下降的问题，所以他的观点不仅对中国，对许多发展中国家尤其是非洲国家，都是具有针对性的。

中国经济增长减速源于供需双重因素

上海证券报：您认为中国经济增长减速的原因是什么？是供给因素还是需求因素？

蔡昉：中国面临的主要问题不是需求制约，也不是短期冲击，而是供给方潜在增长率的下降。鉴于此，我更强调供给方因素。在宏观经济学家、增长经济学家中，形成了两类观点，我也不知道有多少人可以归到供给派，有多少人可以归到需求派。虽然有些经济学家自称"供给学派经济学家"不太恰当，但是至少有人关注供给方因素，就是增长能力如何提高。当然更多人关注需求方因素，即有没有足够的需求刺激经济增长。

我把供给和需求的因素合在一起，形成不同的组合，就可以认识中国的经济增长，解释中国不同时期的经济增长与宏观经济情景。

供给方因素要观察潜在增长率，即生产要素（资本、劳动、土地、资源）供给和生产率进步能够支撑怎样的经济增长速度。供给能力可以强，即在潜在增长能力很高的时候；也可以弱，即在潜在增长能力降低的时候。拉动经济增长的需求方因素也可以有强有弱。强供给、弱供给、强需求和弱需求的不同组合，就形成了四种宏观经济格局，其实也是四种经济增长常态。

逐一认识这四种经济增长类型，能够帮助我们认识中国现在处在什么发展阶段，到底是什么在制约中国经济增长。

先谈第一种情况，强供给和强需求的组合，即高潜在增长率与日益增长的需求共同导致改革时期的高速实际增长率。

我和同事估算了中国的潜在增长率，也就是在给定劳动力的增长速度、资本的积累速度、生产率特别是全要素生产率改善的情况下，能够支撑的正常经济增长速度。

推算历史，总体来看，中国过去30多年的潜在增长率就是10%。但是，与之相伴的是总和生育率（一个妇女终身生育的孩子数）的下降，人口增长速度是在下降的。因此，得到的直观结论是：中国的经济增长是和人口变化密切相关的。即中国过去的高速经济增长靠的是人口红利——劳动力的增长、人力资本也就是教育水平的增长、人口抚养比（劳动年龄人口能够支撑的依赖型人口）的下降，以及劳动力的流动实现资源的最优配置，提高了全要素生产率。同时，中国有条件形成高储蓄率和高资本形成率，有条件避免资本报酬递减，资本积累是可以对经济增长做出巨大贡献的。

因此，大体上看起来，中国过去9.8%的经济增长速度，基本上都来自人口红利。过去劳动年龄人口增长很快、比重也在快速增加、人口抚养比下降，而在今后，如果人口因素逆转：劳动年龄人口不增长或者负增长、人口抚养比提高而非下降，将是什么状况？所有这些之前有利的人口因素都变成了负向，中国出现的这些人口的逆转变化，就发生在2010年。

"强供给-强需求"二者结合，就出现了30多年来"强供给-

强需求"带来的中国高速经济增长。

上海证券报： 后续三种组合，会带来什么变化？

蔡昉： 第二种情况是强供给与弱需求的组合，即增长出现缺口，导致周期性失业。强供给在潜在增长率很高的情况下，也会出现弱需求，就是需求和供给不能相匹配的状况。

其实，那个时期也不是没有经济波动，有的时候还是强供给，不过需求可能更强，比如过度投资和大干快上。或者遭遇某种危机，比如东南亚金融危机或者国有企业下岗，也造成了实际增长速度和潜在增长速度不相一致的情况，也就是增长缺口。

因此，即使在"强供给－强需求"期间，也有增长缺口，造成失业现象或者通货膨胀。潜在增长率和实际增长率应该相匹配，两者之间不应该有太大的差距。

第三种情况是弱供给与弱需求的组合，出现在过去两三年，实际增长率与潜在增长率恰好完全匹配（7.5%上下）。

中国经济减速是由于 2004 年跨越刘易斯转折点，以及 2010 年之后劳动年龄人口绝对减少。

2012 年，中国的经济增长速度是 7.7%，测算的潜在增长率也在 7.6% ~ 7.7%。2013 年的经济增长速度还是 7.7%，测算的潜在增长率大致也是这个情况。如果 2014 年的经济增长降到 7.4% ~ 7.5%，那也还是大致跟潜在增长率相匹配的。这是估算的潜在增长率，与近两年的经济减速恰好是吻合的。这种增长既没有通货膨胀，也没有增加失业，其实是一个比较理想的状态。

过去中国制定经济增长速度的预期目标时，经常定在 7% 或者 7.5%，但是在真正的执行过程中，从朱镕基总理到温家宝总理，都不允许低于 8%，因为那时的潜在增长率高于 8%，不"保八"就会产生失业现象。所以"保八"已经成了一个习惯做法。但是李克强总理就不讲"保八"了，定 7.5% 的目标，如果实现了 7.5% 就能接受，因为没有看到严重的失业问题。之所以这样是因为潜在增长率下降，实际增长率跟着下降，不会出现开工不足、生产要素利用不足的情况。

2004 年之后，农民工的工资急速上涨，普通劳动者的工资实际增长速度是 12%，一直持续到现在，增长还在继续。在 2010 年进行第六次人口普查的时候，出现了前所未有的甚至很多人都不会想到的现象，就是劳动年龄人口（15～59 岁）已经停止增长。也就是说，中国的人口红利已经开始消失了。

总之，过去支撑中国经济增长的很多因素也都发生了变化，很自然的，在这种情况下，经济增长速度的下滑是必然发生的，这就是所测算的中国经济的潜在增长率，从"十二五"时期一路下滑。大体上是从过去的 10%，下降到"十二五"期间的 7.6%；如果是自然下降，到"十三五"时期，会降到 6.2%。

值得关注的是，劳动力市场强劲，但没有出现周期性失业现象，因为劳动力已经出现短缺。同时，农村劳动力剩余情况没有那么严重，因此大规模劳动力转移能够创造的资源重新配置效率、全要素生产率也不会增长那么快了，所有这些因素都会使中国的经济增速下降，那么新的潜在经济增长率与实际增长率相符，也就不会出现失业现象。

第四种情况是弱供给和强需求的组合，即如果不接受目前的增长率而过度刺激将导致超越潜在增长率。弱供给指的是已经下降的潜在增长率，也就是目前的 7.6%，下一个五年规划时期是 6.2%。如果我们不习惯这种下降的增长速度而对经济采取各种刺激政策，设想一下会出现什么情况？

虽然我们从很多渠道听到，李克强总理能够接受最低 7.2% 的增长速度，但是设想地方政府不接受，则会出台各种地方版的刺激政策。这样做会有什么结果呢？打个比方，如果刘翔的生产要素供给（体能等）和他的生产率（训练水平）能够允许他跑出 12 秒/100 米的成绩。但是社会需求（主管单位的行政干预、社会舆论的忽悠、广告商的物质诱惑）硬要刘翔跑出 10 秒/100 米，结果就是让他经常性地受伤。

因此，在未能改善生产能力的情况下，要刺激经济，就会出现很多行业甚至基础设施都产能过剩的情形。许多产能利用率低得厉害的行业，恰恰就是那些被当作刺激政策载体而列入鼓励名单的行业，甚至在战略性新兴产业、十大振兴产业名录上。这说明，潜在增长率下降意味着比较优势弱化，没有真实的投资需求，过度补贴只能造成产能过剩和僵尸企业。

记住日本经济"失去的20年"的教训

上海证券报："4万亿"经济刺激带来的后遗症还在发酵，大量的货币投放并没有如愿进入实体经济。钱去哪里了？

蔡昉：是的，实施扩张性宏观经济政策和刺激性产业政策导致超过实际需求的货币增长流向哪里了呢？

日本的教训告诉我们，钱会流向股票市场、房地产、海外资产及其他虚拟经济领域，凡此种种。结果形成经济泡沫，也就是在20世纪80年代后期严重的日本泡沫经济。之后，日本经济陷入了"失去的20年"。

日本当时的情况和现在的中国非常相似。有20年的时间，经济增长速度是9.2%。抚养比降到最低点后，经济增长维持在比较低的水平，也将近20年，其潜在增长率也在下降，实际增长率是3.8%。到了20世纪90年代初，人口抚养比开始上升，人口红利彻底消失（这也是中国正在经历的阶段），结果实际增长率在长达20年的时间里，只有0.85%，几乎是零增长。即使是0.85%，也是靠负通货膨胀率推动起来的，实际上只有0.24%的增长速度。因此，日本经济被称作"失去的20年"。

有很多人将日本和中国进行比较，有人说中国像日本的20世纪50年代、60年代，充其量是70年代，这是按照人均收入水平计算的。但是，如果考虑中国"未富先老"、比较早地用光了人口红利，遇到了人口红利消失的新的人口发展阶段，那么中国更像是日本的20世纪90年代。

虽然日本走了弯路，失去了20年，但是由于当年日本已经是高收入国家，所以，可以说日本是陷入了"高水平陷阱"。但是中国的情况不一样，中国人口红利消失的情况来得太早。如果中国不能吸取日本的教训，走日本的老路，那么就会跌入典型的"中等收入陷阱"。而中国目前所要避免的，就是"中等收入陷阱"。

我把"中等收入陷阱"看作一个"四部曲"，走完这四步，就会"成功"落入中等收入陷阱。第一步，经济增长减速，这是必然出现的，是自身不能决定的。第二步，面对减速，没有意识到是什么因素导致了减速。如果像日本一样，选择了刺激需求而非通过在供给方面改变潜在增长率的政策，那就会造成所有坏的结果：生产要素价格扭曲，传统体制的复归，增长方式不能转变，产能过剩，通货膨胀，等等。第三步，收入分配恶化。刺激政策是错的，终究没有改变经济增长下滑的结果，反而导致长期的经济增长停滞。这种情况下就会出现收入分配恶化。即当收入蛋糕不能再继续做大的时候，有话语权的群体拿到越来越大的份额，那个时候的收入差距扩大就是以弱势群体的绝对恶化为前提。第四步，矛盾激化，导致改革陷入僵局。一方面，这部分绝对恶化的弱势群体会产生不满，变成不稳定因素；另一方面，强势群体会把有利于自己的资源分配体制固化，因此会反对一切改革。因此，体制会变得越来越有利于既得利益，越来越不利于分享的经济增长，体制越来越僵化。这个时候，体制改革举步维艰，就会进入"完美"的拉美陷阱。

所以，当前最重要的一步，就是不要把现在的经济减速看作需求方的因素而过度刺激经济增长。要稳定心态先抓改革，改革是会带来收益的。知道改革会有红利，就容易下决心了。

面对潜在增长率下降中国能有所为

上海证券报：面对潜在增长率下降，中国该怎么办？

蔡昉：应该认识到，中国的问题出在潜在增长率下降，而潜在增长率不能靠刺激需求超越，但是潜在增长率本身可以改变、可以提高。因此，我们应该着眼于潜在增长率，从供给方解决增长速度问题。靠什么呢？靠改革。人口红利没有了，改革红利还在后边。

挖掘潜在人口红利（劳动力供给）和新的增长源泉，需要全面深化改革，如户籍制度、教育培训、企业改革和生育政策等。这里列举的是我相对熟悉的领域，当然远非这些。

改革红利有哪些呢？比如说，农民工市民化即户籍制度改革可以提高劳动力供给；继续改善资源重新配置效率和改革国有企业有利于提高全要素生产率；提高教育水平和培训水平，可以提高人力资本贡献；此外，调整生育政策也有利于未来的劳动力供给。

长期看，经济增长速度降下去是必然的，因为哪个经济体也不能永远达到两位数的经济增速。但在这之前，还有一些制度性障碍，阻碍更好地配置资源，更好地挖掘要素供给潜力。消除这些制度障碍，就可以在一定时间内创造新的额外的潜在经济增长率，这就是所谓的改革红利。

我不认为所谓"供给学派经济学"完全切合中国的国情。所以，为了以示区别，从需求方也有要改的方面，也可以形成改革红利。比如说三大需求对于GDP的拉动作用，最终消费（至少在过去10年）是对宏观经济起稳定作用的需求因素，也是经济增长的可持续需求拉动因素（出口和投资需求贡献波动性强，互相弥补），促进消费的各项改革也能创造改革红利。比如说户籍制度改革、提高基本公共服务的均等化、改善收入分配，都能够提高消费需求，促进宏观经济稳定。

因此，需求方的改革，也有改革红利。这样的话，我就和供给学派经济学划清了界限。

第一，最典型的是户籍制度改革，以农民工市民化为核心的新型城镇化，这项改革可以产生"一石三鸟"的作用，可以立竿见影地提高潜在增长率和平衡经济增长的需求结构，改善供给方和需求方的因素。现在农民工虽然可以自由流动到城市，但是没有城市户口就不能在社保、义务教育等方面获得均等的待遇，所以劳动力供给是不稳定的。一旦出现宏观经济波动，或者到了40岁，考虑到上有老、下有小的情形，他们就回老家了，劳动参与率被制度性压低了。给农民工城市户口，把他们变成市民，这个问题就解决了。劳动力供给就更加充足了。一旦农民工的收入提高和稳定后，他们的社会保障程度高了，没有了后顾之忧，他们的消费也就能像正常市民一样，释放出消费能力，需求因素也随之得到解决。

第二，进一步挖掘劳动力从生产率低的农业到生产率高的非农产业的流动潜力，改善资源配置效率，可以提高全要素生产率。过去的全要素生产率提高，绝大部分是来自资源重新配置，这也是提高潜在增长率的因素。

所以，我认为这是一个完美的改革，应该说有百利而无一弊。当然，会有触动既得利益的方面。

我觉得今天把十八届三中全会看成与十一届三中全会一样重要的全会，重点就在于全面深化改革。而在这些改革中，我们需要认识到的一点是，改革不是以牺牲增长为代价，因为这样的话，有些不太容易形成改革共识，就会形成一定的改革阻碍力量。

前面的分析说明，改革可以提高潜在增长率，如果是这样，形成共识推进改革，还能形成更好的改革方式。过去的改革叫作"帕累托改进"：一定会给某个群体带来好处，同时不伤害其他任何群体。这种改革机会现在已经很少了，将来更是几乎没有了。这时候很重要的是看改革的整体收益是不是正的，是不是很大。如果答案是肯定的话，就可以形成"卡尔多改进"，即可以用总的改革收益，补偿一部分可能在改革中受损的群体。例如，户籍制度改革需要形成一种成本分担、收益共享的机制。

因此，改革与增长不是或此或彼、此消彼长的关系，而是可以产生显著的红利。改革的意义在于，形成改革共识，坚定改革决心，选择有利于推进的改革方式，从"帕累托改进"走向"卡尔多改进"。

原载 2014 年 9 月 12 日《上海证券报》

挖掘增长潜力与稳定宏观经济

截至 2014 年第二季度，以季度观察的中国 GDP 同比增长率，已经连续 13 个季度低于改革开放 35 年的平均年增长率（9.8%）。中国的决策者、经济学家和观察者都注意到了这个减速趋势，虽然大多数情况下会宣称这是一种结构性减速，承认中国经济已经进入增长速度换挡期，从此以后不再可能回到两位数的增长率上，然而，在这个说法之下，其实无论是对于经济增长减速的原因，还是相应的应对策略，都存在着颇有争议的不同观点。一个重要的分歧便是：这种减速究竟是供给方的因素所导致，还是需求方的因素所导致。对于这个问题的不同答案，不仅意味着大家对中国经济增长和宏观经济走势缺乏共识，而不同的判断无疑也具有不尽相同甚至大相径庭的政策含义。

具体而言，如果了解到当前的增长减速是由于与潜在增长率下降相关的供给方面因素所致，则属于经济增长问题，出路在于从供给方面着眼提高潜在增长率。而如果把减速归结为需求不足所致，中国经济面临的则属于宏观经济周期问题，无疑需要将需求刺激提上议事日程。然而，一旦把问题的原因弄错，特定政策建议只能产生南辕北辙的效果。

本文从改革开放 35 年经济增长与宏观经济关系入手，讨论导致经济增长减速的供给方面原因，通过比较实际增长率与潜在增长率之间的关系，揭示以应对宏观经济周期问题的手段解决长期增长潜力可能导致的不利后果。与此同时，本文也没有忽略需求方面的因素，认为着眼于中国需求结构再平衡的改革，虽然不像供给方面改革可以直接产生提高潜在增长率的效果，却可以产生稳定宏观经济、抚平周期性波动的效果，同样有利于中国经济长期健康和可持续增长。在此分析基础上，本文指出可以带来改革红利的若干重要改革领域，提出深化改革的政策建议。

一　经济增长减速及其相关争论

关于经济增长减速及其对中国的含义的严肃研究，当属艾辰格林等人（Eichengreen et al.,2011）的文章。他们的结论是，经历过高速增长的国家终究会面临一个显著的减速，大量国别数据显示的平均减速幅度高达 3.5 个百分点，即从减速前 7 年 6.8% 的平均增长率，降低到减速后 7 年 3.3% 的平均增长率。在他们的研究中，中国已经发生的减速是意料之中的事。这种结构性减速作为一种普遍现象，固然背后有着共同的规律，每一个国家的减速却仍然有其自身独特的原因。因此，一方面，把中国的减速现象放到这个案例库中，可以丰富一般经验，增加经济发展故事的多样性，有助于增进人们对共同规律的认识；另一方面，把普遍性的减速规律作为一个参照系，也有助于增进对中国特殊现象的深刻理解。

大多数了解世界经济发展的经济学家，无疑都认可经济高速增长之后减速的必然性，这种现象自然同样适用于中国。毕竟，即使我们仅从一个跨国别的横截面数据观察，也可以看到高度发达的经济体不可能稳定实现3%以上的增长率，而发展中国家取得5%以上的增长率却往往是可行的。但是，中国目前是否到了这个结构性增长速度减缓的阶段，学者有不同的观点。例如，林毅夫教授就认为，中国面临的问题是周期性而不是结构性的，因此他主张通过继续扩大投资来拉动经济增长（倪铭娅，2013）。林毅夫教授的观点在逻辑上是自洽的，而且在金融危机之后，西方国家的种种问题的确给中国经济造成不利的需求影响，所以周期性问题也是存在的。但是，本文稍后则会论述，中国经济发展面临的结构性变化是当前的主要矛盾。

此外，中国经济增长减速也引起了又一轮"唱衰中国"的舆论高潮。一方面，高明的经济学家也常常受个人偏好或者意识形态的影响，以不那么心平气和的预言代替耐心的分析；另一方面，乐于充当悲观预言家卡桑德拉的业余经济学家则完全不会在意分析的严谨性。恰好我们有两个例子，分别作为这两种悲观论者的代表。

有一类研究欠缺严谨的方法论，把研究做成像反复叫嚷"狼来了"的游戏，并且从不提供积极的政策建议，如同医生咬牙切齿地向病人形容后者将会遭受多么惨痛的疾病折磨，却不提供解除病痛的药方。例如，章家敦（2012）从人口趋势看到了中国面临经济增长挑战，就急急忙忙地断言中国将取代美国的密歇根成为新的"锈带"的代表，就属于这类研究。

另一类研究以克鲁格曼教授（Krugman，2013）为代表，同样带着不客观的语调和武断的结论，如他冷冰冰地宣称，"中国模式"马上就要"撞墙"了，而且这个墙还不是普通的墙，而是中国自己的万里长城，而且他很武断地宣称，中国终究不会做出必需的政策调整，隐含的意思不外乎中国经济"撞墙"是不可避免的。不过，克鲁格曼教授的这个逻辑终究是以认真的经济学思考做后盾的。首先，与30年前批评东亚模式相比，他现在懂得了二元经济发展过程中的剩余劳动力转移，可以延缓资本报酬递减现象的发生，所以中国经济实现了30多年的高速增长。其次，他宣称当中国经济迎来刘易斯转折点，即剩余劳动力将告罄，如果中国经济不能实现再平衡，即显著提高消费在总需求因素中的构成比重，而是继续依靠过度投资，中国经济将会遭到严重的资本报酬递减。

从陈述劳动力转移创造了经济高速增长的条件，到宣称剩余劳动力耗尽以后必须靠消费拉动经济增长，两者之间似乎缺乏必然的逻辑联系。前者讲的恰好是经济增长供给方面的条件，后者讲的却是需求方面的平衡条件。而且，正如林毅夫教授所指出的那样，消费需求比重的提高，只能是经济发展的结果，劳动生产率不提高，增加消费就成了无源之水（倪铭娅，2013）。也就是说，中国经济减速是供给方面的因素造成的，不能从需求方面寻找原因。不过，投资固然可以被看作需求因素，而从资本形成的角度，同时也是供给方面的因素。从前一种意义来理解，中国需求因素"三驾马车"中，投资所占比重的确过大，需要提高消费比重。而从后一种意义来理解的话，我们确实要严肃对待克鲁格曼提出的资本报酬递减问题了。

说到这里，我们有必要回到一个略微复杂的话题上。有一种观点认为，改革开放以来中国经济增长完全是靠投资驱动和拉动的，没有生产率的提高[①]。这恰好沿袭了 20 年前克鲁格曼批评东亚模式的说法（Krugman，1994）。如果说中国经济增长没有劳动生产率的提高，显然是不符合逻辑的，因为那样的话中国不可能从 1978 年人均 GDP 不及非洲国家平均水平的 1/3 成长为如今的中等偏上收入国家。所以，符合逻辑的说法应该是，中国过去 30 多年的经济增长没有多少全要素生产率（TFP）的进步，而劳动生产率的进步主要是靠资本深化即资本劳动比的提高达到的。也就是说，中国经济靠投资驱动和拉动，GDP 的增长则完全是对居民消费的负债。然而，这个说法虽然在逻辑上成立，却不符合事实。单说克鲁格曼所承认的劳动力从农业向非农产业转移本身，就创造了资源重新配置效率，构成 TFP 的重要组成部分。许多研究也证实，改革开放时期中国 TFP 的提高是显著的，是经济增长不可忽视的一个贡献因素（Cai and Zhao，2012）。

从分析过去 30 多年中国经济增长历史的角度看，上述观点作为一个有代表性且影响颇大的潮流，无疑是错误的。正如林毅夫所指出的，投资高速增长对经济增长做出了积极的贡献，并且从供给方面因素看，投资常常是技术进步的载体，从需求方面因素看，投资创造的生产能力不仅是当下的拉动因素，也是未来消费需求的基础，何罪之有？至于有没有可能产生投资效率不高，或者不良投资问题，恰恰是林毅夫倡导的新结构经济学意图解决的问题（林毅夫，2012）。但是，如果承认中国经济发生了根本性的阶段变化，则可以把以上观点作为对当前政策选择的一个警示。即在中国经济跨越了刘易斯转折点

之后，如果劳动生产率的改善只是一味依靠投资带来的资本劳动比的提高，而没有 TFP 的明显进步，则资本报酬递减现象必然会阻止经济增长。如此一来，工资增长也成了无源之水、无米之炊。

二 结合经济增长与宏观周期的分析框架

长期经济增长现象与短期的宏观经济周期现象，既相互联系又彼此区别。这种关系往往导致经济分析中的疑惑乃至政策制定上的误导。因此，本文尝试给出一个把两者的"同"与"异"结合起来考察的分析框架，以便帮助我们认识中国经济当前面临的问题和应该选择的政策方向。具体来说，我们把长期经济增长能力（潜在增长率）作为供给方面的因素，把对宏观经济产生的短期冲击因素，作为需求方面的因素，两个方面因素的变化相应地可以组合成四种宏观经济情景（见表1）。通过描述这四种情景，我们可以一起回顾改革开放时期的经济增长历史，发现经济发展阶段的变化，认识曾经经历的和当前的宏观经济形势，帮助我们避免潜在的政策选择失误。

表 1 经济增长中的宏观经济情景

	强供给	弱供给
强需求	情景 1	情景 4
弱需求	情景 2	情景 3

情景 1 是强供给与弱需求的组合，即在较高的潜在产出能力与较强需求水平之间形成匹配。一般来说，这主要发生在生产要素供给比较充分，并且没有明显报酬递减现象的经济发展阶段上。可见，这是一种二元经济发展过程中的赶超现象。对中国来说，这种情形是 2010 年前，即刘易斯转折完成之前中国经济的常态。在那个时期，得益于人口转变带来的人口红利，供给因素有利于经济增长，中国经济具有较高的潜在增长率。例如，1978~1995 年间潜在增长率平均

为10.3%；1995～2009年间的潜在增长率平均为9.8%。下面，我们来解释为什么至少在2010年之前，中国经济可以同时具有高潜在增长率（强供给）和因强需求配合而达到的高速实际增长率。

在过去30余年的时间里，在改革开放创造了有利于经济增长的制度条件的同时，劳动年龄人口持续增长、人口抚养比稳步降低为中国经济增长提供了人口红利。这个人口红利表现为：第一，较低且不断降低的人口抚养比有利于实现高储蓄率，保证经济发展所需的资本积累，同时劳动力充分供给阻止了资本报酬递减，保持投资对经济增长贡献巨大的份额；第二，充足的劳动力供给和以劳动者受教育程度为载体的人力资本积累，对经济增长做出了贡献；第三，农业剩余劳动力大规模转移到非农产业，意味着资源实现了重新配置，推动了生产率的迅速提高。根据一项测算，在1982～2010年间的GDP增长中，资本投入的贡献率为71%，劳动投入的贡献率为7.5%，人力资本贡献率为4.5%，人口抚养比贡献率为7.4%，全要素生产率贡献率为9.6%（Cai and Zhao，2012）。

与此同时，居民收入增长、投资高速增长和加入世界贸易组织之后出口大幅度增加，提供了与较高潜在增长率相适应的需求因素。所以，总体来说，这个时期在高增长位势上形成了宏观经济的平衡。以潜在增长率与实际增长率之差表现的增长率缺口，虽然年度之间有一定的波动，但是总体来说大的增长缺口不是常态，并且呈现经济增长波动幅度逐渐缩小的趋势（如图1所示）。

情景2是强供给与弱需求组合，即较高的潜在产出能力与较弱的需求水平形成不匹配的周期性局面。这种情形是在第一种情形的大趋势中，遭遇严峻的内部或外部冲击时的状态。最典型的此类情形，是在赶超过程中遭遇经济衰退或金融危机的情况下，周期性需求冲击使增长速度不能达到潜在产出水平。通常，这种组合导致较为严重的劳动力市场冲击，造成周期性失业现象。

在改革开放期间，有两次具有典型意义的劳动力市场冲击事例，其中丰富的信息以及富有戏剧性的情节反映了中国发展和改革的特

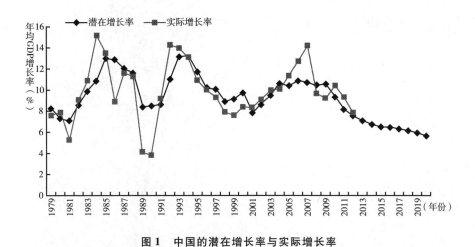

图1　中国的潜在增长率与实际增长率

资料来源：Cai Fang and Lu Yang, The End of China's Demographic Dividend: the Perspective of Potential GDP Growth, in Ross Garnaut, Cai Fang and Ligang Song（eds）, *China: A New Model for Growth and Development*, Australian National University E Press and Social Sciences Academic Press（China）, 2013, pp. 55 – 74。

色。第一次是在20世纪90年代中期以后，国内宏观经济低迷和亚洲金融危机相继造成严重的需求萎靡、生产能力利用不足，进而出现大规模失业现象。由于当时采取了职工下岗的形式，实际失业人数并不体现在登记失业率之中，因此，我们尝试估算城镇调查失业率，反映当时劳动力市场冲击的严峻程度。如图2所示，20世纪90年代以后，失业率迅速攀升到前所未有的水平。之后，在劳动力市场发育的背景下，随着中国加入世界贸易组织，借助国外需求，经济增长速度才反弹到潜在产出水平，宏观经济回归到情景1的常态。

　　另一次著名的冲击是2008～2009年遭遇世界金融危机，也使实际增长率落到潜在产出能力之下。从劳动力市场看，增长缺口与失业率的关系不再那么显而易见，例如，这几年登记失业率和调查失业率都没有明显的攀升，但深入探讨背后的故事可以发掘出更加丰富的信息。先让我们了解一下在劳动经济学和宏观经济学中，（调查）失业率是由哪几个成分构成的，并分解一下中国几种失业率指标的概念和内涵。

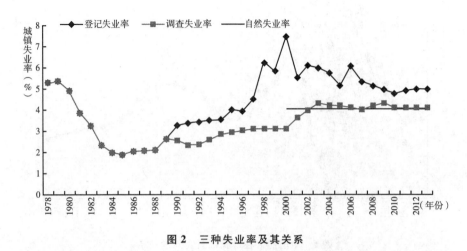

图 2　三种失业率及其关系

资料来源：国家统计局《中国统计年鉴》，中国统计出版社，历年；都阳、陆旸：《劳动力市场转变条件下的自然失业率变化及其含义》，载蔡昉主编《中国人口与劳动问题报告No.12——"十二五"时期挑战：人口、就业和收入分配》，社会科学文献出版社，2011。

　　一般来说，失业是由不受宏观经济波动影响的自然失业（包括摩擦性失业和结构性失业），以及与宏观经济景气成反向关系的周期性失业构成的。估算表明，2000 年以来，中国城镇自然失业率为4.0%～4.1%（都阳、陆旸，2011），恰好与多年以来的城镇登记失业率基本一致。众所周知，城镇登记失业的统计对象仅为具有本地户籍的城市居民，也就是说，本地劳动者仅仅承受结构性和摩擦性的自然失业，其就业因得到地方政府的保护而不受经济周期的影响。很显然，农民工成为周期性失业的唯一承受者。遭遇金融危机导致的宏观经济周期性波动，造成短期内农民工大规模返乡，就是这样一种表现，恰好印证了劳动力市场这个阶段性特色。

　　值得指出的一种宏观经济情景是，经济过热导致实际增长率甚至超过较高的潜在增长率。理论上说，这种情景会出现通货膨胀。不过，中国经济虽然日益市场化，但是，很长时间里政府对通货膨胀率这样的宏观经济周期性指标，仍然加以比较严格的控制，所以，我们难以从数字上看到（负）增长缺口与通货膨胀率之间的明显关系。但是，仔细观察的话，仍然可以看到随着时间的推移，两者之间具有越来越紧密的相关性。

情景 3 是弱供给与弱需求组合，即较低的潜在产出能力与较弱需求水平形成匹配状态。通常，在二元经济发展阶段即将结束之时，以往所依赖的增长源泉式微，同时尚未挖掘出新的增长源泉的情形。由于潜在供给能力下降，一方面通过制造业比较优势下降转化为弱化的外需，另一方面通过资本报酬递减转化为投资增速下降，这时，实际增长通常伴随着潜在增长率的下降而减速。2012 年以后是第三种情形的典型时代。从 2011 年进入"十二五"期间开始，随着劳动年龄人口减少和人口抚养比的提高，劳动力供给不足、资本报酬递减现象发生，TFP 增长空间也显著缩小，因此，中国潜在增长率较前大幅度降低（见图 1），根据我们的估算，2012 年潜在增长率从上一年的 8.4% 显著地降至 7.9%，2013 年则是 7.5%，而这两年实际实现的增长率皆为 7.7%。

在这种情况下，恰遇外需水平明显下降，为了消化 2008～2009 年的大规模刺激的后果，中央政府也没有出台进一步的投资刺激方案，因而成就了需求与供给的匹配。所以，实际增长率由于没有明显超过潜在增长率，因此未造成通货膨胀，也由于没有低于潜在增长率，因此没有遭遇就业冲击。例如，即使 2013 年调查失业率为 5%（Li，2013），在自然失业率为 4.1% 的情况下，（两者相减）周期性失业率尚不到 1 个百分点。

情景 4 是弱供给与强需求的组合，即较低的潜在产出能力与较强需求水平形成的不匹配情景。这种情况实际上只可能发生在有人为的政策干预的情形下，即政府通过扭曲的政策手段拉动投资或扩大出口，试图把增长率拉到潜在产出能力之上。在潜在产出能力降低的情况下，这种人为刺激起的需求因素，理论上会导致通货膨胀。不过，在普遍性产能过剩的情况下，或许短期内没有通货膨胀发生，但是一定会积累通货膨胀预期，并且进一步加剧产能过剩，甚至造成泡沫经济等恶果。中国经济增长未来的主要风险是出现情景 4。

每遇经济增长减速，宏观经济学家和调控者往往本能地从需求不足的角度寻找原因和对策。如果面临的问题的确是宏观经济周期现象，这种认识及其可能形成的政策取向通常是有效的。对中国来说，20 世纪 90 年代中期以后，在从短缺经济进入过剩经济的一段时间里，宏观经济政策着眼于扩大内外需求，是有一定道理的。但是，不应该不论何时何地都把决定经济增长的因素归结于需求。一旦经济发展越过了刘易斯转折区间，人口红利消失，制约经济增长的因素就是潜在产出能力。虽然在任何时候都可能存在需求冲击造成的周期问题，但是，要把长期问题与周期性问题区分开来认识，才能够形成正确的形势判断和政策取向。

三　从依靠人口红利到获取改革红利

弱供给与强需求的组合等同于在潜在增长率下降的情况下，实施刺激需求的宏观经济政策，甚或把宏观经济政策与产业政策相配合，期冀同时达到保增长和调结构的双重目的。这样的政策目标，动机固然是良好的，也不无针对性，但是，由于归根结底是企图超越潜在增长率，政策目标与手段之间必然是南辕北辙。即使存在着一定程度的周期性问题，把长期增长的结构性问题与短期周期性问题混为一谈，不对两者的政策目标和手段加以区分，分寸把握不好则很难实现手段与目标的一致性。一般而言，这种政策倾向有两个潜在的危险，分别来自其内在的矛盾和操作层面的两难。

首先来看这种内在的矛盾性。潜在增长率下降的含义是，比较优势的减弱使得竞争性的实体经济部门不再能够按照原来的规模进行生产。因此，采用宽松货币政策进行刺激，并不会产生真实的需求。如果转而采取财政政策进行刺激，很容易产生不良投资和保护落后，日本的经验便是造就大量的僵尸企业。固然，我们不应该因噎废食，但是，随后将谈到的操作层面的两难，会使得这种"哽咽"难以避免，以致必须选择不同的进食方式。考虑到竞争性实体经济难以产生真实的对刺激政策的热烈响应，转而对基础设施进行投资，其实存在着同样的矛盾。即基础设施需求是从竞争性实体经济中派生出来的，后者缺乏响应则意味着也无法激发出基础设施领域的真实响应，脱离真实需求的刺激最终只能导致基础设施的产能过剩。最终，各种刺激性政策及其项目所造成的流动性，不可避免外溢到非实体经济即各种理财活动，很容易造就经济泡沫。

其次来看这种操作层面的两难。由于上述刺激政策中存在的逻辑矛盾，政策实施中必然面对一系列两难，终究产生不了期望的结果。这种两难的核心是在实施刺激政策中，因缺乏内在的激励，硬性推行的话必然把表象的东西当作追求的目标，最终得到的完全不是真正所需要的结果。例如，中国在应对 2008~2009 年金融危机对实体经济的冲击时，为了实现投资拉动经济增长，政策实施中常常直接把投资的数量和规模当作实施目标，必然忘记了投资本来应该承担的技术进步和创新意图，更不必说转变增长方式的意图了，有时为了凑数甚至还可能再实施一些本来淘汰掉的项目。这种做法在应对宏观经济周期性冲击时或许情有可原，用来应对长期的增长减速则必然不能奏效。又如，日本长期处于经济停滞状态的一个表象是通货紧缩，因此，旨在走出"失去的 20 年"的安倍经济学也好，与之相配合的刺激政策也好，竟然干脆以一定的通货膨胀率作为追求目标，这种方式终究解决不了日本经济潜在增长能力的问题。

归根结底，如果把经济增长问题与周期性问题分开处理，现在中国面对的潜在增长率下降问题，需要用长期供给方面的手段解决，而不是需求方面的手段解决。换句话说，潜在增长率不能用拉动需求（无论是出口、投资还是消费）的方式超越，而要用挖掘生产要素供给和生产率提高潜力的供给方面的努力来提高。由于中国面临诸多阻碍潜在增长率提高的制度因素，所以意欲通过改革达到目的，就意味着实现从人口红利到改革红利的转变。

可以直接提高中国经济潜在增长率的改革包括诸多领域。例如，陆旸和蔡昉（Lu and Cai，2014）在对户籍制度改革、教育和培训制度改革、国有企业改革等可能对劳动参与率、人力资本和 TFP 做出的贡献进行假设后，与不同程度的生育政策调整（从而有不同的生育率情形）相配合，模拟了未来可能获得的更高的潜在增长率（如图3所示）。正如从理论上可以预期的，该研究也发现，劳动参与率提高对于潜在增长率提高的效果尽管是显著的，但是随着时间的推移会呈现逐渐减弱的趋势；而全要素生产率提高对潜在增长率的推动作用，则是经久不衰的。事实上，正如一个处于新古典增长状态的典型发达经济体，经济增长的源泉几乎全部在于 TFP 的提高，中国经济在完成了刘易斯转折点之后，随着日益趋近于新古典增长状态，长期可持续增长将越来越依赖于 TFP 的提高。

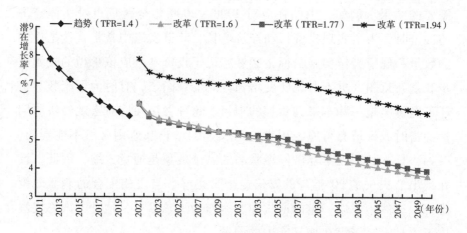

图3 关于改革红利的模拟

资料来源：Lu and Cai, "China's Shift from the Demographic Dividend to the Reform Dividend", in Ligang Song, Ross Garnaut, and Cai Fang（eds）*Deepening Reform for China's Long Term Growth and Development*, ANU E Press, July 2014。

全要素生产率最初表现为一个统计上的残差，即在各种生产要素增长成比例地对产出增长做出贡献之后，尚有部分产出增长不能为投入增长所解释，所以人们认为这个残差来自技术进步导致的生产率提高。经济学家后来进一步把生产率改善分解为资源重新配置效率和技术进步因素，而这种资源重新配置效率，既可以像劳动力从农业向非农产业转移那样，呈现疾风暴雨式的进程，也可以像部门内企业之间发生的你进我退或此消彼长，产生润物细无声的效果。由于技术进步的实际过程并非所有的企业和部门无差别、不分先后地齐头并进，而是表现为那些率先使用新技术，从而提高了生产率的企业和部门为其竞争者提供激励，形成不进则退、优胜劣汰的局面，所以，归根结底TFP基本上等同于资源重新配置效率。

资源重新配置的核心是生产要素按照效率最大化原则，在城乡之间、地区之间、产业之间和企业之间进行自由流动，所以，清除制度性障碍促进要素流动，可以显著提高配置效率。对于中国来说，通过户籍制度改革、大幅度减少行政审批权、打破国有企业垄断、形成混合所有制和企业自由进出的机制，就意味着资源进行重新配置，必然能够显著改善TFP，进而提高潜在增长率。

需要指出的是，从需求方面进行的改革和调整，特别是与平衡需求结构即提高消费需求对经济增长拉动作用相关的改革，其重要性和紧迫性丝毫不应予以低估。但是，鉴于中国经济增长面临的制约因素在于供给方面而不是需求方面，因此，从需求方面着眼的改革应注重需求结构的再平衡，而不意味着用刺激需求的方式拉动经济增长。事实上，刺激需求并不能改变潜在增长率。但是，从以往特别是2002年以来中国经济的增长过程来看，消费需求对经济增长起到了重要的稳定器作用，而出口和投资则具有较大的波动性，两者之间常常会形成此消彼长的关系（如图4所示），所以，提高消费需求比重有利于稳定宏观经济。近年来，一方面居民消费占比下降，另一方面政府消费占比十分稳定，所以总的最终消费占GDP的份额下降了。如果能够通过提高居民消费占比而提高全部最终消费占比，则宏观经济稳定性将得到提高，也有利于保持政策的稳定性和一致性。

既然我们不主张从需求方面着眼拉动经济增长，相比而言，一方面，平衡需求因素的改革似乎不像与提高潜在增长率相关的供给方面的改革那样立竿见影。但是，这些相关领域的改革却具有更加深远的政治经济意义。例如，与扩大消费需求比重相关的改革包括改善收入分配和构建社会保障网，而这项改革对于弘扬社会公平正义，保持长

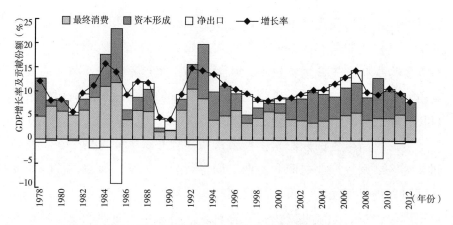

图 4　三大需求因素对中国经济增长的拉动贡献

资料来源：国家统计局《中国统计年鉴 2013》，中国统计出版社，2013。

期稳定繁荣的意义至关重要，不是用 GDP 增长率可以衡量的。另一方面，这些改革往往与供给方面的改革相互交叉，因此，改革动力仍然可以从提高潜在增长率的效果中获得。例如，旨在推动农民工市民化的户籍制度改革，既可以通过提高劳动参与率从而增加劳动力供给，以及创造资源重新配置效率，达到提高潜在增长率的目的，也可以通过增加农民工收入和提高社会保障程度，达到扩大消费从而平衡需求结构的目的，具有一箭双雕或一石三鸟的效果。从这个意义上说，旨在平衡需求结构的改革同样可以带来改革红利。

四　结语

　　虽然在 36 年前党的十一届三中全会文件中，"改革"甚至没有作为一个关键词被强调，但是，由于这个历史性的会议重新确立了党的政治路线和思想路线，倡导实事求是、解放思想，实际上启动了一场从此不再间断的伟大改革。总体而言，迄今为止改革主要采取了"摸着石头过河"的渐进方式。从十七届五中全会党中央提出"顶层设计"的改革思路开始，党的十八大和十八届三中全会对全面深化改革进行了总体部署和综合配套设计，要求冲破思想观念的障碍和利益固化的樊篱，意味着改革进入一个新的阶段。但是，以"摸着石头过河"的方式所推进的改革，与"顶层设计"下的改革，也具有共同性，那就是改革从群众最期盼的领域和制约经济社会发展最突出的问题入手，着眼于清除制约市场主体活力和要素优化配置的障碍，即要求改革促进增长。

在国内外分析家中和舆论界有一种观点，认为中国的改革与增长之间具有此消彼长的替代关系。从表面上看，这种观点似乎有些道理。不从需求方面着眼实施经济刺激，而从供给方面着眼进行改革，改革带来的潜在增长率提高，的确可能在时间上滞后于 GDP 增长率的即刻下降。但是，潜在增长率提高后带来的经济增长，比投资刺激带来的经济增长更加健康和可持续。因此，认识本文分析得出的减速原因，区分长期经济增长与短期宏观经济周期，进而观察到体现在供给方面潜在增长率的提高，以及体现在需求方面消费比重扩大的再平衡效果，都是改革可能带来的红利，不仅有助于防止形成南辕北辙的应对政策，更重要的是有利于形成改革共识，帮助我们选择恰当的改革推进方式。

参考文献

[1] Cai, Fang and Zhao Wen（2012）When Demographic Dividend Disappears: Growth Sustainability of China, in Masahiko Aoki and Jinglian Wu（eds）*The Chinese Economy: A New Transition*, Basingstoke: Palgrave Macmillan.

[2] Eichengreen, Barry, Donghyun Park and Kwanho Shin（2011）When Fast Growing Economies Slow Down: International Evidence and Implications for China, *NBER Working Paper* No. 16919.

[3] Krugman, Paul（1994）The Myth of Asia's Miracle, *Foreign Affairs*, November/December.

[4] Krugman, Paul（2013）Hitting China's Wall, *The New York Times*. July 18.

[5] Li, Keqiang（2013）Asia Will Not Repeat 1990s Turmoil, *Financial Times*, September 9.

［6］Lu，Yang and Cai Fang（2014）China's Shift from the Demographic Dividend to the Reform Dividend，in Ligang Song，Ross Garnaut，and Cai Fang（eds）*Deepening Reform for China's Long Term Growth and Development*，ANU E Press.

［7］都阳、陆旸：《中国的自然失业率水平及其含义》，《世界经济》2011年第4期。

［8］林毅夫：《新结构经济学——反思经济发展与政策的理论框架》，北京大学出版社，2012。

［9］倪铭娅：《林毅夫：中国经济增长仍要靠投资不能靠消费》，《中国证券报》2013年5月31日。

［10］伍晓鹰：《测算和解读中国工业的全要素生产率》，《比较》2013年第6期。

［11］章家敦：《让一下，密歇根，中国是世界下一个"锈带"》，转引自2012年12月11日《参考消息》。

原载 2014 年第 4 期《中共中央党校学报》

第二篇

坚持改革的正确方法论

关于经济体制改革方法论的思考

——学习习近平同志系列讲话精神的体会

一 引言

党的十八大之后，习近平同志提出了中国梦，作为中华民族伟大复兴这一宏伟愿景的百姓版。世界银行 2014 年 4 月底公布了世界各国按照购买力平价的 GDP 排名。预计 2014 年底，中国的 GDP 将超过美国，跃居世界第一。[①] 长期以来我国的 GDP 和人均 GDP 都是按汇率方法来换算并与其他国家相比较的。而购买力平价法则是按照货币的实际购买能力来测算货币的价值，并用来测量一个国家的 GDP 总量。购买力平价法的运用长期以来都有争论。具体到中国而言，使用购买力平价法可能存在两个误判：一是可能低估我们的物价，例如低估我们的房价；二是世界银行的测算或许暗含中国的人民币汇率被低估。尽管如此，绝大多数经济学家认为，无论是按购买力平价还是按汇率比较，中国的 GDP 超过美国是迟早的事。从 GDP 这个指标衡量，我们已经可以预期中国梦的实现。这也意味着在实现中华民族伟大复兴的征程中再进了一步。

---

① Cris Giles, China to Overtake US as Top Economic Power this Year, *Financial Times*, USA, April 30, 2014.

　　我们再从历史的角度看中国经济总量的变化。经济史学家麦迪森做过一项非常宏大的工作，他对从史前时期开始的人类经济活动的情况进行估算。利用麦迪森的估算数据并结合近些年的统计信息，我们可以看到，公元元年到 1600 年，中国一直是世界上最发达的国家。直到 1820 年，我国的 GDP 还占世界的 1/3，但随后就迅速下降。1955 ~ 1973 年间，我国 GDP 总量和人均 GDP 占世界比例都降到最低点。1973 年以后，特别是 1978 年以后，我国 GDP 和人均 GDP 占世界比例都迅速回升，呈现 V 字形的轨迹。[①] 需要注意的是，历史数据通常是以 1000 年、100 年或者几十年的幅度变化的，从 2003 年开始，则是按年进行统计变化的，这足以说明我国复兴的速度之快。从历史的长时段看，我们看到中国的经济呈现由盛至衰的过程，而近些年则表现为以非常快的速度由衰变盛的过程。这是从经济总量和人均收入来注解中国的伟大复兴。我们认为，无论是否认可世界银行的最新预测，中国经济总量赶超美国指日可待，从而成为人类历史上唯一经历"由盛至衰"和"由衰至盛"的典范。

　　很显然，近些年中国经济社会的快速发展是改革开放的结果。不过，在高速增长过后，当下的中国无论是经济还是社会都遇到了很多问题和困难，因而也就面临要不要改革、怎么改革的问题。中共十八大和十八届三中全会关于改革的全面部署中，一个重要精神就是讲改革的方法论问题。习近平同志系列讲话中也多次论述正确的改革方法论问题。在新一届党中央的政治局第二次集体学习时，习近平讲，"改革开放是前无古人的崭新事业，必须坚持正确的方法论，在不断实践中探索前进"。这是第一次明确地提出改革的方法论问题。他特别强调改革开放是前无古人的崭新事业。怎么理解这句话呢？我认为，当今的改革与古代的变法相比，历史上的变法目的是一个王朝、一个姓氏延续下去，而今天的改革则是在中国共产党的领导下，中国

---

① Angus Maddison, Contours of the World Economy, 1 – 2030 AD, Essays in *Macro-Economic History*, Oxford University Press, 2007, p. 379, table A. 4; p. 382, table A. 7.

特色社会主义制度的自我完善，改革的目的是服务于"三个代表"的，因此和以前的变法在性质上截然不同。

习近平总书记在湖北调研时，进一步阐述了改革的方法论。他说，"必须在纷繁复杂的事物表象中，把准改革脉搏，把握全面深化改革的内在规律，特别是要把握深化改革的重大关系"。习近平总书记在多次讲话中都提到了改革的方法论。为什么把握深化改革的几个重大关系如此重要？我们研究改革的方法论的目的是什么？

首先，可以帮助我们认识改革已经取得的进展。早在十八大之前，社会上就有很多讨论。一些人认为，十八大以前很长一段时间，我国的改革是停滞的。例如，针对国有企业的改革有一段时间推进建设很快，过去 10 年国有企业改革则十分缓慢，甚至呈现国进民退的态势。从统计数据上看，这个判断并不能得到有力支持。例如，国有企业无论就其总产值、固定资产还是就业人口占全部企业比重，过去这些年都是持续下降的。当然，仍然存在着国有企业垄断问题，在资源配置中市场还没有发挥决定性的作用，这正是下一步改革的任务。

其次，可以帮助我们认识改革的恰当节奏。从更长的时间段来分析，不同时期改革的侧重点有所不同，每一个时期都有其特点。中国有句老话，文武之道，一张一弛。20 世纪 90 年代国有企业改革带有一定的激进色彩，改革措施在当时造成了一些社会阵痛，比如，大规模的国有企业职工下岗。但改革改变了国有企业的软预算约束，也改变了我们的就业制度，推动了中国劳动力市场的发展。改革的结果是解放了生产力，提高了国有企业的经济活力。经过此轮改革以后，社会的需要和改革的重点就发生了变化。因此在过去 10 年我们更注重于建立一个社会安全网络，更多地考虑将改革的成果惠及大众和民生。近些年来劳动力逐渐稀缺，因而改革的重点变为如何提高劳动者的收入水平，提高他们的劳动生产率。总体上，不同时期的改革具有互补性，而今后的改革面临新的调整和崭新的任务。因此，从国家的层面讲，当下中国非常需要研究改革的方法论问题。

最后，帮助我们认识当前改革的紧迫性。从十一届三中全会开始，我党形成了每届三中全会侧重改革的惯例。而大家对十八届三中全会更是寄予厚望。因为很多人认为过去 10 年改革的步伐不够大，一些领域的改革任务没有完成，十一届三中全会提出的改革影响了中国几十年的发展，而十八届三中全会的改革也将引领接下来几十年中国的发展进程。三中全会明确提出：到 2020 年，在重要领域和关键环节改革上取得决定性成果，完成本决定提出的改革任务，形成系统完备、科学规范、运行有效的制度体系，使各方面制度更加成熟、更加定型。到 2020 年只剩下 6 年，接下来的 6 年必须要改得更有效率一些。研究改革方法论，可以让我们的改革按照正确的方向，更加富有成效。下面我们从几个角度谈一点学习习近平同志关于改革方法论讲话的精神。

二　顶层设计与"摸着石头过河"

在接下来的改革中，如何处理好顶层设计和"摸着石头过河"之间的关系，是非常重要的。1994 年，笔者和另外两位作者出版了《中国的奇迹》一书。[①] 在写作过程中，我们提前看到了《世界发展报告（1996）》（以下简称《报告》）的征求意见稿。我们明白了自己应该写什么——回应关于中国改革道路的质疑。当时世界对中国的改革有巨大的争议。改革取得的成就大家都看到了，但是也有很多人唱衰中国，认为中国不太可能最终完成改革，因为改革的方法是错误的，没有根本触动制度本身。《报告》正文前引用两段语录，分别是邓小平和捷克领导人哈维尔的。哈维尔说，"一个人不能分两步跨过同一个鸿沟"，这从思想方法上为激进的改革方式提供了依据；《报告》引用的邓小平的话，则是"摸着石头过河"。《报告》对邓小平领导的中国改革持肯定态度，但是在哲学和意识形态上，无疑更认同甚至同情哈维尔的改革方略。这种意识形态甚至影响着后来一些国家对改革路线的选择。

[①]　林毅夫、蔡昉、李周：《中国的奇迹：发展战略与经济改革》，上海三联书店、上海人民出版社，1994。

　　当苏联东欧国家采纳美国经济学家杰弗瑞·萨克斯设计的休克疗法进行艰难转型时，中国则走出了一条渐进式改革道路。渐进式改革内含了邓小平提出的"摸着石头过河"的思想。我们以"价格双轨制"改革为例分析中国的渐进式改革。计划经济时期，绝大多数商品都是需要凭票证购买的。如何改革？如果按萨克斯的休克疗法，就是要在一夜之间，所有商品的政府定价全部变为市场定价。我们没有这样做。而是采取价格的放调结合，逐步让价格达到市场均衡水平。什么是市场均衡水平，我们当时并不知道，因此我们先放开一部分非必需商品的价格，作为参照，就逐步了解到市场均衡价格。到1992年时人们发现，市场上基本上所有的产品价格都由市场决定了。夸张点儿说，我们是在不知不觉中完成了价格改革。

　　另一个例子是企业改革。当时国有企业是国民经济的绝对主体。我们没有一开始就直接对国有企业进行大幅度改革，而是在城市允许多种经济成分发展，在农村允许和鼓励社队企业即后来的乡镇企业发展。到了20世纪90年代，国有企业面临国外和国内两个方面的竞争。当国有企业因为软预算约束等原因越来越没有市场竞争力，很多企业出现严重经营困境时，时任总理朱镕基适时推动国企改革，允许国有企业破产和职工下岗。接下来就有了对国有企业的"抓大放小"，在关系国民经济命脉的产业实行国有企业为主，而中小型的国有企业则允许进行多种形式的改革。

　　对于中国的经济增长，很多人曾经认为中国的改革由于没有进行彻底的市场化，因此经济增长走势将是L形，而苏联和东欧国家转型后的经济增长尽管在短期内面临一定困难，但很快就会形成直线上升的J形经济增长走势。近些年的实际情况是怎样的呢？图1是中国与不同国家和地区的经济增长情况的对比。其中第一张图是我国和周边国家和地区经济增长的比较。第二张图是我国和一些发达经济体的比较。通过对比可以看到我们的经济增长比它们快得多，20世纪90年代超过了6个发达国家，2010年超过了日本。第三张图是我国和一些金砖国家的比较，整体来看，我国比其他金砖国家经济发展好得多。第四张图是我国和一些转轨国家经济增长的比较，在20世纪90年代初中国的增长速度就远远超过它们，并延续到今天。这些都证明掌握正确的改革方法论，能够给我们带来更快的经济增长和人们生活水平的改善。

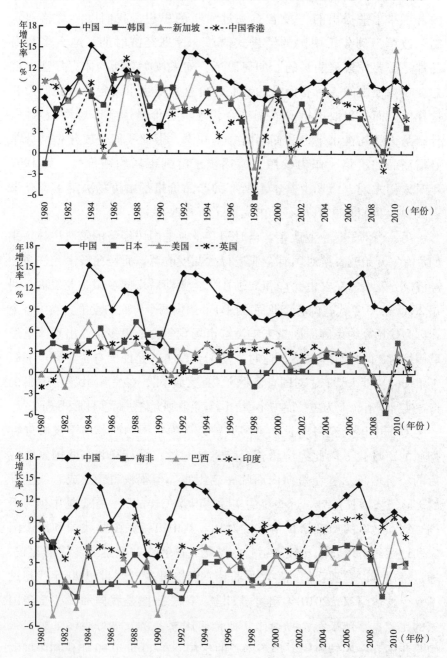

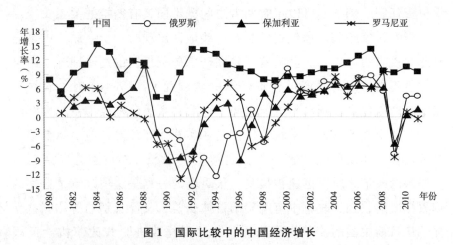

图 1 国际比较中的中国经济增长

资料来源：世界银行数据库，http：//data.worldbank.org.cn/indicator/NY.GDP.MKTP. KD.ZG/countries? display = default。

　　在"摸着石头过河"改革思想获得持续成功后，近几年中央提出了关于改革的顶层设计的新思路。那么，顶层设计和"摸着石头过河"二者之间有无矛盾？

　　十七届五中全会文件中第一次出现"顶层设计"的提法。顶层设计意味着改革除了要具有国际视野、历史眼光、战略性、前瞻性之外，更重要的是突破局部利益格局。中国早期的改革是让一些群体得到好处，但不伤害其他利益群体。但今后的改革一定会触动已经形成的利益群体、改变既有的利益格局。因此今后的改革，就不能完全依赖既有部门，而是必须超越既得利益群体，由中央来统筹制定，超越部门、集团、地区、既得利益群体，从更全面、更长远的视野出发进行制度设计。此后，在十八大报告和十八届三中全会文件中有关顶层设计的表述不断出现。

　　有人认为，提出顶层设计就意味着否定邓小平的"摸着石头过河"的改革思路。这是不正确的。"摸着石头过河"是中国早期改革取得成功的重要改革思路。而顶层设计则是在当前中国经济社会发展环境下的重要改革思路，二者并不矛盾。习近平总书记在讲话中也明确了"摸着石头过河"和顶层设计是不矛盾的。通过农村家庭联产承包责任制的例子，可以了解两者之间既不同又有衔接的关系。

当农村家庭联产承包责任制在一些地区出现时，十一届三中全会对此并没有明确表态。但随着家庭联产承包责任制的逐步铺开，中央文件也不断提高对联产承包责任制的认可程度。1984 年时，农村的家庭联产承包责任制已呈燎原之势。随后，人民公社改为乡，大队改为村。这个改革过程非常快，仿佛是在实施休克疗法。但实际上整个改革过程中体现的是"摸着石头过河"的思想。农村家庭联产承包责任制的改革之所以迅速被接受，很重要的一点是这项改革是典型的帕累托改进，因为改革中有明确的群体受益，又没有别的群体利益受损。从目前中国的改革进展来看，"帕累托改进"式改革机会已很少。接下来的改革在为一部分人带来利益的同时，会损害一些群体的利益。而触及既得利益的改革将不可避免地遭遇抵制。例如现阶段的收入分配制度改革、户籍制度改革、国企改革等都面临这样的问题。

因此，中国面临的改革难题是低垂的果子已经摘尽，下一步我们面临的是必须突破所谓的帕累托改进的改革，需要进入一个新的阶段。顶层设计很重要的意图就是突破利益固化的樊篱。习近平总书记在广东视察时讲，改革开放是实现中华民族伟大复兴的关键一招，要坚持改革开放的正确方向，敢于啃硬骨头，敢于涉险滩，既勇于冲破思想观念的障碍，又勇于突破利益固化的樊篱。他讲的是政治语言，经济学家语言就是突破利益集团对改革的抵制。从顶层设计看，今后思路更多的是突破既得利益群体的改革。

三　整体推进与重点突破

为什么要讲整体推进？由于任何一个体制都是整体，都有自身的逻辑性，因此改革或完善，就要兼顾改革的整体性、系统性、协同性。改革开放前中国的计划经济模式其实是根据中国当时的实际情况发展起来的，并不是简单照搬苏联的体制。1949 年新中国成立后，经济发展面临的最大问题是农业经济占主体，当时务农人口站到全部人口的90%，因此当时很自然地选择推进工业化。怎么推进呢？在重工业和轻工业之间如何选择呢？人们生活水平和收入水平很低，轻工产品生产出来并没有足够大的消费力和市场。由于重工业的生产短期内不依赖于人们的消费能力，因此当时的选择是推进重工业化带动工业进程，即重点发展生产产品的机器的重工业。重工业是资本密集型产业，而当时资本非常稀缺，我们的办法就是不让市场来决定资本的定价和选择，而是通过计划的方式，扭曲生产要素的价格，实行高度计划分配的体制机制，将资本变成按计划统一分配的物资。为了杜绝企业自发地根据市场的需要生产产品获取利润，国家开始控制企业生产直至将其国有化，最终整体形成计划体制（见图2）。

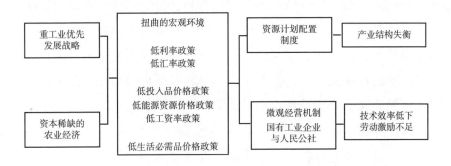

图2　中国经济体制模式形成和改革的逻辑

资料来源：林毅夫、蔡昉、李周：《中国的奇迹：发展战略与经济改革》，上海三联书店、上海人民出版社，1994。

改革开放后，为了增强企业活力，允许企业发奖金、留利润。价格双轨制实施后，企业完成国家任务后可以自行根据市场需要进行生产。再进一步对国有企业逐步进行改革。中国的计划经济体制曾是一个完整的体系。而改革，就是按照自身逻辑，逐步摸索，到了一定程度，就要考虑到改革的整体推进了。

与整体推进对应的改革方式是重点突破。由于资源往往是有限的，因此在经济建设和改革中既要考虑到整体性，也要有所侧重，突

出重点领域。这些重点领域一方面是通过改革能够带动其他领域改革
的，另一方面是能够真正带来改革突破的领域，也往往是改革比较容
易推进的部分。那么，当下的改革应从哪些领域重点突破呢？习近平
总书记提出，改革要抓住重点，围绕解决好人民群众反映强烈的问
题，回应人民群众的呼声和期待，突出重要领域和关键环节，突出经
济体制改革的牵引作用。2014 年的《政府工作报告》提出，要"从
群众最期盼领域、制约经济社会发展最突出问题改起……破除制约市
场主体活力和要素优化配置的障碍"。近些年，一个社会共识是要通
过改革避免"中等收入陷阱"，只有这样才能到 2020 年达到小康社
会、到 2050 年实现现代化强国的伟大目标。一般而言，一个国家落
入"中等收入陷阱"往往会经历四个步骤。第一步，高速经济增长
之后的减速；第二步，错误的政策药方和政策失误将经济减速转变为
经济长期停滞；第三步，经济停滞后经济总量不再快速增大，国民收
入分配状况开始恶化，在部分群体的利益得到保障和增多的时候，弱
势群体的利益往往减少；第四步，既得利益格局被强化，改革举步维
艰，体制弊端也将积重难返。

　　以中等收入陷阱的"四部曲"来衡量，我们来分析近些年中国
的经济增长情况。可以看出，我们的经济增长减速已经出现，"十一
五"时期 GDP 年平均增长率是 11.3%，"十二五"以来，2012 年和
2013 年的 GDP 年均增长率是 7.7%。经济学家普遍认为中国经济增
长已经很难再达到 10% 以上的速度了。总体来看，我国经济增长的
确开始自然减速。这也符合世界大多数国家经济发展的规律。一些研
究发现，经济增长都会经历一个从快速到慢速的转变。从世界平均情
况来看，从高速增长到慢速增长的转折点前后差别十分显著，从前 7
年的平均增长率为 6.8%，减到转折点后 7 年的平均增长率为
3.3%。[①]

---

① Barry Eichengreen, Donghyun Park and Kwanho Shin, When Fast Growing Economies Slow Down:
International Evidence and Implications for China, *NBER Working Paper*, No. 16919, 2011.

　　我们再来看中等收入陷阱第二步，即我们会不会出现政策误判。这一点，取决于我们怎样认识当前出现的经济减速。如果认识正确，政策应对正确，就不会出现第二步。我们认为，中国经济增长经历了两个转折点，一个是刘易斯转折点。二元经济中，农业过剩劳动力不断转移出来的过程就是经济增长过程。当农业不再有剩余劳动力可供转移时，就达到了刘易斯转折点。我国沿海地区 2004 年出现了民工荒。一开始人们认为这只是一个暂时情况，但后来发现，民工荒不仅没有消失，而是从珠三角地区到长三角地区进而蔓延到全国，招工难成为常态。另一个重要的转折点是劳动年龄人口绝对减少（见图 3）。2010 年，我国达到了这个转折点，出现了实实在在的劳动人口负增长。可以说，我国长期以来经济增长所依赖的人口红利消失了。人口红利消失导致我国经济的潜在增长率下降。

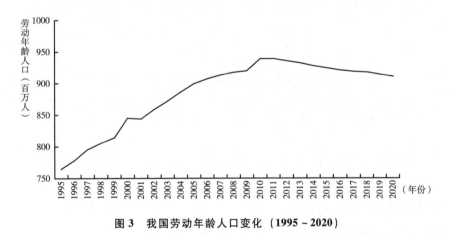

图 3　我国劳动年龄人口变化（1995～2020）

资料来源：中国发展研究基金会：《中国发展报告 2011/12：人口形势的变化和人口政策的调整》，中国发展出版社，2012。

　　图 4 中，1995～2010 年，我国的潜在增长率与实际增长率是基本一样的，平均为 10.3%。"十二五"时期潜在增长率平均是 7.6%。2012 年、2013 年实际增长率是 7.7%，与预测基本一致。我们预测"十三五"期间的 GDP 潜在增长率是 6.2%。我国经济增长率持续下降的原因，我们认为主要是因为人口红利结束引发的劳动力供给不

足。而宏观经济学家则认为，中国经济减速是因为金融危机后美国经济复苏乏力，欧洲的主权债务危机等导致的外部需求不足。这时如果国内需求也不见起色，国家也不通过投资刺激增长，经济增长率当然要下降。因此，绝大多数宏观经济学家给出的政策建议是，既然我们无法左右外国对我国产品的需求，也无法短期提升国内老百姓的购买力和消费欲望，便只能通过大规模投资来刺激经济增长。

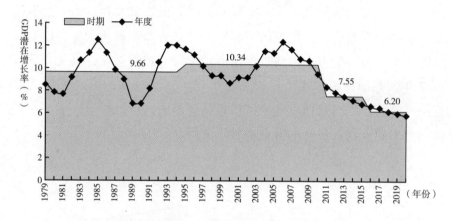

图 4　我国 GDP 潜在增长率和实际增长率（1979～2019 年）

资料来源：Cai Fang and Lu Yang, Population Change and Resulting Slowdown in Potential GDP Growth in China, *China & World Economy*, Vol. 21, No. 2, 2013, pp. 1–14。

　　我们认为，误判经济形势可能引发一连串的政策错误。当把经济增长潜力下降的供给方面因素错误地理解为出口、消费、投资等需求方面问题，进而出台错误的政策，就容易犯使日本陷入"失去的 20 年"的政策错误。如果供给能力不提高，仅仅希望通过提振需求去提高实际增长率，要求其超越潜在增长率，最终必然导致经济的衰落。

　　中等收入陷阱的第三步是收入差距持续扩大。目前我国的收入差距已经非常大。近些年随着刘易斯转折点到来引发的农民工工资提高等因素，收入差距有可能会缩小。从官方的数据看，近几年的收入差距确有缩小的趋势。但一些学者认为，官方统计中并不包含个人收入的全部。社会的隐性收入（灰色收入）大多没有被统计进去，而隐性收入的绝大部分（70%～80%）集中在收入最高的 10% 的人手里。[①] 因此如果将隐性收入考虑进去，中国的收入差距要大得多。我将这些人的估算数据按照不同的收入组别加入到国家统计局的数据中（如图 5 所示），中国的收入差距就大幅度提高了。尽管收入差距近两年有所收敛，但仍然比官方统计的数字大得多。总体来看，劳动力市场的发展对收入差距的缩小起到了一定作用。但是资源分配中的问题，例如国有企业的处置、矿山资源等资源和资本的分配收入往往没有均等地落到老百姓手里，而这些资本和资源的分配比劳动收入对收入差距的影响要大得多。发展劳动力市场，扩大就业可以缩小收入差距，但是，资源分配方面的机会不均等导致的收入差距却往往难以抑制。

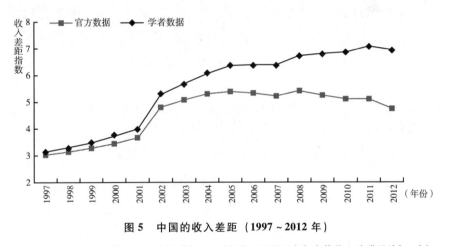

图 5　中国的收入差距（1997～2012 年）

资料来源：参见蔡昉、王美艳《中国面对的收入差距现实与中等收入陷阱风险》，《中国人民大学学报》2014 年第 3 期。

因此，必须通过全面深化改革标本兼治。在治理腐败之外，改革必须触及更广泛的利益群体。党的十八届三中全会提出的全面深化改革正是基于此，部署了经济体制、政治体制、文化体制、社会体制和生态文明体制的全面改革，成立中央全面深化改革领导小组，以及六个专项小组。中央成立的以习近平为组长的深化改革领导小组和一系

---

① 参见王小鲁《灰色收入与国民收入分配：2013 年报告》，《比较》2013 年第 5 期。

列举措彰显了党中央全面深化改革的决心。我们非常期待，这些更加制度化、规范化、更加公平的改革举措能够从制度上遏制可能出现的第三步和第四步，进而阻断中国走向中等收入陷阱的路径。

四　体制改革与经济增长

当前国际上很多人认为，中国正在进行的改革必将损害经济增长。有人甚至将中国的改革称为"抑制增长型"改革。我认为这样的判断是错误的，从长期看，我们的改革不会牺牲增长率，而是为了解放生产力，实现更快的经济增长。改革与增长不是此消彼长的关系。

习近平提出要处理好改革、发展和稳定之间的关系，要坚持把改革力度、发展速度和社会可承受程度统一起来，把保障和改善民生作为各项工作的最终目标和最高检验标准，通过改革发展，确保人民安居乐业、社会和谐稳定。改革、发展和稳定三者各有侧重，互为条件、互相促进，如果不能正确认识这一点，将不利于改革的顺利推进。举几个这方面的改革促进增长的例子。

十八届三中全会提出要实施以农民工市民化为核心的户籍制度改革，推动新型城镇化。如何认识中国现在的城镇化水平？目前有两个城镇化指标。一个是官方统计的城镇化指标，是按常住人口计算的。住在城市半年及半年以上的就是城市常住人口，它占全部人口的比例，目前大概是53%。我们知道农民工的定义是离开本乡镇半年及以上的农村人口。所以在统计城镇化率时农民工是被统计到城镇常住人口中的。另一个指标是按全部人口中具有非农业户口的比重来测算城镇化率。2013年中国的非农户口的人口比例是35%～36%，也就是真正意义的城镇化率是35%～36%。这个数据与官方统计的城镇化率53%之间的差距，就是农民工在城市打工但没有户口的制度导致的。没有户口就没有稳定的就业预期，不能享受城市中的各种社会保障，因此大多数农民工不会指望自己长期在城市生活下去。由于户籍制度的限制和社会保障的空缺，这些人的劳动力供给其实是不充分的。也就是说，虽然人口红利已经结束，但实际上我们并没有充分利用现有的农村转移劳动力。因此，新型城镇化的概念意味着要实行户籍制度改革，在图6中则表现为两条线的最终并轨。例如，到2030年我国城镇化率要达到70%，那么这些人中绝大部分是有非农业户口的，如果那时候还有户口的话。

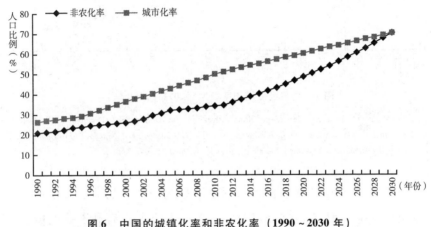

图6　中国的城镇化率和非农化率（1990～2030年）

资料来源：中国社会科学院人口与劳动经济研究所编历年《中国人口年鉴》。

　　我们认为改革可以立竿见影地带来改革红利、促进经济增长。图7是我们根据几个领域改革的综合经济效果模拟的中国今后一段时间的经济增长率。如果没有显著的改革效应，如图7中"趋势"曲线所示，经济增长率会从目前开始减速下滑。如果在此基础上，通过教育体制改革，让人们享受到更好、更均等的教育；通过户籍制度改革，让更多人口变成城镇居民，提高劳动参与率，从而增加劳动力供给；通过增强农民工培训以及其他改革提高全要素生产率，都将显著提高未来的潜在增长率。在这几项"改革"的基础上，生育政策调整和完善还会在未来提高生育率，产生提高增长率的效果（如从总和生育率1.4到1.6，再到1.77乃至1.9的变化情景）。人口红利终究会消失的，但如何选择正确的改革方式，创造改革红利来替代人口红利，则是非常重要的，这样也将让中国远离中等收入陷阱。

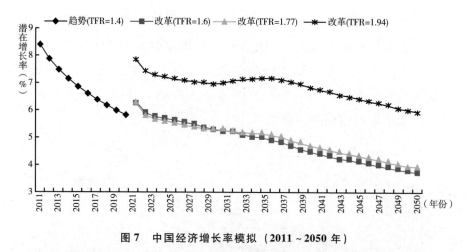

图7　中国经济增长率模拟（2011～2050年）

资料来源：Lu Yang and Cai Fang, China's Shift from the Demographic Dividend to the Reform Dividend, in Ross Garnaut, Cai Fang and Ligang Song（eds），*Deepening Reform for China's Long-Term Growth and Development*, Australian National University E Press, 2014。

　　综上，改革和经济增长之间不仅不是此消彼长的关系，恰恰是互相促进的关系。认清楚这一点非常重要。一方面，有利于我们增强道路自信，提升对"中国梦"的信心，拨开经济悲观论的雾霾，更直接讲有利于增强中外投资者的信心；另一方面，当我们认识到改革是有收益的，就能帮助我们在改革中做出正确的方式选择。现在，尽管帕累托改进的改革机会越来越少，但如果能看到改革总体上带来收益，我们就可以从制度上进行设计，避免收益和成本分配的不对称。2014年的《政府工作报告》提出要形成农民工市民化过程中的成本分担机制，就是说市民化过程产生的成本不能由某一个单独的主体承担，而是允许在企业、个人、投资者，以及在中央政府、地方政府和城镇政府之间分担，并分享改革收益。

五　重大改革要于法有据

　　在改革初期，中国的法律体系尚不健全，无法可依的情况经常出现。在一定程度上，当时的改革是不断突破各种传统理念和现行法规束缚的过程。通过 30 余年的改革开放和民主法制建设，如今改革的宏观政治环境已经发生显著变化。在 2011 年全国人民代表大会上，吴邦国委员长宣布，一个立足中国国情和实际、适应改革开放和社会主义现代化建设需要、集中体现党和人民意志的，以《宪法》为统帅，以宪法相关法、民法商法等多个法律部门的法律为主干，由法律、行政法规、地方性法规等多个层次的法律规范构成的中国特色社会主义法律体系已经形成。建立在法治基础上、立法和执法的紧密结合，将保证改革方向的正确性、推进的持续性和不可逆转性。特别是，当改革越来越涉及既得利益集团，甚至政府本身也将是改革的对象时，要突破任何个人和组织对改革的阻挠，必须以法律作为至高无上的依据，才能保证其合法性和权威性。以法治统领经济体制改革，不仅为改革提供更高的合法性，还可以从更本质的层面找到阻碍制度变迁的上位体制障碍，从而抓住推进改革的嚆矢。

要建立一个法制民主的国家，改革就不能讲长官意志，而是要于法有据。对于改革和法律的关系，社会上有两种互相对立的观点：一种观点认为改革要依法行事，也就是习近平总书记讲的于法有据；一种观点认为改革就是要打破现行法律束缚，我国的改革过程一开始就是要违法的，如果什么东西都要遵法，则不会有今天这么大的改革成绩。

这种争论在土地制度改革上特别典型。十八届三中全会在农村土地制度方面有一个巨大的理论突破。城镇化需要土地，农业要搞规模经营、流转土地，农民要获得更多的财产性收入。因此，有三类土地要更具流动性，变成资本流动起来。第一类土地是作为承包地的农业耕地；第二类土地是农村居民的宅基地，盖着房子、院子甚至菜园子；第三类土地是农村集体建设经营用地，这块地可以搞乡镇企业、经营甚至土地开发。十八届三中全会分别提出这些土地同地同权以及各种流转和收益形式，在实践中如何实施呢？我们知道目前农村土地抵押等是与现行法律有冲突的。这个时候我们面临的选择是，依法改革还是突破法律改革。改革如何与现有法律进行协调，就需要改革的智慧。2014 年中央一号文件就这些问题做了进一步的规定。基本方法是试点先行，以便与相关法律的修订和完善相衔接，再进行大范围推广。总体上做到于法有据。

再看生育政策调整的例子。新的"单独二孩"政策出台之前就经历了长期的等待、论证和权衡。三中全会提出逐步调整和完善生育政策的要求后，尽管媒体和民间积极回应，但有关部门却一度表示中央的政策并没有时间表，没有统一的规定。全国人大常委会就此专门制定了关于推动"单独二孩"政策实施的决议，非常明确地提出各部门和地区要按照中央精神推进此项政策的实施。这是一次用立法推进改革的非常好的尝试。另一点需要注意的是，我国的一些政策和法规在制定时预留了很大的改革空间。仍以计划生育政策为例。长期以来，人们认为我国的计划生育政策就是只生一个孩子的政策。但实际上计划生育政策并不是只能生一个孩子政策。在"单独二孩"政策之前，平均而言，中国 10% 的家庭可以生 2 个孩子，52% 的家庭生一个半孩子，36% 的家庭生 1 个孩子；此外，还有 2% 的人口适用于 3 孩或以上。[①] 因此，新的"单独二孩"政策与《计划生育法》并不相悖。

六 结语

近些年来，随着我国经济社会的快速发展，我们一步步地在实现中华民族的伟大复兴。与此同时，我国的经济体制改革也进入一个更为艰难的阶段。目前关于改革存在很多争议，如果没有正确的方法论作为指导，我们在制定政策时可能会面临难以抉择的局面，甚至可能影响我国下一步的改革进程。习近平总书记关于改革的方法论的系列讲话对于我们理清改革思路，掌握正确的改革方法论具有非常重要的意义。

---

① 中国发展研究基金会：《中国发展报告 2011/12：人口形势的变化和人口政策的调整》，中国发展出版社，2012。

　　我们认为，顶层设计与"摸着石头过河"、整体推进与重点突破、体制改革与经济增长之间并不是非此即彼的关系，而是相互促进和互补的关系，且在不同的改革时期各有侧重。而重大改革都要于法有据也是要特别强调的。掌握正确的改革方法论，不但可以让我国的改革按照正确的方向前进，而且会更有效率地前进，中华民族的伟大复兴和每个中国人的"中国梦"将更快实现。

原载 2014 年第 4 期《中国社会科学院研究生院学报》

理解改革红利与增长速度的关系

　　国际经济学家、观察家和媒体报道对中国的改革有些误解，容易产生对公众的误导。这类观点认为，中国的改革任务与经济增长速度之间存在一种替代关系，为了推动改革必然要牺牲增长速度。有的媒体甚至称中国的改革是"增长抑制型"的。国内舆论也有类似倾向，夸大改革成本而低估改革收益。例如，在讨论户籍制度改革时，我们看到诸多关于推进农民工市民化的成本估算，但是，很少见到有人测算该项改革的收益。这样的观点不符合事实，类似的舆论也不利于形成改革共识，缩小了改革方式的选择空间，还会误导投资者。

　　本文回答两个颇具争议性的问题，第一，中国经济增长减速是供给方因素还是需求方因素所致；第二，中国当前经济增长率是在潜在增长率之上还是之下。本文根据第一手证据和国际经验，提供若干改革可以带来红利的事例，证明中国的改革不仅不是"增长抑制型"的，而且可以立竿见影地直接有利于提升经济增长速度。

改革的成本收益公式

　　《彭博商业周刊》记录了这样一个故事。20 世纪 90 年代初的某一天，当芝加哥大学经济学家（后来的诺贝尔经济学奖获得者）詹姆斯·海克曼，向当时的助理财政部长劳伦斯·萨默斯游说其政策主张，呼吁政府确保贫困家庭 3～4 岁儿童的教育机会时，他对自己这位经济学家同行说：这个政策建议可不仅仅是某种善良而含糊其辞的愿望，也是建议实施一项讲求实际的投资，能够以减少社会福利支出、降低犯罪率以及增加税收的形式带来实实在在的回报。实际上，这位经济学家拿出的是一个关于公共政策改革的成本收益"海克曼等式"。

如今，面向贫困家庭、旨在提高儿童生命最初 1000 天的健康和教育项目，得到了美国官方和民间的热切关注，成为一个方兴未艾的社会政策。经济学家的这个建议之所以得到积极响应，并不仅仅由于其"政治上正确"的性质，更重要的还是其可以带来全社会的净收益。其与当年米尔顿·弗里德曼倡导的教育券政策形成鲜明的对照，后者建议让家庭自行"购买"教育服务，以促进教育供给者之间的竞争。几十年过去了，对教育券的响应者寥寥，更没有成为一项普遍推行的社会实践，原因也恰恰在于该政策建议及其实施，并不能让人看到直截了当且显而易见的收益。

制度变迁理论指出，通常只有在一项制度变化的收益大于成本，即净收益大于零时，这种制度变迁才会发生。当然，这个理论判断指的是决策者所考虑的实施改革的政治成本和收益，即改革带来的政治支持（收益）是否大于因此而招致的政治反对（成本）。但是，一般来说，在经济意义上收益大于成本，就具有了说服政策制定者推行特定改革的充分理由。中国在相关领域的改革效果，可以说与此十分类似，即旨在提高资源配置效率、改善收入分配，以及增强基本公共服务均等化程度的改革，既是为了实现更加公平的社会目标，也可以获得直接和间接的改革红利。具体而言，如果我们知道当前中国经济增长速度下滑的因素，也就可以预期哪些改革领域可以带来直接的提高潜在增长率的效果，以及其他间接有利于经济增长的效果。

正确认识改革能够带来的收益或改革红利，不仅对形成和凝聚改革共识十分必要，还能够增加改革方式和策略的选项，强化改革的动力。改革尽管能够获得净收益，但是，成本和收益却是不对称地在当事人之间进行分摊的。为了最大限度地使改革具有激励相容的性质，通常有两种方式可供选择，一是所谓"帕累托改进"，即这种改革可以在不伤害任何既得利益的前提下予以推进；二是所谓"卡尔多改进"，即虽然有利益群体会因改革而受损，但是，由于改革带来较大的净收益，可以从中拿出一部分对受损者进行补偿。当前面临的改革任务，已经很少具有"帕累托改进"的性质，但是，如果我们能够认识到并且把握住改革的收益，就可以适当地运用"卡尔多改进"的方式，以减小改革阻力。

当前增长减速的原因

以 2010 年之后 15～59 岁劳动年龄人口负增长为标志，中国经济增长长期享受的人口红利开始消失，其直接的表现就是 GDP 潜在增长率的降低。2012 年和 2013 年实际增长率都是 7.7%，这个大幅度的下滑并不是外部冲击所致，而是潜在增长率下降所决定的。根据我和同事进行的模型估计，潜在增长率在 2012 年为 7.89%，2013 年为 7.48%，与实际增长率非常吻合。换句话说，之所以中央政府能够接受这个低于 8% 的增长速度，在于认识到了"必须使经济增长与潜在增长率相协调，与生产要素的供给能力和资源环境的承受能力相适应"，并在 2013 年《政府工作报告》中给予明确表述。事实上，自 2012 年开始，中央政府不仅把增长速度预期定在 8% 以下，而且真正能够接受这个增长速度。

然而，在人口红利消失的情况下，劳动力供给日益趋紧、投资回报率加速降低、资源重新配置效率空间也大幅度缩小，因而，潜在增长率将逐年有所下降（如图 1 所示）。这就提出了一系列严肃的问题，例如，如果说在"十二五"期间还能够维持平均 7.55% 的增长率，"十三五"期间平均增长率则会进一步下降到 6.20%。需要回答的问题是：我们能够接受今天的 7%～8% 的实际增长率，我们能否接受不久之后可能面临的 6%~7% 的增长率呢？如果改革真是"抑制增长型"的，我们推动改革的力度是否会大打折扣呢？

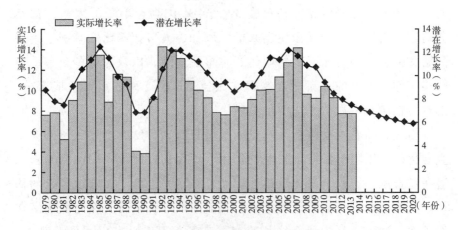

图 1　中国 GDP 潜在增长率预测

资料来源：根据陆旸、蔡昉《调整人口政策对中国长期潜在增长率的影响》（载《劳动经济研究》2013 年第 1 卷第 1 期）绘制。

实际上，在过去 GDP 增长速度低于 8% 的两年中，宏观经济政策感受到一定程度的纠结。中央政府感受到的是"经济运行存在下行压力"，地方政府则尝试采取局部刺激经济增长的方法，企业面对市场疲软和成本上升等困难举步维艰，经济学家纷纷从需求角度建议新的经济增长点。未雨绸缪是必要的，但是，通过改革获得制度红利以提高潜在增长率是一回事，试图通过需求方的刺激手段拉高增长速度则是另一回事，超越潜在增长率是危险的。为了避免在政策上犯下日本"失去的 20 年"的错误，至少亟须弄清两个问题：第一，当前出现的增长速度放缓是长期的供给方因素式微所致，还是短期的需求方冲击所致；第二，中国当前经济增长是在潜在增长率之上，还是在潜在增长率之下，或者正好与潜在增长率相吻合。

与屈宏斌等建议"不宜夸大劳动人口减少的影响"不同，我们主张千万不要低估劳动年龄人口减少对潜在增长率降低的作用。他们估计的劳动力数量增长对改革期间 GDP 增长率的贡献为 15%，实际上，我们估计的这一贡献更小，仅为 8%。但是，二元经济发展时期劳动力无限供给的作用，远不是劳动力数量这个变量可以充分表达的。实际上，几乎所有推动过去 30 余年中国高速增长的因素，都是劳动年龄人口这个变量派生出来的。例如，人口抚养比低有利于维持高储蓄率、劳动力无限供给阻碍资本报酬递减，以及大量剩余劳动力转移，构成了资源重新配置效率这一全要素生产率的重要组成部分，都对潜在增长率做出了重要的贡献。

因此，随着劳动年龄人口进入负增长时期，所有上述变量都会发生变化，产生降低潜在增长率的作用。正因为如此，我们预测的未来潜在增长率，不仅下滑比较迅速，而且在水平上低于屈宏斌等人的估计。而且，根据我们的估算结果，当前中国经济增长并没有低于潜在增长率，这也就是为什么增长速度下来了，不仅没有出现失业现象，而且企业继续遭遇劳动力短缺的原因。根据估算，中国目前的自然失业率大致为 4.1%，因此，只要实际失业率没有明显大于这个水平，就意味着没有出现周期性失业现象。2010 年城镇户籍劳动者的调查失业率为 4.7%，城镇就业农民工的调查失业率为 0.75%，以当年城镇户籍就业人员和农民工的比例分别为 65% 和 35% 作为权重，可以计算出包括城镇户籍人口和农民工在内的调查失业率为 3.3%，与自然失业率（4.0% ~ 4.1%）相比，实际上不存在周期性失业现象。而这恰恰证明了中国经济是以潜在增长率的水平增长的。

既然是人口红利消失导致潜在增长率下降，中国经济增长减速的原因自然是供给方因素，而与需求方因素无关。在人口红利消失之前，中国在 30 多年时间里实现了 9.8% 的增长速度，是因为当时的潜在增长率大约为 10%，而按照定义，潜在增长率是供给方因素决定的，即充分的劳动力供给、教育水平的大幅度提高、高储蓄率和高资本报酬率，以及巨大的资源重新配置空间。要说与需求方因素有关的话，不是因为需求方因素提高了潜在增长率，而是因为较高的潜在增长率赋予了中国制造业显著的比较优势，从而通过国际市场扩展了出口需求，反过来帮助实现了潜在增长率目标。

其实，我们需要回答的两个问题是同一事物的两个角度，对其中一个问题做出判断，另一个问题的答案也就是确定的。既然当前的减速是供给方因素而不是需求方因素所致，一旦潜在增长率下降，无论需求方因素如何，实际增长率都要下降。继续向下延伸的逻辑则是，任何刺激性政策都是着眼于扩大需求，都无助于潜在增长率的提高。不过，无论是生产要素（特别是劳动力）的供给，还是全要素生产率的提高，都有着巨大的制度提升空间，因此，改革的确可以提高潜在增长率，带来实实在在的红利。

改革红利的直接估算

在一项定量模拟中，我和同事就增加劳动力供给和提高全要素生产率，对潜在增长率的促进作用进行了估算，结果显示，在 2011～2020 年间，第一，如果每年劳动参与率提高 1 个百分点，将会使平均每年的潜在 GDP 增长率提高 0.88 个百分点；第二，如果每年都能够将全要素生产率的增长率提高 1 个百分点，那么平均每年的潜在 GDP 增长率将提高 0.99 个百分点。毋庸置疑，这种变化对潜在增长率的提高效果是非常显著的。而且，这两项潜在增长率的提高因素，分别对应着两个重要领域的改革。

首先，作为新型城镇化核心内容的户籍制度改革，推动农村剩余劳动力进一步转移和农民工市民化，既可以通过增加劳动力供给提高潜在增长率，也可以通过消除制度障碍疏通劳动力流动渠道，继续创造资源重新配置效率，保持全要素生产率的提高。现行的户籍制度仍然起着一种阻碍劳动力充分流动的制度性障碍作用。虽然目前已经有 1.7 亿农村劳动力离开本乡镇，进入各级城镇就业，但是，由于尚未成为法律意义上的市民，他们作为城市产业发展所需的主要劳动力供给，始终处于不稳定和不充分的状态。因此，遵循三条并行的路径——吸纳农民工成为城市户籍人口、为尚不具备条件成为市民的农民工提供与城镇居民同等的基本公共服务、实现社会保障体系对城乡居民的全面覆盖，户籍制度改革可以成为收获改革红利的典型领域。

其次，完善市场配置资源的体制和机制，创造平等进入和退出的竞争环境。提高全要素生产率还有一个重要的领域存在巨大的潜力，即行业内部的企业之间存在巨大的生产率差异，允许更有效率的企业生存、扩大和发展，相应淘汰那些长期没有效率改进的企业，可以提高行业进而整体经济的生产率水平。有研究表明，在美国，通过部门内企业的进入、退出、生存、消亡这种创造性破坏机制，对全要素生产率提高的贡献为 30%～50%。此外还有研究表明，中国部门内企业间生产率差异巨大，如果缩小到美国的水平，可以提高全要素生产率30%～50%。这两个数字如此巧合的含义是，迄今为止，中国尚未获得这种类型的全要素生产率源泉。所以，与此相关的改革也是收益明显的领域。

此外，借助公共政策改革效应减缓工资上涨压力，还可以为企业挖掘比较优势潜力、延长人口红利、实现产业结构升级赢得必要的时间。近年来，由于劳动力短缺现象太过突出，工资上涨速度有快于劳动生产率提高速度的趋势，制造业比较优势从而竞争力的下降速度过快，没有足够的调整和改善时间，则会使过多的企业面临困境甚至猝死，投资和企业大规模外迁，会形成一种产业结构调整的休克疗法，反而不利于顺利转型。保持劳动力市场对农民工的吸引力，并不必然通过工资上涨来实现，更好的公共服务和平等待遇能够产生更强的吸引力。稳定的居住和就业预期，以及提高了的基本公共服务水平，还可以抑制劳动力市场上的浮躁，诱导农民工和新移民家庭更多地进行人力资本投资，以适应经济在更高层次上增长的需求和产业结构升级的需求，实现更加可持续的充分就业和收入增长。也就是说，通过公共政策（如户籍制度）改革，同时取得吸引农村劳动力转移和平缓工资上涨速度两个效果，也可以创造显而易见的改革红利。

结论与政策建议

接受增长速度下行的客观现实，不采用刺激性政策试图超越潜在增长率，并不意味着我们无须在意经济增长速度。实际上，当做出当前的增长速度减缓是供给方因素所致，并且这个速度仍然与潜在增长率相吻合的判断，继而引申出不要出台大规模的刺激政策，而是通过改革提高潜在增长率的政策建议时，我们意在通过改革保持适度增长速度，通过增长促进改革的思路就更加清晰了。首先，认识到改革可以带来的红利，并且由此得以保持尽可能健康快速的增长率，改革的净收益就越是明显，全面深入推进改革就越具有共识，也越容易形成激励相容。其次，把促进增长率的努力落实在供给方提高潜在增长率的改革措施上面，而不是着眼于刺激政策，也会减少政府对直接经济活动的过度干预，本身也是改革的重要内涵。

我们的一项具体建议是，在各项改革开始启动，然而改革效应尚未显现的"十二五"后两年中，坚持 7.5% 的 GDP 增长率目标，但不是将其作为下限，而是作为预期值，争取既不明显低于该水平，也坚决不追求超越该水平。随着改革的深入，并且按照党中央《中共中央关于全面深化改革若干重大问题的决定》的要求，2020 年在重要领域和关键环节改革上取得决定性成果，完成党的十八届三中全会提出的改革任务。因此，预计改革红利将在"十三五"期间逐渐显现，必然产生抵消潜在增长率下行的效果，这时，结合改革红利效应和静态预测的潜在增长率趋势，我们建议把"十三五"时期的增长率目标定在 7% 的水平上。这样，既借助改革红利稳定增长速度，又留有足够的空间不致采取不当的刺激政策，实现改革与发展的相互促进和良性循环。

原载 2014 年第 3 期《中国改革》

如何科学确定增长速度目标

在国民经济和社会发展年度计划和五年规划的制定中，GDP 的年度增长率或年均增长率是作为一项预期目标提出的。一般来说，确定增长率目标可以有三种理念和方法。

第一种是经验式的方法，即根据过去多年和近年的情况，以及预计的当年国内外经济形势走向做出判断，这是一种趋势外推法，带有一定"拍脑袋"的性质。这种方法的进一步延伸或精细化，产生了第二种方法，即利用宏观经济计量模型，把过去的数据和可能发生的情况输入模型中进行模拟，得出对预测年份增长率的判断。这两种方法主要考虑短期需求的制约，所依据的一个共同理念是，在现实约束的条件下，经济增长速度越快越好，即着眼于超越预测目标。第三种方法是根据对潜在增长率的测算确定计划年份的增长速度，遵循的理念则是使实际增长率与潜在增长能力相适应。由于潜在增长率是由一定时期的生产要素供给能力和生产率提高速度所决定的，所以，按照潜在增长能力确定增长速度预期目标，就意味着它更是一个平衡、协调和可持续的增长速度，而不需要追求超越这个目标。并且，由于潜在增长率在一定时期是相对稳定的，但随着经济发展阶段的变化而变化，因此，这种测算可以从供给方反映经济发展阶段的变化趋势。例如，以劳动力短缺和工资上涨为表征的刘易斯转折点，以及以劳动年龄人口减少、人口抚养比提高为标志的人口红利消失，都可以反映在潜在增长率的下降趋势中。

在2012年之前，我国预期的经济增长目标，更多的是依据第一种和第二种方法制定的。虽然确定的增长速度并不太高，例如"十一五"期间为7.5%，主要是为了"留有余地"，也为了防止地方之间的攀比。但是，政府终究还是希望增长速度越快越好。应该说，在当时的情况下，这种做法也是合理的。因为直到"十二五"期间开始之前，我国潜在增长率仍然稳定地处于很高水平，经济可以也应该实现较高的实际增长速度。例如，根据我们的测算，1995~2010年间的潜在增长率为10.3%。著名的"奥肯定律"表明，实际增长速度低于潜在增长率的部分，对应着一定幅度的周期性失业，因此，在潜在增长率仍然较高的时期，"保八"是必要的，否则会遭遇严重的就业冲击。

从"十二五"时期开始，由于15~59岁劳动年龄人口的绝对数量每年都在减少，人口红利逐渐消失，我国潜在增长率大幅度下降。测算表明，"十二五"时期的潜在增长率为年均7.6%，"十三五"时期则会进一步下降为6.2%。因此，与此相适应的实际增长速度就是合适的，则不再需要"保八"。2012年和2013年我国增长率预期目标都是7.5%，分别实现了7.7%的增长速度，与潜在增长率是相符的，因此也没有出现严重的就业问题。实际上，过去两年中央政府没有寻求高于预期目标的增长速度，没有采取短期刺激政策，减少了政府对直接经济活动的过度干预，缓解了产能过剩的进一步加剧，避免了经济泡沫的形成，为改革创造了良好的宏观经济环境。因此，把经济增长速度预期目标的制定建立在正确理解、判断和测算潜在增长率的基础上是十分重要的，应该坚持并逐步规范化和科学化。

在认识和实际测算潜在增长率的问题上，目前存在着一个必须澄清的误区。潜在增长率反映的是一个经济体由供给方因素所决定的中长期增长能力，与短期的需求变化没有关系。劳动力供给、储蓄率和全要素生产率是影响潜在增长率的最主要因素，决定了经济增长合理的速度区间。而出口、投资和居民消费等需求因素，只决定一个经济体是否能够在合理的速度区间运行，但不能改变这个区间。换句话说，需求方因素可以干扰实际增长率，使其高于或者低于潜在增长率，产生实际增长率与潜在增长率之间的差别，即所谓的"增长率缺口"，但不能改变潜在增长率。

所以，在潜在增长率既定的情况下，如果出现需求不足可能导致经济增长在其以下水平运行的危险时，运用宏观经济政策手段管理需求是必要的，而用刺激出口、投资和消费需求的政策，试图把实际增长率拉高到潜在增长率之上，则是不可取并且是十分危险的做法。日本在1990年失去人口红利之后，朝野上下的主流认识是需求不足导致增长乏力，所以多年实施带有刺激性的货币政策和财政政策，并且把这种政策倾向体现在产业政策和区域政策之中，造成泡沫经济、僵尸企业和僵尸银行，生产率提高速度缓慢，导致其"失去的20年"。所谓的"安倍经济学"，由于没有摆脱这个政策误区，拉动需求的政策箭头可以在一时得以落实，但改变潜在增长率的改革措施迟迟不能到位，所以终究挽救不了日本经济。

用刺激需求的手段试图超越潜在增长率固然不可取，从供给的角度入手提高潜在增长率却是可行的，而且是势在必行的选择。在十八届三中全会部署的主要领域改革任务完成之前，仍然存在着诸多制度性障碍，制约着劳动力供给潜力的挖掘（如户籍制度）、投资效率的改进（投融资体制）和全要素生产率的提高（对中小企业和民营经济的歧视性待遇）。通过推进改革破除这些制度障碍，可以立竿见影地提高潜在增长率，收获改革红利。例如，我们的测算表明，如果在2011～2020年间，每年把劳动参与率提高1个百分点，可以把潜在增长率提高0.88个百分点，如果每年全要素生产率增长速度提高1个百分点，可以把潜在增长率提高0.99个百分点。而通过生育政策调整把总和生育率提高到接近1.8的水平，则可以在2030年之后显示效果，潜在增长率可以提高10%～15%。

　　基于对未来潜在增长率的静态估算，即"十二五"平均 7.6% 和"十三五"平均 6.2%，以及对改革推进逐渐释放出红利的动态预期，综合考虑，我们认为在"十二五"后两年把 GDP 年度增长率预期目标定在 7.5% 是合适的，而从"十三五"开始应有所降低，平均可以确定在 7% 的水平上。按照正确的定义和更权威的数据，进一步精确估算潜在增长率仍有必要。在此基础上确定的增长速度预期目标，既不应作为下限而追求超越，也不作为上限而容忍更低水平，以防止超过时形成通货膨胀预期，或者达不到时造成周期性失业的情形发生。

原载 2014 年 5 月 27 日《经济日报》

我国"潜在增长率"趋势分析

2013 年的《政府工作报告》提出，必须使经济增长与潜在增长率相协调。当前我国经济增长出现的下行趋势，既有宏观经济周期因素，也反映了长期潜在增长率的变化。周期性下行与长期减速是由不同因素造成的，在认识上应该避免将两者混淆，而在应对政策上，特别要防止用刺激性手段应对长期减速趋势。

供给和需求两方面因素都影响经济增长。长期看，经济增长是受供给方因素制约的，这些因素包括劳动力、资本等要素及其生产率，以及全要素生产率。在经济发展的不同阶段，生产要素供给水平和生产率提高方式皆具有阶段性特点，构成特定的潜在增长率。在改革开放 30 余年中，得益于人口红利，我国要素供给允足，生产率提升空间巨大，潜在和实际增长率都达到很高水平。

据估算，1978 ~ 1994 年，我国潜在增长率为 10.4%，1995 ~ 2009 年为 9.8%。然而，由于以劳动年龄人口于 2010 年停止增长为标志的人口红利消失，上述贡献因素都出现不利于经济增长的变化趋势，导致潜在增长率降低。

可见，目前我国经济增长的下行趋势，固然受欧债危机和主要发达经济体复苏乏力的需求因素制约，同时也是潜在增长率降低的表现。虽然受出口、投资和消费需求的影响，实际经济增长速度可能周期性地分别处于潜在增长率之上或之下，但归根结底，由供给方因素决定的潜在增长率，构成了未来经济增长速度的根本制约。

把目前的实际增长率与潜在增长率相比，把需求因素与供给因素相比，8%以下的 GDP 增长率是可以而且应该接受的。实际上，适当的低速度有利于加快转变经济发展方式，实现中国经济增长的再平衡。

在理解潜在增长率问题上，存在着一个致命的误区，即混淆经济增长的供给方因素和需求方因素。很多情况下，人们常常会把由潜在增长率下降导致的增长减速误认为是需求不足，因而主张采取扩大需求的办法刺激经济增长。例如，日本在 1990 年以人口抚养比上升为标志，人口红利正式告罄，潜在增长率大幅度降低。但许多经济学家和决策者却认为，减速是需求不足导致的，多年来坚持采取宽松的货币政策和刺激性的财政政策。但由于未能抓住日本经济停滞的要害——全要素生产率增长率的停滞，最终日本经济陷入"失去的 20 年"，GDP 的年平均增长率不到 1%。

尝试超越潜在增长率的政策工具，可能具体体现在产业扶持政策、区域发展政策和宏观经济刺激政策之中。这类政策应用的限度是使实际增长率与潜在增长率相符，一旦应用过度，即用产业政策和区域政策达到某种期望的增长速度，以刺激需求的手段试图超越潜在增长率，则必然导致扭曲的结果，加重经济发展的不协调、不平衡和不可持续。从国际经验看，忽视潜在增长率的政策扩张，首先会造成生产要素价格扭曲。例如，日本在丧失人口红利之后忽视全要素生产率的提高，在其 1990 年以后劳动生产率的提高过程中，资本劳动比的贡献率高达 94%，全要素生产率的贡献率则为 -15%，成为其经济增长停滞的主要原因。其次还会造成资源的浪费，加重已经呈现的产能过剩等。

然而，潜在增长率却是可以改变的。对于我国来说，现实中的确存在着诸多机会窗口，可以通过改革达到提高潜在增长率的目标。下列相关改革应该被置于优先地位。

一是推进深度城镇化过程。推进农民工市民化，继续挖掘劳动力供给潜力，提高劳动参与率及其稳定性，是有助于显著提高潜在增长率的重要举措。一般来说，在劳动力成为经济增长制约要素之后，提高劳动参与率可产生提高潜在增长率的效果。对我国未来 5 ~ 10 年的时间来说，进一步推动农村劳动力向城市非农产业转移，稳定其劳动力供给，是提高劳动参与率的中国特色道路。这涉及户籍制度和土地制度等领域的改革。

二是保持教育优先发展的趋势。经济增长的长期可持续性，要求顺应创新和产业结构升级对人力资本的需要，大幅度改善和提升劳动者技能。受教育年限的提高需长期积累。在义务教育毛入学率达到 100% 后，学前教育和高中教育入学率的提高，是增加未来劳动者受教育年限的关键，而高等教育发展更是提升国家创新能力的必由之路。这涉及对教育体制和培训形式进行根本性改革。

三是提高全要素生产率。在超越劳动力无限供给阶段之后，经济增长的唯一可持续源泉，是通过资源重新配置和技术进步实现全要素生产率的不断提高。随着三次产业之间的资源重新配置效率终将式微，今后全要素生产率提高将更多地来自以下源泉。

其一，由于各行业之间存在着生产率的差异，生产要素向生产率更高的行业流动，可以继续获得资源重新配置效率。未来 10 年，是我国从中等偏上收入国家迈向高收入国家行列的关键时期，与人均 GDP 在 6000 美元 ~ 12000 美元的中等收入国家相比，我国农业劳动力继续转移的潜力仍是巨大的。这意味着在今后 10 年乃至 20 年时间中，从现有的农业劳动力出发，我国每年需要减少数百万农业劳动力，即每年降低农业劳动力比重 1 个百分点以上。这样的话，就能保持资源重新配置效率的持续提高，进而支撑我国经济增长的可持续性。

其二，行业内部的企业之间也存在生产率差异，允许更有效率的企业生存、扩大和发展，相应淘汰那些长期没有效率改进的企业，可以提高行业以及整体经济的生产率水平。研究表明，在美国，通过部门内企业的进入、退出、生存、消亡这种创造性破坏机制，对全要素生产率提高的贡献率为 30% ~ 50%。此外还有研究表明，中国部门内企业间生产率差异巨大，如果缩小到美国的水平，可以提高全要素生产率 30% ~ 50%。这两个数字如此巧合的含义是，迄今为止，我国尚未获得这种类型的全要素生产率增长源泉。这就要求进行相应的改革，拆除行业进入和退出壁垒，消除生产要素流动的制度性障碍，通过竞争机制实现优胜劣汰。

深化改革固然是长期可持续增长的必由之路，但却不应过于功利地看待改革，期待所有领域的改革都能够对经济增长有立竿见影的效果。面对潜在增长率下降，一方面需要把改革推向新的高度和深度，为更长期的持续增长构建制度条件；另一方面要做好充分的心理准备，习惯于并接受较低的增长速度，把增长模式从立足于投入增长的速度型，转向立足于生产率提高的质量型。

原载 2013 年 3 月 22 日《经济日报》

寻找政府与市场关系的最佳结合点

党的十八大报告指出:"经济体制改革的核心问题是处理好政府和市场的关系,必须更加尊重市场规律,更好发挥政府作用。"这提出了发展社会主义市场经济必须解决好的重大理论和实践课题。需要解决好的认识问题包括:(1)如何找到政府职能和市场功能的最佳结合点;(2)如何认识市场经济条件下政府作用和市场作用的优点与局限性;(3)我国经济现实中政府干预过度问题和"市场失灵"问题表现在哪些方面;(4)以正确处理政府和市场关系问题为核心,需要在哪些领域推进经济体制改革。

一 国际经验与教训

处理好政府与市场的关系,是一个世界性的课题,迄今尚未破题。诺贝尔经济学奖获得者阿瑟·刘易斯曾经指出一个现象:"政府的失败既可能是由于它们做得太少,也可能是由于它们做得太多",我们将这句话称为"刘易斯悖论"。这个发展经济学理论上的悖论,似乎成为经济发展实践中的一个魔咒,禁锢了各国政府经济职能的合理界定。

在发达市场经济国家，经历过亚当·斯密关于政府只应该作为"守夜人"，应尽量远离经济活动和市场的观念之后，"二战"后普遍加大了政府对经济活动的干预范围和干预力度，比较典型地体现在美国以大规模投资为特征的"罗斯福新政"、西方等国凯恩斯主义占统治地位的宏观经济政策、法国等国有经济比重颇高的计划模式方面。

政府作用的增强，既没有消除发达国家的经济周期现象，也没有消除各种形式的贫困，如在美国出现了经济衰退和通货膨胀并存的"滞涨"现象，欧洲国家计划失灵和市场失灵同时并存，高福利政策难以为继。因此，高度推崇自由市场经济，反对政府干预的新自由主义经济理论再次兴起，以美国的里根政府和英国的撒切尔政府为代表的发达国家政府，则通过私有化等一系列政策将其付诸实践，直至形成理论与政策一体的所谓"华盛顿共识"，并将其输出到发展中国家和转型国家。

拉美发展中国家曾经选择过两种发展战略。第一次是选择了以排斥贸易和市场机制，以及过分强调政府作用为特征的发展战略；第二次是选择了以高度依赖贸易和国外资本，推崇市场机制、限制政府作用为特征的发展战略。两种发展战略在理念上和政策上几乎南辕北辙，但是，在很多情况下，执行的结果却十分相似，都未能取得良好的经济发展效果，以致形成所谓"拉美陷阱"或"中等收入陷阱"。

二　我国的理论和实践探索

在我国，长期以来形成一个在中央政府与地方政府之间，政府与企业、市场和社会之间的"放权—收权"循环往复，"一放就乱，一收就死"似乎成为打不破的怪圈。在改革开放之前的计划经济条件下，不承认社会主义经济是市场经济，这种"放权—收权"循环主要发生在中央与地方之间，以及政府内部的条条块块之间。而在20世纪80年代特别是党的十四大确立社会主义市场经济体制目标以来，"放权—收权"循环则更多地发生在政府与企业、市场及社会之间。

在特定的经济发展阶段上，市场发育尚不健全，经济增长主要依靠劳动力和资本投入推动，政府在经济活动中发挥较大作用是必要的。这种被西方观察家称作"发展型政府"的职能，包括干预生产要素价格以吸引投资，主导重要资源和要素的配置，通过产业政策、地区发展战略和国有企业直接进行投资，乃至在经济波动时期实施抑制或刺激增长速度的宏观调控政策。

随着人口红利的消失，传统经济发展方式难以为继，潜在增长率趋于减慢。根据预测，我国GDP潜在增长率将由1995～2010年间的10.3%降低到"十二五"的7.6%，进而下降到"十三五"的6.2%。由于潜在增长率是由生产要素供给和生产率提高的供给因素决定，而不是由消费、投资和出口等需求因素决定，因此，为了保持经济增长速度，政府通过刺激需求拉动经济增长的政策手段将不再奏效，而有赖于企业通过市场激励实现技术创新、生产率提高和资源的更有效配置。

三 重新界定政府和市场关系

处理好政府和市场的关系，是通过改革获得制度红利，替代人口红利的核心。党的十八大提出"更加"和"更好"（必须更加尊重市场规律，更好发挥政府作用），从理论上指出了打破"刘易斯悖论"的方向，即从单纯争论"做多"还是"做少"，转向探索"做什么，不做什么"以及"怎么做"。

首先，政府必须履行的经济职能是提供公共品。第一类公共品供给是通过法律和必要的经济规制，防止各种垄断行为，保护市场竞争的公平性和充分性，鼓励创新和优胜劣汰。第二类公共品供给是通过建立社会保障体系和劳动力市场制度，对经济发展中的弱势群体给予社会保护。第三类公共品是政府创建研发基础设施，为中小企业和全社会的创新活动提供服务。在第二类和第三类公共品供给服务中，政府也应探索与社会组织的合理分工，防止包办一切的做法。

其次，在直接经济活动领域，政府也需要通过财政政策和货币政策手段，对宏观经济运行进行调节；通过实施产业政策和区域政策，探寻动态比较优势和平衡经济发展过程。但是，这类政府职能往往是容易产生政府失灵的领域。因此，在履行上述职能中，政府应该最大限度地减少直接参与经济过程，杜绝对生产要素价格的扭曲，防止对不同经营主体采取不公平待遇。

最后，为了处理好政府和市场的关系，更加尊重市场规律和更好发挥政府作用，需要适时推进一系列重要领域的改革，包括进一步精简机构，建立服务型和高效廉洁的政府；改革和完善基本社会保险制度，实现基本公共服务的均等化和全覆盖；通过法律、法规和公共服务平台建设，创造有利于创新和人才涌现的政策环境；消除阻碍劳动力、资本等生产要素在部门、地区、城乡和企业间流动的制度障碍。

在上海市委常委中心学习组的讲解

依法推进经济体制改革

中共十八届三中全会对全面深化改革做出了重大部署，要求紧紧围绕使市场在资源配置中起决定性作用，在一系列领域深化经济体制改革。新时期的改革既是过去改革的继续，又是一个极具挑战的新征程。在经历了30余年经济体制改革之后，现在的改革进入了攻坚期和深水区，复杂性和难度明显增大。特别是，既往的改革具有"帕累托改进"的特点，可以在最大化惠及人民群众而较少触及既得利益的前提下进行，而当下的改革则不可避免地要触及现行既得利益格局。因此，改革需要更大的政治勇气和政治智慧，必须啃硬骨头和涉险滩，冲破思想观念的束缚、突破利益固化的樊篱，通过顶层设计与基层实践并举加以推进。

在改革的时间表已经确定的情况下，即在2020年之前在重要领域和关键环节改革上取得决定性成果，任务既艰巨又紧迫，必须把握好方向，采取正确的方法论才能如期完成。因此，新时期的改革需要有坚强的制度保障。中共十八届四中全会以全面推进依法治国为主题，确立了改革正确方法论的一个重要方面，即立法与改革决策相衔接，做到重大改革于法有据、立法主动适应改革和经济社会发展需要。十八届三中全会和四中全会两个"决定"诚为一对姊妹篇，相互呼应、相得益彰，是指导经济体制改革的重要纲领性文献。

全面推进依法治国，才能保证经济体制改革的正确方向。经济体制改革就是要推进市场化改革，核心问题是处理好政府和市场的关系，使市场在资源配置中起决定性作用和更好发挥政府作用。党的十八届四中全会指出，社会主义市场经济本质上是法治经济，必须建立在保护产权、维护契约、统一市场、平等交换、公平竞争、有效监管的基础上。因此，完善社会主义市场经济体制的过程，同时是一个完善社会主义市场经济法律制度的过程，非此则难以克服长期存在的市场化推进障碍。市场配置资源的决定性作用，表现在对于一般市场主体，包括个人、家庭和各类企业来说，法无禁止即可为，而对于政府的公权力来说，法无授权不可为；更好发挥政府作用，则必须遵循法律规定必须为的原则。

早在 1992 年中共十四大就确立了建立社会主义市场经济体制的改革目标。在市场化改革的推进中，政府经济职能的转变始终是一个难啃的骨头。政府不仅控制着大量的资源分配权力，使资源配置不能完全建立在市场机制之上，造成效率低下和各种寻租行为泛滥，也客观上成为以权谋私、权钱交易等腐败现象的温床，地方政府甚至越俎代庖，直接介入资源配置和各种经济活动，是经济发展方式迟迟难以根本转变的根源。如果说在传统的经济发展常态下，各种形式的政府干预仍然在造成效率损失的条件下促进了经济的数量扩张，随着经济发展转入新常态，建立在这种政府行为基础上的经济发展方式则难以保持长期的经济持续健康增长。

经济增长的根本动力在于全要素生产率，而全要素生产率的本质在于资源配置效率。在改革开放以来的一段时间里，中国经济增长中生产率的来源在于劳动力从农业向非农产业转移，实现了资源重新配置，由此获得的效率改进成为全要素生产率提高的主要来源。随着农村剩余劳动力的减少，劳动力转移速度已经开始减慢，这种生产率提高的潜力也必然减小。另一种资源重新配置效率来自在非农产业内部各行业之间的要素流动，即微观环节投资者寻找赢利机会的活动，以及利用后发优势把可得技术应用到新兴产业和薄弱环节的投资，在经济整体层面赢得了全要素生产率的提高。这种资源配置机会也将随着经济发展阶段的变化而趋于减少，相应的，疾风骤雨式的全要素生产率改进机会也将式微。

今后生产率的提高，更多地将来自行业内部企业间的资源重新配置，即让那些生产率高的企业得以生存、发展和扩大，而生产率低的企业则萎缩甚至退出经营。鉴于政府不能承受创新的失败，让其替代千千万万企业的创新活动，直接分配和配置资源，是与新的生产率提高源泉所要求的"创造性破坏"环境不相容的，必须通过转变政府经济职能予以改革。在现行经济体制格局乃至法律体系中，仍然有诸多方面是适应政府干预的需要而形成的，如地方保护主义和部门利益法制化，造成产权保护不力、资源配置效率低下、产品和要素市场的分割等问题。过去的经验已经充分显示了政府对自身进行改革是难之又难的，因此，依法治国是推进改革，特别是处理好市场与政府关系的制度保障和法律保障。

实现重大改革于法有据，要求通过立法、修改现行法律、废除不适用法律法规和做好法律解释等形式，以确定的时间表、路线图推进经济体制改革进程。从改革任务和改革实际进程来看，做到立法与改革决策相衔接，可以根据改革的要求和具体问题的需要，按照以下方式依法推进改革。

首先，通过立法推动改革。对于一些旨在建立健全那些将长期规范实施的新体制和新机制，以及需要用最权威的方式确立共识的改革及其举措，应该通过立法等法律手段推动实施。21世纪以来颁布实施的一系列民生领域法律，如《劳动合同法》和《社会保险法》等，就是这方面的典型例子。类似的法律推动特别适用于十分重要但实施中遇到一定阻碍的改革。例如，在党的三中全会做出"启动实施一方是独生子女的夫妇可生育两个孩子的政策，逐步调整完善生育政策"的部署后，一度未见有关主管部门的实施行动，而通过全国人大常委会做出"关于调整完善生育政策的决议"，便以法律的权威制定了改革的时间表，有力地推动了该项改革。

其次，通过授权试点，允许一些改革试验和试点暂时不适用某项或某些法律法规，待试点扩大并取得经验，相关条件成熟后，通过修改甚至废除相应的法律法规，便可以把改革推到普遍实施的阶段。这方面，一个例子是为加快政府职能转变，创新对外开放模式，进一步探索深化改革开放的经验，全国人大常委会授权国务院在中国（上海）自由贸易试验区暂时调整有关法律规定的行政审批，为试点铺平了合法性道路。另一个值得深入研究的问题是，三中全会提出赋予农民对承包地占有、使用、收益、流转及承包经营权抵押、担保权能；赋予农民对集体资产股份占有、收益、有偿退出及抵押、担保、继承权；慎重稳妥推进农民住房财产权抵押、担保、转让。这面临着相应的法律障碍，即现行《物权法》规定了耕地、宅基地等集体所有土地使用权不得抵押。

再次，推进以农业转移人口市民化改革为核心的新型城镇化，也遇到一定的法律障碍。例如，城乡全体居民自由迁徙，尚未在法律中做出明确的宣示，使该项改革缺乏法律依托，不够理直气壮，因而常常受制于地方政府意愿和利益取向。又如，现行《农村土地承包法》要求转为非农户口的家庭交回承包耕地的规定，与保持农业转移人口土地承包权、宅基地使用权和集体经济收益权不变的改革思路有所矛盾，不利于解除转移农民的后顾之忧从而最大化减小该项改革的社会风险。鉴于此，实际推进相关改革的思路，需要把耕地承包经营使用权进一步划分为承包权和使用权，进行抵押、担保试点，总结经验之后再进行与之适应的法律法规的"立、改、废、释"。

最后，司法改革促进经济发展方式转变，确立和守护改革成果。例如，转变经济发展方式和建设资源节约型和环境友好型社会，要求加大治理环境污染、保护资源，以及实现节能减排目标的力度。虽然现行的一系列法律法规为此提供了法律依据，但是，依法推进相关改革，有时仍然会遇到法律法规操作性不强、可执行性差的问题，实践中甚至存在因片面追求增长速度和地方保护主义等倾向而造成的有法不依、执法不严和行政干预执法的现象。党的四中全会提出探索建立检察机关提起公益诉讼制度，为环境、资源等有关公共利益领域依法改革和依法行政，提供了一个新的方式，使全社会可以利用法律手段更好地督促经济发展方式的转变及相关改革的推进。

发表于 2015 年第 1 期《经济研究》

第三篇

探寻新的经济增长源泉

拨开经济悲观论的雾霾

改革开放以来，中国经济增长速度年均达 9.8%，其中"十一五"期间高达 11.2%，取得了世界独一无二的发展成就。但进入"十二五"以来，国内生产总值（GDP）未能实现两位数增长，2011年为 9.2%，2012 年和 2013 年皆为 7.7%。按照国际标准，虽然这个增长速度仍是鹤立鸡群，但在国内外分析家中产生了经济悲观情绪。一些国际上的观察家关于中国经济将要"撞墙"，乃至泡沫即将破裂的预言不绝如缕。近年来，中国经济增长面临的一些深层次问题尽管得以改善，但仍成为唱衰中国经济的素材。国内一些经济分析人士也受到增长速度减缓等现象的影响，陷入经济悲观论。

这一轮"中国经济崩溃论"是以往"狼来了"谎言的重复，还是会不幸被言中？关于增长速度的悲观情绪是否如实反映了中国经济的现实？通过科学分析并正确回答这些问题，不仅关乎大家对于如期实现全面建成小康社会目标的信心，更影响政府对宏观经济形势的判断，从而影响政策手段选择的恰当与否。

一　中国经济正常进入换挡期

国际经验表明，高速增长的经济体终究要经历一个减速的过程，进入常规增长阶段。有学者在分析多国历史数据后发现，以一个特定的人均收入水平为拐点，年均增长率从之前的平均 6.8% 下降到之后的平均 3.3%。分别看不同的国家可以得出结论，减速本身是发展阶段变化的自然结果，但是，在换挡期采取的应对之策，却决定一个国家从高速增长进入较低速度但更可持续的增长，还是一路减速至长期经济停滞。正是在后一情景下，某些一度经历快速增长的发展中国家陷入了中等收入陷阱。

中国经济目前正在经历这样一个自然减速的过程，亦称增长速度换挡期。在过去 36 年时间里，在改革开放创造了有利于经济增长制度条件的同时，劳动年龄人口持续增长、人口抚养比稳步降低为中国经济增长提供了人口红利。这个人口红利表现为：第一，较低且不断降低的人口抚养比有利于实现高储蓄率，保证经济发展所需的资本积累，同时劳动力充分供给阻止了资本报酬递减，保持投资对经济增长的巨大贡献份额；第二，充足的劳动力供给和以劳动者受教育程度为载体的人力资本，对经济增长做出了贡献；第三，农业剩余劳动力大规模转移到非农产业，意味着资源实现了重新配置，推动了生产率的迅速提高。根据笔者的测算，1982 ~ 2010 年间的 GDP 增长中，资本投入的贡献率为 71%，劳动投入的贡献率为 7.5%，人力资本贡献率为 4.5%，人口抚养比贡献率为 7.4%，全要素生产率贡献率为 9.6%。

多年来，中国人口结构发生了明显变化，15 ~ 59 岁劳动年龄人口的增长速度逐年减慢，并于 2010 年达到峰值，此后开始绝对减少。而人口抚养比则由下降转为提高。人口结构的这种根本性变化，首先表现为普通劳动者的短缺和工资持续上涨，制造业生产成本大幅度提高，传统比较优势趋于丧失。更重要的是，由于劳动力不再是无限供给，资本报酬递减现象已经发生，投资回报率显著降低。而农业剩余劳动力的逐渐减少，也将减缓劳动力资源重新配置，从而缩小了生产率提高的空间。因此，可以预期中国将经历一个经济增长速度减慢的过程。

一个经济体的增长率取决于供给和需求两个方面的因素。从供给方面来看，生产要素的供给能力和生产率的提高速度，决定 GDP 的潜在增长率。而从需求方面来看，出口、消费和投资需求决定了该经济体是否能够在其潜在供给能力上实现增长。由于人口因素的影响涉及劳动力供给、资本回报率和全要素生产率的提高速度，因此，2010年以后的劳动年龄人口负增长，必然导致潜在增长率下降。根据我们的估算，GDP 的潜在增长率，即生产要素供给和生产率提高速度可以维持的正常增长速度，正在从 1995～2010 年这 15 年的平均10.3%，下降到"十二五"时期的平均7.6%，到"十三五"时期还将下降。

由此可以得出三个重要的结论。第一，2012 年和 2013 年中国实现7.7%的增长速度，是经济发展阶段变化所必然导致的供给方面因素变化的结果，而不是需求方面的短期冲击结果。第二，目前的中国经济增长率，只要能够保持在 7%～7.5%，就是在其自身潜在供给能力上实现的增长，不会造成严重的就业压力。第三，人口因素变化导致潜在增长率下降，说明中国经济增长长期以来依靠的人口红利正在消失。

二 正确的应对之策至关重要

之所以说建立在"崩溃论"基础上对于中国经济的悲观认识是有害无益的，是因为这样的错误认识会妨碍我们做出正确的政策选择。

大多数悲观论把中国经济减速归结为需求方面的原因。其中广为流行的说法是，中国以往的增长过分依赖外部需求，不仅应对全球经济的不平衡负责，还导致自身经济增长的不可持续。因此，持这类观点的学者一般建议人民币进一步升值，以及提高国内需求对 GDP 的贡献份额。与此逻辑上相连的政策建议是，既然短期内不可能提高国内消费需求，那么，通过刺激性的宏观经济政策和产业政策，进一步扩大投资规模，则是拉动内需的有效手段。由于这类政策建议错把经济增长减速归结为需求方面的因素，而不顾潜在增长能力下降的供给方面因素，一旦转变为实际政策，就有可能造成中国经济的进一步不平衡、不协调和不可持续。

在人口红利消失、制造业比较优势减弱，从而供给因素制约投资需求的情况下，刺激性政策除了通过补贴等方式保护落后产能，并不会对竞争性的实体经济产生推动作用。由于基础设施需求是由实体经济派生出来的，在实体经济没有更大投资需求的情况下，基础设施建设投资需求也是不足的。所以，刺激性政策除了制造新的产能过剩之外，只会把流动性引向房地产、股市、海外资产等，最终推动经济泡沫。日本在20世纪80年代后期泡沫经济破裂以及此后的长期经济停滞就是一个例证。

因此，针对经济增长减速的政策应对，第一步是使实际增长速度与潜在增长率相适应。宏观经济学中所谓的"奥肯定律"表明，实际增长速度低于潜在增长率的部分，对应着一定幅度的周期性失业，2012年和2013年中国实现了7.7%的增长速度，与潜在增长率是相符的，没有出现明显的周期性失业问题。例如，城镇登记失业率一直保持在4.1%的水平，而调查失业率大体保持在不高于5%的水平。根据测算，由结构性失业和摩擦性失业构成的自然失业率目前大约为4.1%，不高于5%的调查失业率则意味着，周期性失业率最多不会超过1个百分点。大学毕业生就业难，是典型的结构性失业现象，而结构性失业不能靠总量刺激政策来解决。

可见，近年来政府确定的7.5%的GDP增长目标，由于与潜在增长率是相符的，因而也是一个可以接受的增长速度，并不意味着将导致长期的经济增长停滞。实际上，过去两年中央政府没有寻求高于预期目标的增长速度，没有采取短期刺激政策，减少了政府对直接经济活动的干预，缓解了产能过剩的进一步加剧，避免了经济泡沫的形成，为改革创造了良好的宏观经济环境。固然，宏观经济受到需求方面因素冲击的可能性仍然存在，应对经济周期的宏观经济政策也有其用武之地，但是，在选择恰当的政策手段时，区分长期的结构性因素和短期的冲击因素至关重要。

三 通过改革获得制度红利

人口红利消失导致潜在增长率的下降，意味着以往的增长源泉已经式微，经济发展方式必须从劳动力和资本投入驱动型，转向主要依靠创新和生产率提高驱动型。

一般来说，发达经济体处在技术创新的前沿，经济运行的体制和机制也比较成熟，实现每 1 个百分点的 GDP 增长，都来自全要素生产率的提高，所以，它们不可能有很快的经济增长速度。最终，中国经济也会到达这个阶段。但在这之前，通过消除制约生产要素供给和生产率提高的制度性障碍，在一定时期里仍可取得较快的增长速度。换句话说，虽然不应寻求超越潜在增长率的实际增长速度，但是潜在增长率本身是可以提高的，通过全面深化改革取得更快的增长速度，就是获得改革红利的过程。

有一种观点认为，中国的改革任务与经济增长速度之间存在一种替代关系，为了推动改革必然要牺牲增长速度。有的媒体甚至称中国的改革是"抑制增长型"的。诚然，在当前积极推进全面改革的同时，中国经济增长率出现较大的下行压力，与过往 10% 的增长率相比显然是降低了。不过，中国长期可持续增长，可以通过改革获得新的增长动力和源泉。改革并不必然抑制经济增长，反而应该成为提高潜在增长率的新源泉。

抑制潜在增长率的制度性障碍，包括户籍制度对劳动力供给潜力的制约、现行投融资体制对投资效率改进的制约，以及中小企业和民营经济遇到的融资瓶颈导致的对全要素生产率提高的制约等。通过推进改革拆除这些制度障碍，可以立竿见影地提高潜在增长率。例如，我们的测算表明，如果在 2011～2020 年期间，每年把劳动参与率提高 1 个百分点，可以把潜在增长率提高 0.88 个百分点，如果年均全

要素生产率增长速度提高 1 个百分点，可以把潜在增长率提高 0.99
个百分点。而通过调整生育政策把总和生育率提高到接近 1.8 的水
平，则可以在 2030 年之后显示效果，潜在增长率可以提高 10% ~
15%。

2014 年《政府工作报告》指出，全面深化改革要从群众最期盼
的领域和制约经济社会发展最突出的问题改起，旨在破除制约市场主
体活力和要素优化配置的障碍。从中国经济增长面临的约束条件看，
能够显著提高潜在增长率的领域，恰好就是这样一些具有优先地位、
需要重点突破的改革领域。例如，户籍制度改革，目标便是通过推动
农业转移人口的市民化，建立实现基本公共服务均等化的体制和机
制。由于目前农民工就业已经占到城市总就业的 35%，这项改革可
以大幅度提高农民工的劳动参与率，进而增加整体劳动力供给，并同
时提高劳动者的技能，达到延长人口红利的效果。又如，通过发展混
合所有制经济、制定负面清单和下放审批权等改革，鼓励更多非公有
企业进入竞争性行业，通过建立公平竞争和优胜劣汰机制，同样能达
到提高全要素生产率的目标。此外，通过教育体制改革和完善职工培
训制度，保持人力资本持续提高，为未来日益加速的产业结构调整升
级准备必要的技能型工人，将增进中国经济的创新驱动力。这些改
革，无疑都在创造制度红利，显著提高中国近期、中期和长期的潜在
增长率。

原载 2014 年第 14 期《求是》

真正的城市化应该解决什么问题？

在 1978～2011 年整个改革开放的 30 余年里，中国城市化率每年提高 1 个百分点，或者说城市常住人口占全部人口的比重每年提高 3.2%，属于世界上最快的城市化速度。2012 年中国城市化率已经达到 53%。但是，考虑到中国的特殊国情，如果以非农业户籍人口占全部人口的比例来衡量城市化水平的话，目前这个比重仅为 35%。这两个指标之间存在 18 个百分点的差别，具体表现为 1.6 亿外出农民工进入城市却没有获得市民身份。

据此完全可以得出这样的判断，近年来表面上突飞猛进，而没有伴随户籍制度改革实质性跟进的城市化，实际上是不完整的城市化。这种不完整性表现在，它不能胜任解决完整意义上城市化所能够解决的问题。换句话说，没有农民工市民化的城市化，这种城市化就无法提供中国现阶段迫切期待的一系列必要功能。本文将逐一分析这些功能，并提出实质性推进农民工市民化的政策建议。

一 基本公共服务均等化

有人把表现为农村居民向城市迁移的城市化描述为追逐"城市

之光"的过程。这里所谓的城市之光，并非仅指城市更加丰富多彩的文化生活，更是指城市所能提供的更好、更充分的基本公共服务。世界经济社会发展史表明，覆盖全体居民的社会安全网、更好的教育和更强的社会凝聚力，无不与包容性的城市化相伴而来。

在中国目前的情况下，由于没有城市本地户口，农民工在基本社会保险制度、最低生活保障及其他社会救助项目、子女义务教育、保障性住房等基本公共服务上的覆盖率，大大低于城镇居民和户籍就业人员，其中许多项目甚至在制度上就把农民工排斥在外了。例如，按照相关法律规定，五类基本社会保险项目应该以就业身份而不是户籍身份予以全覆盖，但是，户籍制度仍然发挥着阻碍农民工获得充分覆盖的功能。2011年，在这些基本社会保险项目中，农民工覆盖率相当于城镇户籍就业人员覆盖率的比率分别为：社会养老保险为23.2%，工伤保险为47.9%，基本医疗保险为31.6%，失业保险为20.1%，生育保险为14.5%。

2011年，全部城镇就业人员中，农民工已经占到35.2%，而新增城镇就业人员中，农民工比例更高达65.4%。也就是说，没有城市户籍、未能均等地获得相应基本公共服务的农民工，已经是城镇就业的主体。作为劳动力供给的主体，尚未能充分享受基本公共服务的农民工，是劳动力市场中脆弱的群体，他们一旦遭受劳动力市场波动的冲击，必然给中国经济整体带来风险，及至诱发社会风险。

首先，随着产业结构调整的加速进行，行业竞争和企业竞争的加剧，许多现存的岗位将不断被破坏掉。虽然新的岗位也相应被创造出来，但是，由于结构性和摩擦性因素，许多劳动者会遭遇一段时间的失业。就个体而言，能否应对这种就业冲击，取决于劳动者的人力资本状况。平均而言，目前中国农民工只具有略高于初中毕业的受教育程度，因此，他们在产业结构调整中经历结构性失业的概率将较大。

作为一种规律性现象，伴随着产业结构调整，劳动力市场对人力资本的需求将提高。例如，目前作为农民工集中就业的劳动密集型第二产业和劳动密集型第三产业岗位，分别要求平均9.1年和9.6年的受教育年限，而资本密集型的第二产业和技术密集型的第三产业岗位，则分别要求 10.4 年和 13.3 年的平均受教育年限。根据 2011 年农民工的人力资本状况估算，他们的平均受教育年限仅为 9.6 年。也就是说，农民工的平均人力资本尚不能适应从劳动密集型产业向更加资本密集型和技术密集型产业的转移。因此，如果没有社会保险项目的充分覆盖与保护，面临可能的劳动力市场冲击，将来劳动力市场会有一批农民工处于十分脆弱的地位。

与此同时，20 世纪 80 年代以后出生的新生代农民工，已经是进城农民工的主体，所占比重已经超过 60%。这些人绝大多数没有务农经验，也没有回到土地上的意愿，而且他们中相当大一部分，实际上是在城镇长大且受教育的。据 2010 年调查，在 16 ~ 30 岁的农民工中，有 32.8% 在 16 岁以前生活在城市、县城或镇，有 38.4% 在城市、县城或镇上小学。因此，他们即使失去了工作，也不会走他们父辈"有来有去"的老路。如果以他们为主体形成新一代城市边缘性群体的话，也会给稳定带来巨大的风险。

二 挖掘劳动力供给潜力

中国长期处于二元经济发展阶段，享受到有利的人口年龄结构，具有劳动力无限供给的特征。劳动年龄人口持续增长和人口抚养比持续降低，通过以下几种途径转化为人口红利。首先，劳动年龄人口的长期上升趋势，加之教育规模的迅速扩大，为经济增长创造了充足的劳动力供给和必要的人力资本条件。其次，充足的劳动力供给延缓了资本报酬递减现象发生的时间，人口抚养比的长期降低则维系了高储蓄率。这使得中国在较长时间里可以依靠资本的投入推动经济增长。最后，劳动力大规模从生产率低的农业，转向生产率更高的非农产业，创造出资源重新配置效率，成为改革期间全要素生产率提高的重要组成部分，进而成为高速经济增长的源泉。

唯其如此，一旦人口结构向着不利于经济增长的方向发生变化，即人口红利消失的话，潜在经济增长率必然下降。事实是，中国15~59岁劳动年龄人口已于2010年到达峰值，随后开始负增长。伴随着劳动力供给的变化，资本边际回报率也已经开始降低。即便生产率提高速度保持不变的话，中国GDP的平均潜在增长率，也将从"十一五"期间的10.3%下降到"十二五"期间的7.6%，并在"十三五"期间进一步下降到6.2%。

潜在增长能力是一个与生产要素的供给能力以及全要素生产率提高速度相关的概念，因此，靠以刺激投资为抓手的需求拉动，并不能改变潜在增长率。然而，从供给方因素入手，提高潜在增长率是可行的，也是必要的。根据我们所做的一项模拟，至少有两个变量的改变，可以显著地提高未来的潜在增长率。而这两个变量都可以通过农民工的市民化产生有利的变化。

第一，如果在2011~2020年期间，每年把非农产业的劳动参与率提高1个百分点的话，这一期间的年平均GDP潜在增长率可以提高0.88个百分点。在劳动年龄人口负增长的情况下，仍有增加劳动力供给的办法，那就是提高劳动参与率。农民工没有城镇户口，社会保险覆盖率低的现实，意味着他们作为城镇所需劳动力的主要供给者，就业预期不稳定，从终身来看，非农劳动参与率也较低。

这表现在，一方面，随着宏观经济的波动，农民工常常受到周期性失业的冲击，许多人甚至不得已而返乡；另一方面，由于不能享受相关的社会保险和社会救助，特别是不能预期在城市颐养天年，他们在较低的年龄就主动退出了城市劳动力市场。据国家统计局调查，2011年，在本乡镇就业的农民工中，40岁以上的占60.4%，而在外出农民工中，40岁以上仅占18.2%。可见，以市民化为核心的城市化，无疑可以稳定农民工的劳动力供给，提高他们的实际劳动参与率，产生提高潜在增长率的积极效果。

第二，如果在2011~2020年期间，全要素生产率的年平均提高速度每年增加1个百分点的话，这一时期的年平均GDP潜在增长率可以提高0.99个百分点。固然，提高全要素生产率有诸多途径，但是，在农业劳动力比重仍然较高的情况下，推动剩余劳动力的持续转移，可以继续获得资源重新配置效率。刘易斯转折点的到来，并不意味着农业中剩余劳动力的即刻消失，而只是以不变的生存水平工资，不再能够吸引劳动力转移。

2003～2011 年间，农民工工资的年均实际增长率达到 12%，并且呈现逐年加速的趋势。这个增长速度是符合中国经济到达刘易斯转折点的预期的。但是，工资增长如果继续加快，超越劳动生产率提高的速度，超过企业的承受力，就可能演变成休克式的结构调整，不利于中国经济增长的可持续性。因此，借助政府公共政策的调整，即推进以农民工市民化为核心的城市化，既可以达到推动农村劳动力继续向城市转移的目的，提高全要素生产率，又能够给企业留出必要的时间进行调整与适应。

三　扩大居民消费需求

一国的经济增长，除了依靠生产要素供给和生产率提高的支撑之外，还需要与潜在增长能力相符的需求拉动。针对 2012 年经济增长减速，有两种观点，一种观点认为，受世界经济低迷特别是欧债危机的影响，中国经济放缓是外需不足所致，如果外部环境不能得到恢复，中国经济可能会遭到更大的冲击。这种观点倾向于建议政府采取必要的刺激措施。第二种观点认为，中国应该把外需不足当作倒逼经济转型的动力，逼其转向内需特别是消费需求拉动。笔者在赞成第二种观点的基础上，拟补充一句：出现外需羸弱的现象可能是好事，避免了过于强劲的需求把增长速度拉到潜在产出能力之上。

实际上，中国潜在增长率的降低，为实现经济增长供给方因素与需求方因素的平衡，创造了宽松而有利的环境，使经济增长可以不再过度依赖投资需求。例如，2001～2011 年间，拉动 GDP 年度增长率的需求因素中，消费需求贡献了 4.5 个百分点，资本形成（投资需求）贡献了 5.4 个百分点，净出口贡献了 0.56 个百分点。因此，即使"十二五"期间净出口的贡献为零,投资需求减半,靠国内消费需求和一半投资需求形成的需求拉动(4.5个百分点加2.7个百分点,共7.2个百分点),也足以支撑这一时期的潜在增长率(7.2个百分点)。

不过,通过改革特别是通过推进农民工市民化为核心的城市化,潜在增长率将有所提高,因此也需要更强劲、更可持续的需求因素与之适应。今后,无论是世界经济的复苏乏力,还是中国比较优势发生的变化,都难以使我们预期更乐观的出口需求。同时,过度依靠投资拉动的传统增长模式也需要转变,所以我们也不寄希望于过快的投资需求增长。因此,说城市化蕴涵着深厚的内需潜力,实际上指的是,以农民工市民化为核心的城市化所创造的国内消费需求。

在农民工成为实质意义上的城市市民之前,由于他们的终身收入流缺乏稳定性,其消费充满了后顾之忧,并不能成为像城镇居民一样的正常消费者。通常,农民工需要把约1/4的收入汇回农村老家,作为个人的保障手段以平滑自身消费。这意味着,如果通过户籍制度改革,很大一部分农民工的社会保障覆盖率能够达到城镇居民水平的话,即便在收入不提高的情况下,他们可以列入消费预算的收入至少也可以增加1/3。可以预期的是,市民化的过程必然会进一步增强农业转移劳动力的收入稳定性,扩大其劳动参与率,收入增长也是自然而然的,这将大幅度地扩大居民消费需求。

我们可以粗略地算一笔账,看农民工市民化所产生的需求收入效应,或可能创造何种数量级的消费需求。如果农民工像城市户籍职工一样筹划自己的收支预算,也就是把原来汇寄回家的1/4工资留在手里,他们可支配的工资可以提高33.3%,提高幅度相当于从城镇居民收入五等分组中的"较低收入户"提升到"中等偏下户",而通常这个收入组的提升可以将消费支出提高29.6%。换一个角度看,如果他们不再把工资的1/4寄回家,1.59亿农民工按照2011年平均工资计算的工资总额,将达到3.9万亿元,相当于这一年全国居民消费支出 16.49 万亿元的 23.65% 。或者说，如果农民工把这 1/4 工资用于消费，可以使全国居民消费支出提高约 6% 。

不仅如此。根据中国的投入产出表，在国内最终消费支出中，大约 3/4 是城乡居民的消费支出，1/4 是政府消费支出。后者是指政府部门为全社会提供公共服务的消费支出，以及免费或以较低价格向居民提供货物和服务的净支出。以农民工市民化为核心的城市化，一方面由于为农业转移劳动力提供了更稳定的就业机会，以及更加均等的基本公共服务，可以大幅度提高居民的消费水平，另一方面又因强化了政府提供均等化基本公共服务的责任，可以合理地扩大政府消费规模。这两个效果进而都将表现为国内消费需求的扩大，有助于促进经济增长更加平衡、更加协调、更可持续。

四 转变农业生产方式

进入 21 世纪，中国的"三农"事业经历了黄金时期，主要表现在国家财政对农业的明显倾斜，以及实施一系列"多予少取"和"只予不取"的政策措施。例如，2001～2011 年间，在国家财政总支出增长 4.8 倍的同时，财政对农林水事务的支出增长了 9.8 倍。2011 年农民拿到手里的各类直接补贴达 1407 亿元。近年来农村居民收入增长速度快于城镇居民，城乡收入差距呈现缩小的趋势。虽然农村年轻人大规模外出导致农业劳动力年龄偏大，但是，由于农业机械化速度加快，市场化和社会化农业生产服务体系日臻完善，农业劳动生产率未出现下降的情况，粮食生产实现了九年连续丰收。

但是，总体而言，目前中国的"三农"事业仍然是建立在政府补贴的基础上，而不是靠现代化的生产方式以及价格激励机制。国家各类种粮补贴逐年增加，粮食最低收购价格不断提高。许多"三农"问题学者和政策研究者，仍然把农业看作是一个天生的弱质产业，缺乏国际竞争力，从而不能完全自生自立。与此相应的政策倾向，出于对农业产业式微和农村经济社会凋敝的担忧，希望继续把劳动力流动和人口迁移保持为一个"有来有去"的候鸟型模式。这应该是造成现今没有市民化的城市化的政策根源。

其实，羞羞答答的城市化，并不能造就一个建立在价格激励和规模化经营基础上的现代化农业生产方式。在缺乏稳定的定居预期的情况下，外出的农民工不敢转让承包土地的经营权，更不愿意放弃已经闲置的宅基地，造成在最严格的土地管理制度下，土地的生产和生活利用率却有所下降。

例如，2011 年农民工总规模为 2.53 亿人，其中 9415 万人在本乡镇从事非农产业。这些劳动者从就业性质来看，无疑已经离开土地，但是，他们中很多人仍然兼营农业，承包土地和宅基地无疑也继续保留。同年，外出农民工即离开本乡镇 6 个月及以上的农村劳动力为 1.59 亿人，其中 1.26 亿人属于住户仍在农村的外出家庭成员，他们无暇从事农业生产，但并不会放弃承包地和宅基地。此外，还有 3279 万人举家外迁的农村人口，已经完全脱离了农村生活和生产活动。但是，他们名下的承包地和宅基地使用权，在很多情况下也没有放弃。有些在把承包土地转包他人耕种的情况下，仍享受着政府给予的种粮补贴。

由此可见，在务农劳动力大幅度减少的同时，农业经营户总数，即或者全业或者兼业或者仍然实际拥有承包土地经营权的农户数量，并没有实质性减少。这导致农业经营规模不能随着农业就业比重的下降而相应扩大，妨碍了农业劳动生产率的提高。作为家庭联产承包责任制的一个结果，中国农业土地分布具有零散、细碎、经营规模小的特点。在劳动力总数减少的情况下，如果未能根本改变这种土地经营状况，不仅不利于机械化耕作，土地边界和田埂还浪费土地，较小的经营规模，更妨碍生产者对价格激励做出积极的反应，不利于形成专业化和职业化经营。

虽然在发达国家普遍存在政府对农业的补贴，但是，真正具有可持续性和竞争力的发达农业，归根结底是建立在农业本身的自立能力基础上的。诚然，中国目前的发展阶段，仍然需要实行城市支持乡村、工业反哺农业的政策。但是，着眼于未来，构造现代化农业的生产方式基础，已经越来越具有紧迫性。而这个符合经济发展规律的过程，需以农业人口转移的彻底性为前提条件。

五 结语

城市化是现代化的重要标志，也是全面建成小康社会的关键载体。党的十八大召开以来，全国上下对推进城市化的热度前所未有地高涨。但是，推进城市化的澎湃激情，需要建立在基于一般规律和中国国情的对城市化内涵的准确理解之上。从经济发展阶段出发，中国城市化的核心应该是农业转移人口进入并落户于城市，享受基本公共服务的普照之光。因此，推进城市化要求深化户籍制度改革，实现农民工的市民化。当前最紧迫的任务，是从以下三个方面推进户籍制度改革的实质性突破。

首先，中央政府要提出改革目标和实施时间表。即把以户籍人口为统计基础的城市化率作为指导性规划下发给地方政府，分人群有条件地设定完成改革的截止期。大致来说，在 2020 年之前分步骤、分人群满足目前 1.59 亿农民的落户和基本公共服务需求，消除人户分离的存量问题；同时按照每年城市化水平提高 1 个百分点的节奏，可以在劳动力转移到城市后 5 年的时间里，解决户籍问题。即到 2030 年前，大体上使完整意义上的城市化率达到 70%。

其次，明确区分中央和地方在推进户籍制度改革中的财政责任。中央要对基本公共服务的内涵和外延做出明确界定，据此重新划分中央和地方责任，同时可以避免不顾国情无限扩大覆盖范围的现象。建议由地方政府为社会保障和最低生活保障等生活救助项目中的补贴部分埋单，而中央政府承担全部各级义务教育责任。这样，也可以同时解决长期存在的义务教育在地区之间和城乡之间的不均衡问题。

最后，地方政府根据中央的要求制定改革路线图，按照既定时间表推进改革。对于尚未纳入市民化时间表的农民工及其家庭，地方政府有责任尽快为其提供均等化的基本公共服务。根据问题的紧迫性，区分先后地推进基本公共服务均等化进程，大体上，均等化的顺序应依次为：基本社会保险（其中顺序应为工伤保险、养老保险、失业保险、生育保险）、义务教育、最低生活保障和保障性住房。其中基本社会保险和义务教育的充分覆盖，应该无条件地尽快完成。

原载 2013 年 2 月 18 日《财经杂志》

唯一的出路是加快改革步伐

防止落入"中等收入陷阱",唯一的出路是加快改革步伐。首先,改革可以带来制度红利,填补传统增长源泉消失造成的增长缺口。其次,调整收入分配是保持社会稳定、形成改革共识以保持经济增长的关键领域。遏止收入分配恶化的趋势,防止形成既得利益群体,才能实质性推进改革,真正在人口红利消失之后获得新的增长源泉。

警惕"中等收入陷阱"四部曲

按照世界银行划分标准,人均 GDP 在 1000 美元以下为低收入国家,1000 美元~3000 美元为中等偏下收入国家,3000 美元~12000美元为中等偏上收入国家,12000 美元以上为高收入国家。根据许多发展中国家的经验和教训,在中等偏上收入阶段,经济增长的条件和因素会发生变化,以往驾轻就熟的政策手段不再行之有效,进一步的增长遇到格外严峻的挑战。

世界上有为数不少的发展中国家,较早就进入中等偏上收入国家的行列,但是迄今尚未跨过高收入国家的门槛,就是因为未能成功应对这种挑战。如果一个国家在中等收入阶段上徘徊数十年，还不能进入高收入国家行列，就意味着落入"中等收入陷阱"。任何国家终究要经过一个中等收入阶段，但并不注定要落入"中等收入陷阱"。而从一些国家特别是一些拉丁美洲国家的经历可以发现，一个国家如果相继发生以下四种情形，便落入了"中等收入陷阱"。

第一步，经济增长自然减速。经历过高速增长的国家，在一定发展阶段会发生自然减速或冲击性减速。造成前一情形的有诸如人口红利消失等原因，造成后一情形的有诸如债务危机等原因。例如，有关研究发现，大体上，在人均 GDP 达到中等偏上收入水平之后，既往有利于高速增长的因素发生变化，传统增长源泉逐渐消失，因此，许多国家增长速度会发生一个明显的减慢，增长率平均下降幅度可达60%。

第二步，自然减速变成不正常的停滞。在发生增长减速的情况下，如果政策应对不当，就会对经济增长造成可持续性的伤害，增长率甚至会进一步下降，经济陷入停滞状态。在这类政策失误中，一种典型的情形是，面对传统增长源泉消失的情况，政策未能从供给因素上引导投资者和生产者寻找新的增长源泉，提高潜在增长率，反而刺激需求，使增长率偏离潜在能力，造成产能过剩、通货膨胀、泡沫经济、扭曲激励以及保护落后等不良结果。

第三步，经济停滞引发社会问题。在不利于经济增长的环境下，不再做大"蛋糕"，激励因素从生产领域转向诸多非生产性的寻租活动，着眼于重新分配既定的"蛋糕"。这时，在资源分配中有较强谈判地位的群体，便获得越来越大的份额，收入差距不断扩大，弱化了社会凝聚力，甚至激化社会矛盾。这时，即使政府意图改善收入分配，也因缺乏经济增量和难以触动既得利益，而无法实际奏效，政策陷入口惠而实不至的民粹主义。

第四步，不合理的分配格局被体制固化。获得最大分配份额的群体，也恰恰具有更大的政策影响力，为了维护和固化现行的分配格局，试图影响政策制定和制度安排，阻碍任何旨在打破既得利益格局的改革。结果是体制弊端越来越严重，且积重难返。这种情况进一步伤害生产性活动激励，导致这个国家难以摆脱经济停滞的命运。

在一些长期停滞在中等收入阶段的国家，以上四种情形的发生，不仅在时间上具有继起性，在空间上也常常具有并存性，我们将此称为落入"中等收入陷阱"的四部曲。四个步骤完成之后，相应的特征既已具备，一个国家就落入了"中等收入陷阱"，难以自拔。

创造制度红利与维护社会公平正义

在迄今为止改革开放的 30 多年里，中国成功地摆脱了贫困陷阱，2012 年人均 GDP 超过 6000 美元，恰好处在中等收入向高收入国家迈进的征途上。而随着 2010 年之后劳动年龄人口的绝对减少以及抚养比的上升，人口红利开始消失，潜在增长率已经明显降低。根据测算，中国 GDP 年增长率将从 1995～2010 年期间的平均 10.3%，降低到 2011～2015 年期间的 7.6%。

由潜在增长率下降导致经济减速是正常的，只要实际增长率不低于潜在增长率，就不会发生周期性失业，还能缓解资源环境的压力，有利于加快转变经济发展方式。这时，要避免的是政府借助产业政策和刺激性宏观经济政策，尝试拉动需求，把实际增长率推到潜在增长率之上。在坚持避免迈出"中等收入陷阱"第二步的同时，通过户籍制度改革缓解劳动力短缺压力，通过促进生产要素在部门和企业间流动提高资源分配效率等一系列改革，都可以立竿见影地提高潜在增长率。

改革不仅要着眼于创造有利于提高潜在增长率的制度红利，还要着眼于防止"中等收入陷阱"的第三步和第四步，坚定地维护社会公平正义。以收入分配状况为例，根据国家统计局的估算，2012 年中国的基尼系数为 0.474，虽然已经出现一定的下降趋势，仍然属于较高的水平。中国收入分配问题的根源，在于资源分配和占有的不均等和不公平，导致居民资产性收入的严重不均等。在"蛋糕"不断做大的高速增长时期，这些矛盾还没有激化，随着经济增长放缓，如果不能加快速度和加大力度解决收入差距扩大的问题，及早防止既得利益集团的形成和体制的固化，问题将越来越难以解决。

因此，防止落入"中等收入陷阱"，唯一的出路是加快改革步伐。首先，改革可以带来制度红利，填补传统增长源泉消失造成的增长缺口。例如，我们的模拟显示，通过户籍制度改革稳定农民工的就业，可以显著地增加劳动力供给；通过构建更加公平的竞争条件，可以大幅度提高资源配置效率。因此可以明显提高潜在增长率。其次，调整收入分配是保持社会稳定、形成改革共识以保持经济增长的关键领域。遏止收入分配恶化的趋势，防止形成既得利益群体，才能实质性推进改革，真正在人口红利消失之后获得新的增长源泉。

原载 2013 年 10 月 16 日《文汇报》

从人口红利到改革红利[*]

核心观点

中国在丧失其支撑长期高速增长的人口红利以后，靠什么保持可持续的经济增长呢？转变经济发展方式，意味着中国经济越来越依靠全要素生产率的提高以保持长期增长。在成为这样的成熟经济体之前，或者在迈向高收入国家行列之前，中国将向深化改革要动力，或者说通过改革获得制度红利。

全世界无论是发达国家还是发展中国家，或者新兴市场经济国家，都十分关心中国经济增长的可持续性，也热切关注中国经济发展方式的转变。如果直截了当回答这些关注，我认为可以从中国进入第十二个五年规划之后期间出现的两个显著变化谈起。第一个重要的变化是，中国经济从 2012 年开始，不再保持甚至显著低于过去多年高达两位数的增长速度。与此相关的第二个重要变化则是，中国加速转变经济发展方式的进程已经加快并将继续加速。

转变经济发展方式的要求，早在 1990 年中期"九五"计划就提

* 蔡昉在布宜诺斯艾利斯大学的讲演。

出来了，虽然具体的表达随后发生多次变化。但是，在"九五"时期乃至"十五"时期，发展方式转变的效果并不明显，在"十一五"时期传统的发展方式甚至有所加强，形成了经济发展不平衡、不协调和不可持续的痼疾。在某种程度上，为了应对 2008～2009 年世界金融危机，中国出台了规模高达 4 万亿元的刺激措施，强化了经济增长对投资的依赖程度，客观上延误了发展方式转变的步伐，这在特殊的世界经济形势下，为了保持中国经济稳定，有其不得已而为之的性质。

然而，在国际经济界颇为中国经济的减速而担忧的时候，我们却应该看到，加快转变经济发展方式的条件日臻成熟。在中国，经济发展方式转变包含三项任务：从供给方来讲，是指从投入驱动型的经济增长模式转向生产率驱动型的经济增长模式；从需求方米讲，是指从过度依赖出口需求和投资需求的增长模式转向更多依靠居民消费拉动的经济增长模式；从产业结构角度，则是指从制造业比重过高转向服务业更快发展的增长模式。这几个方面都有了比较明显的进步，但是，实现根本转变仍然任重道远。

我的这个演讲将集中于阐述三个与此相关的问题：第一，经济发展阶段与经济发展方式的关系，即发展阶段变化如何推动发展方式转变的条件趋于成熟；第二，中国经济发展阶段发生了怎样的变化，其主要的表现和最重要的后果是什么；第三，面对变化了的发展阶段及其带来的新的挑战，中国经济如何实现长期可持续增长。

人口红利的消失

为什么在提出转变经济发展方式之后，很长时间里效果并不明显？原因是，在人口红利仍然存在的发展阶段，驱动经济增长的传统源泉仍然强劲，尚能够支撑较高的增长速度，所以，在一定时期内，转变经济发展方式的挑战还不是性命攸关的。过去 30 多年的高速增长，我们得益于优越的人口条件，获得了所谓的"人口红利"。劳动年龄人口不断增长、比重不断提高、劳动力供给充足也对经济增长做出贡献，再加上中国通过普及九年义务教育、高等教育扩招等办法提高了劳动力的受教育程度，因此人力资本也对经济增长做出贡献。这固然是人口红利的表现，但还不是全部。

同时，中国的经济增长主要靠资本积累，其对经济增长的贡献比重达60%～70%。从经济学角度分析，人口因素也为物质资本积累创造了有利的条件。过去中国通过资本积累来促进经济的持续增长主要依赖两点。第一，能否实现高储蓄率并把经济增长中的剩余积累起来变成投资，变成真正的资本。如果社会负担重，上养老下抚小，这部分资本剩余比率就会很低。反之，中国长期人口抚养比呈下降趋势，负担轻，所以成就了中国几十年来全世界最高的储蓄率。第二，投资能否带来回报决定了高储蓄率能否转化为实际资本投资。西方国家资本富余，但为什么没有保持高速增长？因为虽然资本充裕，但如果劳动力短缺，即使不断投入资本，报酬还是递减的，不会带来高回报率。所以它们的经济增长都只能靠技术进步、靠生产率的提高。长期以来，中国的劳动力无限供给，积累了多少资本都会有对应的劳动力投入，生产要素投入比例合理，不会出现报酬递减现象，所以中国过去资本回报率一直非常高。

此外，促进经济发展的另一个要素是全要素生产率的提高。生产率提高有很大一部分是把劳动力的存量进行重新配置。最典型的是把农村人口从生产率低的部门转向生产率高的部门，即劳动力大规模的地区转移和产业转移，从而得到资源重新配置效率。可见，几乎整个经济增长过程都与人口密切相关，上述因素相加，就是人口红利。

然而，随着人口结构阶段的变化，这种人口红利终究要式微乃至消失。中国在很短的时间内完成了发达国家数百年经历的人口从高生育率到低生育率的转变。至少在过去的20年，中国生育率一直处在2.1的替代水平之下。最近这几年更低，一般认为，中国的总和生育率是1.4，这低于世界平均水平（2.6），低于剔除最不发达国家之后的发展中国家平均水平（2.5），也低于发达国家的平均水平（1.6）。

也就是说，中国是世界上生育率最低的国家之一。即使考虑到实行了"单独二孩"政策，生育率充其量也只能提高到 1.6 左右。这最终必然导致人口结构的变化。2010 年我国第六次人口普查数据一出来，我们就开始分析，结果发现 15～59 岁的劳动年龄人口在 2010 年达到最高峰，之后就下降了，2011 年绝对减少，2012 年一下子减少了 345万，因此引起了官方的注意。今后这个年龄段的人口将继续减少下去。

人口结构的变化产生了几个重要的影响。首先看到的是劳动力短缺现象。自 2004 年从珠江三角洲地区发生民工荒以来，劳动力短缺现象愈演愈烈，至今招工难已经成为企业经营挥之不去的一个难题。官方调查显示，岗位数与求职人数的比率，到 2013 年第四季度已经达到 1.10，即岗位数超过求职人数。劳动力供求关系变化必然导致工资上涨。不仅农民工工资在 2004 年以后每年以 12% 的实际水平提高，制造业、建筑业以及农业中工资水平都迅速提高。按照发展经济学的定义，这种现象标志着中国已经跨越了刘易斯转折点。关于我最初做出的这个判断，在中国一直都有争论，现在赞成我的人越来越多，不仅因为证据越来越明显，而且因为其政策含义也日益凸显。

潜在增长率的下降

既然以往的经济增长靠的是人口红利，当人口因素发生根本性变化的时候，就必然会导致经济增长的减速。不过，这个经济增长减速，靠传统的外推法是估计不出来的。以往预测经济增长速度时，通常是利用宏观经济计量模型，把过去的数据和可能发生的情况（主要是短期需求因素的冲击）输入模型中进行模拟，得出对预测年份增长率的判断。这个方法未能考虑到经济发展阶段的变化，从而把必然发生的生产要素供给和生产率提高速度的变化遗漏在外。所以，判断未来的经济增长趋势，需要估计潜在增长率。在发达的市场经济国家，一般将此称作趋势增长率，因为在那些成熟的经济体，不再发生发展阶段的重大变化了。而对中国来说，我们正在经历经济发展阶段的根本性变化，所以，我们不用趋势代替潜力，而需要根据生产要素供给和生产率提高的判断进行增长能力测算。

我和同事实际测算了中国经济潜在增长率，即中国过去和将来在各种资源得到最充分配置条件下，按照可能的生产要素供给和生产率提高趋势，所能达到的合理经济增长率。我们知道，经济发展速度要和潜在经济增长率相适应。根据我们的测算，1978～1994年，我国的潜在增长率是每年9.66%，跟实际增长率差不多；1995～2010年，潜在增长率是10.3%。2010年人口红利消失之后，劳动年龄人口绝对减少，中国经济的潜在增长率在"十二五"期间，只有7.6%。再往后还会降，也就是说到"十三五"期间，潜在增长率要降到6.2%，这个变化幅度是相当大的。不过，我们应该相信这个结果，是因为它与人口年龄结构经历的剧烈转折恰好是一致的。

知道了潜在增长率的这个估计结果后，不仅能够对中国经济发展阶段做出正确判断，还有助于认识中国的宏观经济形势。2012～2013年中国GDP实际增长率皆为7.7%，并不是遭受需求冲击的结果，而是供给方因素变化导致的自然减速。实际增长率与潜在增长率是相符的，因此也没有造成周期性失业现象。由于潜在增长率具有持续下降的趋势，例如，如果其他条件不变，2014年的GDP潜在增长率预计比2013年降低0.4个百分点，2015年比2014年降低0.34个百分点，而"十三五"期间平均潜在增长率将比"十二五"期间下降1.4个百分点，所以，只要在这个幅度内，实际增长率的下降并不是宏观经济的下行压力，而是结构性减速的结果。

怎样认识中国经济减速，或者说怎样判断中国当前的经济形势，决定了政策选择的恰当与否，也就决定了中国经济长期的命运。很多关心经济形势的人会问："经济增长速度下来了，是不是很危险？"不一定。看经济形势要分长期视角和短期视角。长期就是看潜在增长率：经济的增长能力，劳动力有多少，土地有多少，资本积累可以达到多少，生产率提高和技术进步可以达到多少，这些是相对稳定的，是长期的趋势。短期是看需求形势，因为需求会有短期波动。比如，美国突然发生次贷危机，出现了西方乃至全世界的金融危机，西方国家增长就放缓了，众多产品没有需求了，这时候我国有多大的潜在供给能力都没有用，因为别人不买你的产品，因此需求是短期的，是周期性的。那么长期和短期因素结合起来就可以分别形成四种情形：强供给和强需求结合成为第一种情形，强供给和弱需求结合成为第二种情形；弱供给和弱需求结合成为第三种情形，弱供给和强需求结合成为第四种情形。

先看第一种情形。所谓强供给，就是潜在增长率很高。与此同时，需求也很高。总体来说，2010 年中国经济就是强供给和强需求的结合。潜在增长率就是这个水平，实际增长率也是这个水平。因为那个时候，我国有人口红利，改革开放促进经济高速增长。与此同时，人均收入水平提高，提高了消费内需；建设基础设施、推进城镇化，需要大量的投资；加入 WTO 以后，中国的产品走向全世界，这些加起来就形成了非常强劲的需求，无论是投资需求还是消费需求。因此合起来，就形成了 9.8% 的平均增长率，这就是 2010 年之前的常态。

再看第二种情形。在 2010 年之前的经济增长常态中，也有一些特殊的情形。那就是，每当实际增长率明显低于潜在增长率的时候，就是受到了短期需求的冲击，虽然经济的增长能力还在那，但是需求受到影响了。例如，1990 年代初中国宏观经济不景气，1990 年代末中国遭遇亚洲金融危机的影响，都出现了大规模的失业、下岗现象；2008 年和 2009 年的世界金融危机导致农民工大规模返乡。这几个时期都受到需求短期的因素影响。在这种情况下，中国潜在增长率比较高，而实际增长率下降了，结果大量的生产能力利用不足。资本的利用不足就是资本过剩，劳动力的利用不足就是失业下岗。

还有第三种情况，就是人口红利消失了，潜在增长率降下来了。恰好需求因素也不强，实际的增长率也就降下来了，但这时需求因素不是导致增长率下降的原因，只是与供给方的潜在增长率下降恰好相符了。2012 年和 2013 年我国增长率预期目标都是 7.5%，分别实现了 7.7% 的增长速度，与潜在增长率是相符的，看上去我国的增长速度降下来很多，但是没有发生所担心的失业问题。与以往不同，新一届政府没有出台短期刺激政策，为什么？因为潜在增长率已经降低。潜在增长率低就意味着没有那么多人需要就业岗位，经济增长率不需要"保八"就能够满足就业。到目前为止，我国的实际增长速度和潜在增长率是一致的，所以没有周期性失业现象的发生。

还有第四种情形，是比较糟糕的情形，就是弱供给（潜在增长率下降）与人为刺激出的强需求的结合。中国还没有出现这个结果，但是可以看一看当年的日本。日本在 1990 年失去人口红利之后，朝野上下的主流认识是需求不足导致增长乏力，所以多年实施带有刺激性的货币政策和财政政策，并且把这种政策倾向体现在产业政策和区域政策之中，造成泡沫经济、"僵尸企业"和"僵尸银行"，生产率提高速度缓慢，导致其"失去的 20 年"。所谓的"安倍经济学"，由于没有摆脱这个政策误区，拉动需求的政策可以在一时得以落实，但改变潜在增长率的改革措施迟迟不能到位，所以终究挽救不了日本经济。

通过改革获得制度红利

鉴于中国作为世界第二大经济体以及对许多国家经济的影响，国外政界和经济学界都很关心中国未来将以怎样的速度实现经济增长。是不是中国经济从此一路减速，将其作为世界经济引擎的作用让位于人口更加年轻的经济体，例如"薄荷四国"（奥尼尔按照潜在人口红利挑选的四个值得关注的国家——墨西哥、印度尼西亚、尼日利亚和土耳其）呢？我认为做这样的判断还为时过早。那么，中国在丧失其支撑长期高速增长的人口红利以后，靠什么保持可持续的经济增长呢？转变经济发展方式，意味着中国经济越来越依靠全要素生产率的提高以保持长期增长。在成为这样的成熟经济体之前，或者在迈向高收入国家行列之前,中国将向深化改革要动力,或者说通过改革获得制度红利。

用刺激需求的手段试图超越潜在增长率固然不可取,从供给的角度入手提高潜在增长率却是可行的,而且是势在必行的选择。国际经济学家、观察家和媒体报道对中国的改革有些误解,容易产生对公众和投资者的误导。这类观点认为,中国的改革任务与经济增长速度之间存在一种替代关系,为了推动改革必然要牺牲增长速度。有的媒体甚至称中国的改革是"抑制增长型"的。诚然,在当前积极推进全面改革的同时,中国 GDP 增长率出现较大的下行趋势,与长期以来10%的增长率相比不啻为大幅度降低。不过,中国长期可持续增长,可以通过改革获得新的增长动力和源泉。改革并不必然抑制经济增长,反而应该成为提高潜在增长率的新源泉。外国朋友不要寄希望于大规模的刺激方案,而应该学会适应适度放缓的中国经济增长,更应该从中国经济发展方式转变中抓住自己的投资和贸易机会。

2013 年秋季,中国共产党召开了十八届三中全会,部署了全面深化改革的任务。在 2020 年主要领域改革任务完成之前,中国经济中仍然存在着诸多制度性障碍,制约着劳动力供给潜力的挖掘(如户籍制度)、投资效率的改进(如投融资体制)和全要素生产率的提高(如对中小企业和民营经济的歧视性待遇)。通过推进改革拆除这些制度障碍,可以立竿见影地提高潜在增长率,收获改革红利。例如,我和同事进行的测算表明,如果在 2011~2020 年期间,每年把劳动参与率提高 1 个百分点,可以把潜在增长率提高 0.88 个百分点;如果每年全要素生产率增长速度提高 1 个百分点,可以把潜在增长率提高 0.99 个百分点;而通过生育政策调整把总和生育率提高到接近1.8 的水平,则可以在 2030 年之后显示效果,潜在增长率可以提高10%~15%。

2014 年李克强总理所做的《政府工作报告》指出,全面深化改革要从群众最期盼的领域和制约经济社会发展最突出的问题改起,旨在破除制约市场主体活力和要素优化配置的障碍。前述能够显著提高潜在增长率的领域，恰好就是这样的一些具有优先序，需要实现重点突破的改革领域。例如，相关的一项改革即户籍制度的改革，目标便是通过推动农民工的市民化，建立实现基本公共服务均等化的体制和机制。由于目前农民工就业已经占到城市总就业的 35%，这项改革可以大幅度提高农民工的劳动参与率，进而增加整体劳动力供给，提高劳动者的技能，达到延长人口红利的效果。又如，通过发展混合所有制和下放审批权等改革方式，鼓励更多非公有企业进入竞争性行业，通过建立公平竞争和优胜劣汰机制，提高全要素生产率。此外，通过教育体制改革和完善职工培训制度，保持人力资本持续提高，为未来日益加速的产业结构调整准备必要的技能型工人。所有这些领域的改革，无疑都能够创造实实在在的制度红利，显著提高中国近期、中期和长期的潜在增长率。

原载 2014 年 4 月 28 日《文汇报》

中国未来 20 年的可持续增长引擎

——暨可资借鉴的国际经验与教训

中国经济在 2004～2010 年间，完成了对刘易斯转折区间的跨越之后，所面临的增长减速是潜在增长率下降的自然结果，而不是需求因素的冲击所致。在特定的发展阶段上，把经济增长速度的减缓归结为需求不足，是一个常见的认识错误，容易导致偏颇的政策取向，开出不对症的政策药方。因此，开放地借鉴相关经济理论，吸取其他国家的经验和教训，深刻认识中国经济现实，对于理解这个减速的真正原因，具有至关重要的政策意义，有助于防止政策出现缘木求鱼的误导，把相应政策努力引导到寻求新增长引擎的正确方向。

一 增长引擎从供给因素着眼

运动员能否取得良好的成绩，固然与来自社会（如体育官员、广告商、网民等）的鼓励和激励有很大的关系，但是，这种来自外部的影响，归根结底只能起到帮助运动员发挥潜能的作用，而不是运动成绩的决定因素，更不是充分条件。以此与经济现象进行类比的话，外部激励只是一种需求因素，决定成绩的关键是运动员的"潜在增长率"，是供给方面的因素。

如果一个运动员被赋予高于其运动潜能的期望，我们不难设想他会做出怎样的反应。既然在短期内通过改善身体素质和训练水平以提高成绩是违背规律从而难以企及的目标，能做的恐怕只有两种选择：对于一个能够进行自我道德约束的运动员来说，只能超越身体极限去拼命，终究会导致身体受伤；对于一个道德约束能力差，或者被不良教练或团队诱使的运动员来说，可能就要想其他歪门邪道了，例如服用兴奋剂。

不改变潜在增长能力而仅仅着眼于需求刺激的经济政策，也会给经济活动主体——投资者和企业家制造不正确的导向。例如，无论是实施宽松的货币政策和扩张性的财政政策，还是借助产业政策或区域政策刺激需求，政策出发点都是鼓励在实体经济领域进行投资。但是，这时的投资活动并没有与投资的内在动力相吻合，而近乎成为一种政府补贴诱导的寻租活动，通常只会导致产能过剩。

同时，在潜在增长率下降的情况下，制造业生产的比较优势和竞争优势都在下降，既有生产率下的生产企业难以为继。在一般实体经济不强劲的情况下，基础设施等工程建设热情也不高。例如，日本试图靠大规模公共投资刺激经济时，就遇到了投资资金难以落实的窘境。曾任日本经济企划厅长官的宫崎勇发现，在实施财政刺激政策中，公共投资遇到先是"有预算没下拨"，继而"下拨了没到位"，及至"资金到位没开工"等层层打折扣的问题。①

2009 年世界金融危机爆发以后，低利率乃至零利率以及量化宽松的货币政策，似乎成为欧美和日本试图复苏经济增长，竞相抛出的救命稻草。其中日本则已经在这条崎岖路上走过了十几个年头。问题在于，如果一个国家面临的问题的确是需求不足，宽松的金融环境并不能自然而然转化为企业和投资者的投资愿望；如果一个国家面临的是潜在增长率太低的问题，则刺激需求的金融宽松政策，对于实体经济竞争力不足的痼疾也非对症之药。

不仅如此，这时，过剩的流动性必然流向非生产性或者投机性投资场所，如理财业、房地产业和海外不动产投资等，最终正如日本20 世纪 80 年代至 90 年代初所发生的，先是形成泡沫经济，随后是泡沫的破裂，及至把经济增长拖向长期停滞的深渊。

正如面对运动员成绩不佳的解决办法，不能从外部激励因素上寻

---

① 〔日〕宫崎勇：《日本经济政策亲历者实录》，孙晓燕译，中信出版社，2009，第 188～189 页。

找，而要看其身体条件、运动潜能和训练水平等内在因素一样，我们在遇到因潜在增长率下降导致经济增长速度放缓的情况下，应该从供给方面的因素着眼，探索保持可持续增长的源泉。

美国经济学家保罗·克鲁格曼曾经以新加坡为例批评东亚模式。他认为，新加坡的经历显示出，这个国家的高速经济发展主要是靠生产要素的投入，而没有生产率提高的支撑。所以，他预言新加坡的经济增长是不可持续的。在他做出这个未被证实的预言多年以后，在一个国际会议上，他被介绍给新加坡总理李光耀。李光耀总理对克鲁格曼当年的批评耿耿于怀，对后者说："你认为我们都是要素积累，没有技术进步是不可支撑的，那么我向你请教一个问题，40年来新加坡储蓄率将近50%，算得上全世界最高，可是我们的资本回报率并没有下降，如果没有技术进步，资本回报率怎么没有下降啊?"[①] 从这场唇枪舌剑般的对话中，我们不仅可以弄清实现经济增长都有哪些供给方面因素，还可以了解刘易斯转折点对经济增长的供给方面产生什么影响，有什么政策选择。

在其他经济学家工作的基础上，克鲁格曼认为新加坡经济增长单纯依靠资本和劳动力要素的投入（但无疑也是增长的供给方面因素），而没有全要素生产率（更持久增长的供给方面因素）的提高，与计划经济条件下的苏联并无二致，终究不能持续下去。

克鲁格曼们的判断不能为李光耀所认同，他们的预言也没有一语成谶。原因是在刘易斯转折点到来之前，新加坡像其他东亚经济体一样，具有劳动力无限供给特征，使其避免了资本报酬递减现象的发生；当刘易斯转折点到来之后，新加坡不是努力刺激需求，而是从提高潜在增长率的供给方面着眼，依靠外籍工人延长了人口红利，并且通过提高劳动生产率，避免了投资回报率的下降。

刘易斯认为，"整个（二元经济发展）过程的关键在于资本主义

---

① 这个故事引自林毅夫的一次演讲，参见林毅夫《经济纵横谈》，载上海发展研究基金会编《研讨实录》2013年第36期，第33页。

部门对剩余的使用"①。借助这个思路，把新加坡的经验概括起来，有助于增进我们对刘易斯转折点之后如何保持经济增长的认识。如图 1 所示，在一个经济体到达刘易斯转折点之前，即 OL 所代表的农业剩余劳动力转移阶段，劳动力无限供给的特征，可以使资本积累获得相同比例的劳动力供给，资本报酬不会出现递减现象，加上劳动力部门间转移可以创造资源重新配置效率，投资回报率得以维持在较高的水平，正如图中的 AQ 所表示的那样。许多学者的研究证明，中国经济在较长时期内的确保持了较高的资本报酬率②。

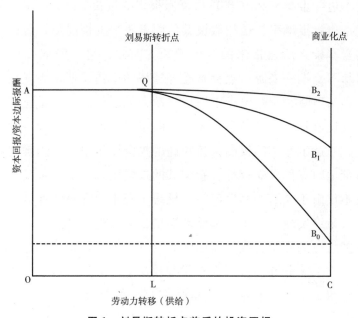

图 1　刘易斯转折点前后的投资回报

随着经济发展到达刘易斯转折点，即理论上农业的劳动边际生产力不再为零，现象上表现为劳动力短缺和工资上涨，资本和劳动的相

---

① Arthur Lewis, Economic Development with Unlimited Supply of Labor, *The Manchester School*, Vol. 22, 1954.

② 参见 Chong-En Bai, Chang-Tai Hsieh and Yingyi Qian, The Return to Capital in China, *NBER Working Paper* No. w12755, 2006, National Bureau of Economic Research, Cambridge, MA。

对稀缺性从而相对价格关系便发生变化，资本替代劳动的现象开始出现，资本边际报酬率开始降低。许多研究结果显示，中国已经出现显著而快速的资本边际报酬递减现象。例如，2004～2009年短短几年中，中国经济的资本边际回报率就下降了18.7%[①]。

假设其他因素不变，我们可以预期，资本报酬率的下降趋势将持续下去，正如图1中QB_0所示，直到经济发展到达商业化点，即农业和非农产业的劳动边际生产力相等，二元经济发展阶段完结。不过，正如图中QB_1和QB_2所表示的那样，存在着一些可能性，延缓或者阻止资本边际报酬率和（或）投资回报率的过快下降。

资本边际报酬率，是指假设其他因素不变的情况下，每一个新增单位的资本投入所能带来的产出增长。因此，它是资本回报率的基础，但却不是唯一来源。克鲁格曼等经济学家错误地认为新加坡投资回报率必然下降，一是由于不懂得劳动力无限供给可以阻止资本边际报酬递减现象发生，二是由于先验地断定新加坡不能转向一种新的增长方式，通过生产率的提高保持较高的投资回报率。李光耀之所以有资本自豪地向克鲁格曼宣称，新加坡的投资回报率仍然很高，是因为新加坡不仅由于灵活的移民政策，延缓了资本边际报酬递减现象的发生，而且最终实现了向生产率驱动型增长方式的转变。

从新加坡的经验，我们可以得到启发，即通过把资本边际报酬率和投资回报率区分开，看一看有哪些政策手段分别对两者产生有利的影响。在图1中，我们用QB_1相对于QB_0的改善，表示资本边际报酬递减现象的延缓，用QB_2相对于QB_1的改善，表示其他因素所能达到的保持较高投资回报率的效果。

二元经济发展可以避免资本边际报酬递减的关键，是由于存在劳动力无限供给这个特有现象，得以打破劳动力短缺的新古典条件。所以，凡是能够增加劳动力供给、缓解劳动力短缺现象的做法，都可以

[①] Cai, Fang and Zhao Wen, When Demographic Dividend Disappears: Growth Sustainability of China, in M. Aoki and J. Wu, (eds.), *The Chinese Economy: A New Transition*, Basingstoke: Palgrave Macmillan, 2012.

放缓资本边际报酬递减的进程。然而，二元经济发展时期终究要完结，新古典增长阶段正是所有后起国家所要达到的目的地。所以，资本报酬递减终究不可避免，保持投资回报率的关键，则在于劳动生产率的提高。换句话说，劳动生产率并不阻止资本边际报酬降低，而是抵消后者造成的投资回报率下降效果，保持经济增长。

一般来说，提高劳动生产率的做法有多种，包括用机器替代劳动力、提高劳动者的熟练程度、采用更有效率的技术和工艺，以及改善生产要素的配置效率等。在统计意义上，人力资本是可以度量的，机器对劳动力的替代也可以从资本劳动比的提高中观察到，其他因素在不能以统计变量的形式直接观察到的情况下，就成为计量经济模型中的残差，或者称为全要素生产率。

借助计量经济学方法，我们可以进行一些模拟，看一看提高劳动参与率这个延缓资本报酬递减现象的因素，以及提高全要素生产率这个保持投资回报率的因素，分别具有怎样的提高潜在增长率的效果。对中国经济的模拟结果表明[①]，在 2011 ~ 2020 年期间，如果每年把非农产业的劳动参与率提高 1 个百分点的话，这一期间的年平均 GDP 潜在增长率可以提高 0.88 个百分点。如果在同一期间，全要素生产率的年平均增长率提高 1 个百分点的话，这一时期的年平均 GDP 潜在增长率可以提高 0.99 个百分点。

对于中国来说，无论是提高劳动参与率，还是提高全要素生产率，都有着巨大的潜力，而开发这些潜力有赖于深化相关领域的改革。例如，通过推进户籍制度改革，稳定农业转移劳动力在城镇的就业；制造业向中西部地区的转移；进一步发育和完善劳动力市场，促进更加充分的就业，以及提高农业的劳动生产率，都有助于提高劳动参与率。

提高全要素生产率也有诸多途径，例如，在农业劳动力比重仍

---

① Cai Fang and Lu Yang, Population Change and Resulting Slowdown in Potential GDP Growth in China, *China & World Economy*, Vol. 21, No. 2, 2013, pp. 1 – 14.

然较高的情况下，推动剩余劳动力的持续转移，可以继续获得资源重新配置效率。此外，通过创造更加公平的竞争环境，允许生产要素在产业、部门和企业之间自由流动，让长期没有效率的企业退出经营，让有效率的企业相应壮大，也可以创造出资源重新配置效率。

这里所做的模拟没有提到的是，劳动者人力资本的改善，无疑有助于大幅度提高潜在增长率。人力资本积累途径包括各类教育和培训，以及"干中学"等。教育和培训的激励、质量和效果，以及与劳动力市场的对接能力，都与一系列体制因素有关，同样对改革提出进一步的要求。

二 转向提高劳动生产率

关注增长的经济学家很早就发现，不同国家之间的经济发展水平差异，归根结底是生产率的差异。生产率通常是指一定的投入水平所创造产出水平的能力，其中"投入"可以指不同的生产要素，如资本、劳动和土地等，所以生产率可以是资本生产率、劳动生产率和土地生产率。不过，最经常使用、具有综合性，而且颇有意义的生产率指标，则是劳动生产率，即以劳动要素的产出能力度量经济效率的指标。

统计部门或研究者从总体层次上度量劳动生产率，既可以计算每个就业人员生产的 GDP，也可以计算每个工作小时生产的GDP。很显然，国家之间存在着统计口径、统计数据可得性和可信度上的差别，不同研究者也倾向于采用不尽相同的度量方法，因此，不同的研究往往得出不尽相同的劳动生产率的度量结果。对此，我们应该采取的态度是，承认方法差异性的存在和多样化的必要性，借鉴不同的研究结果，相互印证地支持我们意图说明的问题。

伍晓鹰擅长采用独特的方法调整 GDP 等数据，进行与生产率问题相关的研究。他通过跨国的横向比较，强调了劳动生产率对于经济赶超所具有的至关重要性。他还发现，后起经济体由于面临更多的技术可得性，通常劳动生产率提高大大快于先行者。例如，在可比的经济发展阶段上，中国台湾和韩国的劳动生产率提高速度远远高于日本。但是，中国大陆在类似的赶超过程中，却没有显示出比日本、韩国和中国台湾地区有更好的劳动生产率表现①。

其实，这个问题并不难理解，只需观察中国在经济改革之前，计划经济体制如何阻碍了劳动力向非农产业配置，从而在某种程度上累积了大规模和大比例的农业剩余劳动力，形成非典型化的就业结构，就足以说明，改革开放甫始中国就业压力有多大，待转移劳动力规模有多大。

按照比较优势原则和诱致性技术变迁假说，劳动力严重剩余的中国经济，通过改革开放以来形成的人类历史上最大规模的劳动力迁移，在相当长时间里重点发展劳动密集型制造业，吸纳大量农业剩余劳动力，在微观上和宏观上都是十分符合理性的，更说明市场机制作用得到了较好发挥。

自加入 WTO 以来，中国沿海地区劳动密集型制造业企业，以较低并且长期稳定的工资水平吸引了从农村转移出来的劳动力，在国际市场上获得了强劲的竞争力。充足而成本低廉的劳动力供给，是这一时期中国实现高速经济增长的重要因素。因此，刘易斯转折总到来和人口红利消失对经济增长的影响，便集中表现在劳动力供给成为瓶颈，以及工资上涨导致制造业劳动力成本提高的情况下，比较优势和竞争力相应下降。

不过，从理论上说，这些不利因素都可以通过劳动生产率的提高予以抵消。劳动生产率的提高，既可以表达为每个劳动者的产出水平的增加，也可以表达为单位产出所需要的劳动力数量的减少，因此，

---

① 伍晓鹰：《摆脱速度情结，给改革以空间——从中国与东亚经济体的比较看增长速度及其对结构调整和效率改善的启示》，载博源基金会编《中国经济观察·全球视野与决策参考》，2012 年正刊第十二期（总第六十期）。

即使中国经济在经历转折点之后，遇到了劳动力供给瓶颈，假如劳动生产率能够按照一定的速度和幅度提高，就足以弥补劳动力不足所造成的生产能力下降，保持经济增长速度。

从另一个角度来说，以劳动生产率为基础保持同步的工资上涨，只是增加劳动者收入，使最广泛的居民分享经济发展的成果，并不注定伤害比较优势，削弱经济增长可持续性。否则，我们难道为了保持制造业产品的竞争力，而希望普通劳动者的工资永远不提高吗？其实，当我们讲工资增长与劳动生产率提高保持同步时，既是强调要让职工分享劳动生产率提高的好处，也是强调工资增长必须建立在劳动生产率提高的基础上，才不会削弱企业的竞争力，从而保持中国制造业的比较优势。

引用世界大型企业联合会（Conference Board）公布的各国劳动生产率数字，我们可以知道，1992 年以来，中国按劳均 GDP 计算的劳动生产率提高速度，快于包括发达国家、发展中国家以及金砖国家在内的世界上大多数其他国家，并且在 21 世纪以来明显加快（如图2 所示）。中国劳动生产率加快提高的趋势，无疑是对工资上涨做出正常反应的结果。

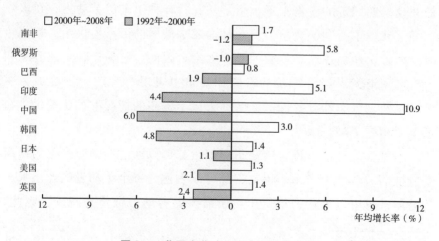

图2　一些国家劳动生产率的提高速度

资料来源：http://kilm.ilo.org/2011/download/kilm17EN.pdf。

不过，另一项针对中国制造业的研究表明，尽管劳动生产率提高速度很快，仍然没有赶上刘易斯转折点到来之后工资上涨的速度，因此，如果计算一个综合了工资成本和劳动生产率因素，从而可以反映制造业竞争力的指标——单位劳动力成本，可以看到，2004～2009年间，中国制造业的名义小时工资提高了 72.7%，快于小时劳动生产率的提高速度（48.8%），导致单位劳动力成本提高了 16.1%[①]。

关于劳动生产率可以抵消掉劳动力短缺削弱潜在增长能力效应的说法，似乎与人口红利消失之后，潜在增长率不可避免降低的说法相矛盾。其实，这两个陈述在理论上都是说得通的，只不过，在刘易斯转折之后，对提高劳动生产率的要求将大幅度增强，也容易产生诸多的误导，因而要取得一定程度提高潜在增长率的效果难度增大。

在二元经济发展阶段上，由于农业中存在大量剩余劳动力，只需使劳动力从农业这样的低生产率部门转移到生产率更高的非农部门，整个中国经济的劳动生产率就得到提高。所以，在这个发展阶段上，提高劳动生产率的机会就像"低垂的果子"一样唾手可得。随着这样的资源重新配置机会减少，提高劳动生产率就不那么简单了。

下面，我们来看一看劳动生产率的提高通常是通过哪些途径实现的。如果按照每个劳动者或劳动时间所实现的产值计算的话，至少有四个显而易见的因素影响劳动生产率表现。这些影响因素，或者说提高劳动生产率的途径，在实际中发挥的作用因时因地而有大有小，取得效果的难易程度不尽相同，可持续性也有所差别。

第一个因素是劳动者的能力，通常可以通过发展普通教育和职业教育、提供岗位培训、加强医疗和健康保护等获得，可以统称为人力资本。人力资本因素在整个劳动生产率的提高中，所起作用越来越大，并且是长期可持续的。

第二个因素是劳动者的资本配备水平，譬如每个劳动者可以操作

---

① 都阳、曲玥：《中国制造业单位劳动力成本的变化趋势与影响》，载蔡昉主编《中国人口与劳动问题报告 No. 13——人口转变与中国经济再平衡》，社会科学文献出版社，2012。

的机器和设备的数量或规模，在统计上可以用资本劳动比来表达。当劳动力发生短缺现象，普通劳动者工资开始持续上涨时，通常会出现整个经济，特别是工业部门资本投入增长快于与劳动投入增长的趋势，表现为资本劳动比的提高。

第三个因素是各种生产要素的配置效率，包括生产要素之间的协调配置，以及各种要素在企业之间、行业之间、地区之间，或者在不同所有制和规模的经济活动之间的合理配置。这种效率得自生产要素的充分流动，是全要素生产率的重要组成部分。

第四个因素是技术进步和制度创新产生的效率，表现为典型的全要素生产率。一般来说，全要素生产率是劳动生产率提高乃至经济增长的不竭源泉。随着经济发展进入新古典阶段，经济增长越来越依靠这个生产率来源。

三 资本劳动比是表象

一个国家的产业结构呈现怎样的格局，总体上采用什么样的技术类型，通常是由这个国家在特定阶段上生产要素的相对稀缺性和相对价格决定的。因此，就特定发展阶段而言，国家之间并不存在产业结构和技术结构孰优孰劣的问题。

在典型的二元经济发展阶段上，劳动力丰富且成本廉价，企业倾向于采用多用劳动力、节约资本的技术，产业结构具有劳动密集程度高、资本劳动比较低的特点。唯其如此，一个国家才可以在企业、产业和国家层面上获得比较优势和竞争优势。

而一旦跨越了刘易斯转折点，生产要素的相对稀缺性就发生逆转了，相应的，比较优势和竞争优势也逐渐变化。因此，相对于资本要素而言，劳动力价格提高之后，企业倾向于使用更加节约劳动的技术，产业结构趋于更加资本密集型，资本劳动比也就会相应提高。

最先对生产要素相对价格变化做出反应的是企业。当企业家感受到招工难和劳动力成本提高时，他们通常会购买更多的机器，雇用较少的工人。投资者也会对这种新的生产要素禀赋结构做出反应，开始投资于使用劳动力较少，即更加资本密集型的行业。进一步，政府也会相应跟进。政府观察到了比较优势的变化，往往会用一些辅助性的产业政策手段，鼓励投资者投资于具有潜在比较优势，从而也是相对资本密集型或技术密集型的行业。

如果装备了更多的机器，恰如其分地节约了劳动力，使得每个职工在控制更多机器的情况下创造更多的产出，就意味着劳动生产率的提高。但是，单纯依靠抬高资本劳动比，以取得劳动生产率提高的办法，可能产生两个不可持续性的问题。

首先，仅仅由资本替代劳动产生的劳动生产率提高效应，并不足以填补经济增长速度降低的缺口。在二元经济发展阶段上，农业剩余劳动力大规模转向非农产业，意味着劳动力资源从生产率低的部门重新配置到生产率高的部门，带来巨大的劳动生产率改善，支撑高速经济增长。在刘易斯转折点之后，这种资源在农业和非农产业之间重新配置的效应，必然逐渐减弱，不再是支撑经济增长的主要源泉。

这时，资本（机器）替代劳动，固然是提高劳动生产率、保持经济增长的一种手段，而且新机器和新设备也体现着技术进步的因素，但是，如果没有来自技术进步和制度创新的全要素生产率的贡献，生产率的缺口无法得到填补的话，经济增长速度则难以保持期望的水平。

在资本报酬递减规律的作用下，资本替代劳动是有限度的，尤其不能以大跃进的方式过快进行。例如，在操作工人的人力资本没有根本性改进的情况下，更多、更复杂、价值更高的机器，并不能得到有效驾驭，资本投入的回报率终究要下降。

其次，还存在着一种可能性，即为了提高资本劳动比所付出的代价大于经济上的获益，从而劳动生产率并没有得到提高。在正常的市场环境下，生产要素价格不存在扭曲现象，我们可以预期投资者和企业，完全可以理性地把握资本替代劳动的分寸。但是，如果政府介入其中，就会出现资本配置偏离效率的情况。可能造成资本配置扭曲的政府所作所为，可能出于以下几种不同的动机。

一是政府希望借助产业政策手段，鼓励投资者探索新的比较优势，因此，对一些行业和企业给予补贴。例如，许多地方政府确立了地方性的未来支柱产业或主导产业，并尝试将其纳入国家扶持的产业规划中，通过财政补贴和优惠贷款营造低成本的投资条件。但是，正如私人投资者也会选择失败一样，这种政府做出的选择，并不必然符合动态比较优势方向。

二是政府尝试实施宽松的货币政策，以刺激投资拉动需求，因而形成流动性过剩的宏观经济政策环境，导致投融资成本缺乏约束。这种金融环境不仅鼓励过度投资，也不能起到优胜劣汰的作用，终究会导致不善投资（mal-investment）的产生，造成许多企业和行业的资本密集程度，高于比较优势的正常要求。

三是政府不希望一些企业和行业就此消亡，试图挽救其在无情竞争中的生存。政府选择动态比较优势的一个缺点在于，不同于单个的投资者，政府是不愿意接受选择失败的。因此，对于那些在政府扶持下进行的投资（特别是大项目），或者对于那些政府格外关注的企业（如国有企业），即使出现了失误，政府也不会任由其被市场淘汰。因此，这类投资和经营不善的企业俘获了政府，反而继续得到注资。

上述政策动机和政策举措，都会产生人为压低融资和投资成本，从而扭曲资本要素价格的效果。但是，这样的政策又不可能是普惠的，必然会形成一种政府挑选赢家的实施方式。对于那些由于这样或那样的原因，从中受惠的企业和投资者来说，资本劳动比的提高在财务上也是有利的。但是，这只是从微观的层次上，就个体或部分企业和投资者而言，从经济整体来看，并不必然汇总成劳动生产率的提高。

此外，选择性地提供廉价的资本供给，其实也就意味着对其他企业、投资者和行业资本可得性的剥夺。给予一部分经济活动参与者资本可得性优惠的融资环境，从另一个角度说，也就是对其他参与者的歧视性融资环境。那些被忽视的潜在投资者和企业，不仅不能得到同等的融资待遇，甚至失去了公平的生产要素市场环境。

在一个产业结构调整剧烈进行的时期，把握新的比较优势和提高生产率，往往靠千千万万中小型民营企业的风险投资，最终让那些未来的产业和技术领先者，得以在一种创造性破坏的竞争中胜出。然而，扭曲资本配置的政策，注定要保护低效率投资和企业，抑制富有效率的投资活动和企业经营，甚至扼杀潜在的创新活动。

因此，如果没有了这种创造性破坏机制，潜在的创新机会就大幅度减少，整体经济的生产率也就不能伴随着资本劳动比的提高而提高。可见，资本劳动比的提高不是劳动生产率至善至美的途径，更不是一个提高生产率的可持续源泉。

经历了"失去的 20 年"的日本，在这方面可以为我们提供颇有借鉴意义的教训。从 1990 年开始，日本的人口抚养比开始上升，意味着人口红利迅速消失。日本经济对此做出的反应，正是通过前述各种方式，投入更多的物质资本即提高资本劳动比。结果是，在日本经济平均劳动生产率的提高中，资本深化的贡献率从 1985 ~ 1991 年间的 51%，大幅度提高到 1991 ~ 2000 年间的 94%；而同期全要素生产率的贡献率则从 37% 直落到 – 15%[1]。

其实，在关于中国经济的研究中，也不乏这方面非常具有说服力的例子。众所周知，国有经济的融资条件，较之非国有经济有着很大的优越性。而这种融资的区别待遇，恰恰造成了不同的生产率提高可持续性。根据一项计量分析[2]，1978 ~ 2007 年间，在中国的劳动生产率（劳均产出）的提高中，资本劳动比（劳均资本）和全要素生产率的贡献率，在非国有经济中分别为 26% 和 74%；而在国有经济中则刚好相反，分别为 74% 和 26%。

上述研究发现给我们的直接启示是，在资本劳动比对提高劳动生产率贡献很大且增长很快的情况下，通常导致全要素生产率相应贡献

---

[1] Asian Productivity Organization, *APO Productivity Databook 2008*, Tokyo: The Asian Productivity Organization, 2008, p. 23.

[2] L. Brandt and Xiaodong Zhu, Accounting for China's Growth, *Working Paper*, No. 395, Department of Economics, University of Toronto, February 2010.

的下降。换句话说，资本过度深化的结果，是妨碍了经济整体全要素生产率的提高。而这个生产率组成部分，本来是更加可持续的经济增长源泉。

四　可持续的全要素生产率

许多人相信，随着经济发展水平的提高，一个国家的经济在总体上呈现资本劳动比提高的趋势，与一个所谓"霍夫曼定律"的流传有关。20 世纪 30 年代初，德国经济学家霍夫曼（W. G. Hoffmann）根据工业化早期和中期的观察发现，随着工业化的推进，生产资本品的部门即重工业，与生产消费品的部门即轻工业相比，倾向于以越来越快的速度增长。其结果自然就是，整个经济的资本密集程度越来越高。

这个"定律"与早期的经济增长理论也是相一致的。例如，著名的"哈罗德—多马模型"认为，物质资本的积累是决定经济增长的唯一引擎。依照这个理论解释各国经济增长表现的差异，就会得出这样的结论，那些资本积累不足的国家，终究要落在资本积累速度更快的国家之后。所以，越是发达国家，或者越是增长表现好的国家，越是具有更高的资本劳动比。按照这样的逻辑，传统增长理论就具有了一个对后起国家的隐含政策建议，即国家应该不遗余力地帮助社会形成一个临界最小水平的资本积累率，进而，随着经济起飞，社会自身不断提高资本劳动比，以其作为提高劳动生产率的物质基础。

然而，在经济史上有很多经典的案例，否定了哈罗德—多马的理论假说和霍夫曼的经验证据。例如，计划经济时期的苏联、20 世纪 50 年代开始工业化的中国和印度，都是明确提出实施重工业优先发展战略的国家。而这种工业化战略实施的结果，全都与政策初衷大相径庭。直到这三个国家开始一系列体制改革之前，在印度表现为工业发展的严重滞后，在苏联和中国则表现为重工业比重畸高，产业结构严重失衡。

新古典增长理论的代表人物罗伯特·索洛从资本报酬递减规律出发，发现了长期经济增长的唯一源泉，在于经济增长中一个不能为常规生产要素投入所解释的部分，即全要素生产率。而这个生产率因素来自于技术进步、资源配置和体制创新等一系列改进。在占据主流地位的新古典增长研究中，大量文献从实证角度得出结论，全要素生产率可以在很大程度上解释国家之间增长表现的差异。

经济转型之前的苏联和改革开放之前的中国，如苏联在 20 世纪 70 年代以后，中国在整个 1957 ~ 1978 年间，全要素生产率都是负增长，经济发展是不成功的。例如，研究表明，1958 ~ 1978 年间，中国的 GDP 年增长率为 3.9%，其中资本的贡献为 2.3 个百分点，劳动力的贡献为 2.1 个百分点，全要素生产率则抵消了要素投入的贡献，其对经济增长的贡献率为 – 0.6 个百分点[1]。

其实，不仅计划经济国家或者发展中国家的失败教训，证明了是生产率而不是资本积累，才是经济增长的不竭源泉，而且发达国家在这方面也有着丰富的正面和反面素材。

一个反面教材便是 1990 年之后的日本经济。日本经济学家林文夫和美国经济学家普雷斯科特，在研究日本第一个"失去的 10 年"时发现，日本经济的停滞原因不是企业得不到资金，也不是金融体制的问题，归根结底是全要素生产率表现不佳。而全要素生产率表现不佳的原因是，政府对低效率企业和衰落的产业进行补贴，造成低效率企业的产出份额过高，而有利于提高生产率的投资减少[2]。

有趣的是，索洛和刘易斯的文章都发表于 20 世纪 50 年代，前者的理论长盛不衰，至今是增长理论的主流，后者的理论似乎昙花一现，较早就退出了主流地位[3]。然而，新古典增长理论并没有成为

---

① 德怀特·帕金斯：《从历史和国际的视角看中国的经济增长》，《经济学（季刊）》，2005 年第 4 卷、第 4 期。

② Fumio Hayashi and Edward C. Prescott, The 1990s in Japan: A Lost Decade, *Review of Economic Dynamics*, Volume 5, Issue 1, 2002, pp. 206 – 235.

③ Gustav Ranis, Arthur Lewis' Contribution to Development Thinking and Policy, *Yale University Economic Growth Center Discussion Paper* No. 891, 2004.

阻止经济政策失误的不二法门。除去政策选择因时因地受到诸多因素影响之外，新古典增长理论的失败之处，在于其理论模型的封闭性。

经济增长的经验表明，各国全要素生产率的表现和实现形式，归根结底与发展阶段、资源配置机制和经济政策有关。而在新古典增长理论那里，许多这样的重要因素被处理成外生变量了。更大的不足是，主流增长理论忽略了发展中国家所具有的二元经济特征，而劳动力无限供给特征恰恰可以打破资本报酬递减律。

这样，有益的理论没有产生积极影响政策的效果。或许，新古典增长理论的始作俑者，认为生产率的提高是企业的事情，经济学家的职责就是为现实提供一个最富有解释力的框架而已，因此，本来就没有打算指导政策制定。这种理念也有其合理性。全要素生产率在统计上只是一个残差项，笼而统之地把要素投入不能解释的增长源泉归结在一块儿。所以，仅仅懂得这个理论，并不能使人们知道如何才能提高全要素生产率。特别是，这种生产率的提高，其实是千千万万生产者经历竞争优胜劣汰的结果，无论是多么热衷于推动经济发展的政府，终究是爱莫能助。

即便如此，如果占主流地位的增长理论家能够给予刘易斯理论更多的尊重和关注，使自己的理论更加开放和包容，本可以形成一个更具解释力的增长理论分析框架。用二元经济发展和向市场经济转型的特征，丰富和充实新古典增长理论，形成一个更具一致性的分析框架，不仅可以帮助我们更好地认识中国经济经历的变迁和面临的挑战，避免政策失误，而且能够以中国经验和理论对主流增长理论做出贡献。

新加坡是一个很好的例子。我们都知道由克鲁格曼发起的质疑新加坡经济增长可持续性的著名公案。实际上，围绕这一争论所进行的经验研究结果大相径庭，使得人们怀疑全要素生产率这个有益的概念，能否成为一个经验上可以确认的标准。不过，这场辩论让新加坡的领导人懂得了这个颇为学术化的经济学概念，及其对于经济增长可持续性的重要性，因此设定了全要素生产率每年提高 2% 的国家目标①。

正因为如此，新加坡后来的经济增长表现继续引人注目，成为创新驱动的典范。例如，欧洲工商管理学院（INSEAD）从稳定的政治经济秩序、良好的教育系统、研究与开发高投入、有效的基础设施、市场内需程度以及将这些优势转化为创新力的能力等方面，对全球125 个国家进行"2011 年度全球创新指数"排名，新加坡位居前 10 名，远远领先于排名第 20 的日本②。

迄今为止的中国经济发展，既可以被看作是一个独树一帜的成功案例，也可以作为亚洲奇迹的一个重要组成部分。其他亚洲国家和地区的经济发展，既提供了世界上为数不多的成功跨过中等收入阶段，成为高收入经济体的经验；也不乏落入中等收入陷阱的反面教员；此外，还有高收入国家陷入经济停滞的警示和教训。后起国家在经济发展中具有的一个后发优势，便是面对着相当丰富的成功经验和失败教训可资借鉴。开放地运用各种经济理论，辩证地总结各种经济政策的利弊得失，深刻认识中国经济的特殊性，有助于帮助我们在变化了的发展阶段上，发动中国经济可持续增长的新引擎。

原载 2013 年第 4 期 《比较》

---

① 参见 Jesus Felipe, Total Factor Productivity Growth in East Asia: A Critical Survey, *EDRC Report Series*, No. 65, 1997, Asian Development Bank, Manila, Philippines, p. 27。

② 张兴慧：《欧洲创新能力世界领先，全球创新能力瑞士夺冠》，《中国青年报》2011 年 7 月 4 日，第 4 版。

第四篇

认识新常态下的劳动力市场

认识经济增长与就业关系的钥匙

2012 年，中国经济增长率为 7.8%，低于一向认为的保持就业稳定所必需的 8% 以上的增长速度。但是，劳动力市场并没有受到冲击，新增就业目标超额完成，城镇登记失业率保持在 4.1% 的常态水平上，求人倍率继续朝着岗位数多于求职人数的方向提高，23 个省、自治区、直辖市提高了最低工资标准，劳动力市场上的主流声音仍然是民工荒、招工难。

为什么经济增长速度低于 8% 却没有出现就业压力，今后保持怎样的增长速度可以继续维持就业稳定呢？2013 年《政府工作报告》"必须使经济增长与潜在增长率相协调"的表述，为我们指出了认识经济增长与就业关系的钥匙。

潜在增长率就是保持就业稳定的增长速度

潜在增长率是在给定的生产要素即资本、劳动力和土地等资源的供给条件下，以及生产率提高的潜力下，所能实现的正常经济增长率，因此，只要实际增长率不低于潜在增长率，生产要素的利用率就是充分的，因而也能够实现充分就业，不会出现周期性失业现象。这就是 2012 年的实际情况。

长期以来，表现为劳动年龄人口持续增长和人口抚养比持续下降的有利人口结构，为中国经济增长提供了人口红利，帮助中国经济实现了高达9%~10%的高速增长。然而，2010年，中国15~59岁劳动年龄人口的增长达到峰值，2011年和2012年这个年龄段的人口出现了负增长，相应地人口抚养比开始上升，意味着人口红利开始消失，推动经济高速增长的因素相应减弱，必然导致潜在增长率下降。

根据变化了的生产要素供给和生产率提高情况，我们预期就业增长率将从1995~2009年的平均0.97%下降为"十二五"时期的-0.74%，投资增长率从17%下降为13%，劳动生产率提高速度从8.9%降低为8.0%。据此所进行的估算表明，潜在增长率将由"十一五"时期的平均10.5%下降到"十二五"时期的7.2%。由于潜在增长率的下降是逐年发生的，我们所估算的2012年潜在增长率是7.5%，而这一年7.8%的实际增长率仍然高于潜在增长率，因此没有出现失业现象。

一般来说，正如奥肯定律所描述的那样，劳动力市场状况与宏观经济状况密切相关，即经济增长率提高（下降）会降低（提高）失业率。严格地说，这里讲的增长率水平变化，应该是指GDP的实际增长率偏离于潜在增长率的程度，或增长缺口水平，而失业率是指实际失业率偏离自然失业率的程度，或周期性失业率。简单地说，中国几年来实际增长率并没有低于潜在增长率，所以没有发生周期性失业现象，劳动力市场表现强劲。根据我们的估算，近年来城镇自然（即结构性和摩擦性）失业率为4.0%~4.1%。

另据我们2010年在6个大城市的调查，城镇本地劳动者为4.72%，农民工则仅为0.73%，迄今应该没有明显的变化。由于目前农民工占城镇就业的35.2%（城镇本地职工占64.8%），以此作为权重，计算得出包括本地劳动力和农民工在内的全口径城镇调查失业率为3.32%，显著低于自然失业率。

判断经济增长是否健康，不能单纯以速度论

判断经济增长是否健康，不能单纯以速度论，更重要的是看这个

速度是否可持续。一般来说，可持续的因而也是健康的经济增长，应该保持一个与潜在增长率相协调的速度。由于在"十二五"期间，中国的劳动力供给出现负增长，投资回报率也加快减速，都将产生压低潜在增长率的效果，因此，这个时期的潜在增长率，与"十一五"时期以及整个改革开放时期相比，将出现显著的下降。与此同时，由于在劳动力供给和投资效率方面仍然存在着很大的潜力，例如，通过户籍制度改革推动以农民工市民化为核心的城镇化，通过投融资体制改革和创造更好的投资环境，都可以显著改善生产要素供给条件，从而提高潜在增长率，因此，在一定时期中，中国经济增长速度保持在7%~8%就是健康、可持续的，不必追求超过8%。

说这个增长速度是健康、可持续的，就是说只要实际增长率不低于潜在增长率，就不必担心出现周期性失业现象，就业充分就可以保证城乡居民收入的继续提高，实现收入倍增目标。我们应该清醒地认识到这一点，因为这会对政策选择产生重要的影响。

要从就业总量转向更多关注就业结构问题

首先，寻求高于潜在增长率的实际增长速度不仅是不必要的，而且是有害的。如果继续追求高于8%的增长率，则意味着超越生产要素供给和生产率提高能力，会导致产能过剩，加大通货膨胀风险，恶化资产负债表，增加经济泡沫，保护落后产能和无效率的企业。此外，超越潜在增长率也会造成青少年急于进入劳动力市场，不愿意升学甚至出现辍学现象，不利于劳动者人力资本的积累，不能满足未来劳动力市场对新技能的需求。

其次，充分就业只是意味着不存在周期性失业现象，但是，自然失业的风险仍然存在。在经济增长波动下行造成的周期性失业、劳动者技能与市场需求不匹配造成的结构性失业，以及劳动力市场功能不完备造成的摩擦性失业三种类型失业之中，后两种类型长期顽固地存在，所以被称为自然失业。如果新一代劳动者人力资本积累不能适应

149

产业结构调整的更高要求，或者劳动力市场发育不充分，都有可能产生自然失业特别是结构性失业，因而形成未来的劳动力市场风险。对此应未雨绸缪，政策上从仅仅关注就业总量问题，转向更多关注就业结构问题，通过教育和培训提高劳动者素质，迎接未来劳动力市场挑战。

原载 2013 年 7 月 24 日《文汇报》

破除关于大学毕业生就业难的误读

大学毕业生就业难以及他们的工资与低端劳动者趋同，越来越成为社会普遍关注的现象，并且成为一些质疑者批评高校扩招的依据。理论和各国经验教训都表明，一个国家劳动者受教育年限，与经济增长绩效密切相关，劳动者人力资本与他们在劳动力市场上的表现密切相关。用抑制高等教育发展的思路解决大学生就业难，无异于因噎废食。1990～2010 年间，在"普九"和高校扩招的教育大发展情况下，中国成年人受教育年限也仅仅提高不到 3 年，一旦延缓高等教育的发展，未来的劳动者将难以符合长期经济增长的要求。

大学毕业生就业的特征

应该说，高校扩招之后所发生的变化是急剧的和根本性的，使得人们未能充分理解和良好应对。这个根本性变化就是，在极短的时间里，中国进入了高等教育大众化阶段。按照习惯划分，高等教育毛入学率在 15% 以内为精英教育阶段；15%～50% 为高等教育大众化阶段；在 50% 以上为高等教育普及阶段。2002 年即在高校扩招的第三年，中国便进入高等教育大众化阶段。

　　在高等教育进入大众化阶段之后，大学毕业生就业的一些规律性现象逐渐显现出来，如果认识不到就会误导舆论和政策。劳动经济学研究表明，受教育程度越高——特别是接受过大学本科以上教育之后，寻职者实现与劳动力市场的匹配所需要的时间就越长。也就是说，大学毕业生要找到理想的工作，需要花费较多的寻找和转换时间。因此，单纯用大学毕业几个月之后的就业率，以及毕业生的起薪水平进行判断，并不能得出关于这个群体人力资本优势的正确结论。

　　事实上，在经历了较长的寻职时间并实现初次就业之后，具有较高学历的劳动者仍然会处在寻职过程中。此外，较优越的人力资本条件也给予他们更多的机会获得职业发展，从而最终处于劳动力市场的有利地位。

　　人们一定会问，劳动力市场和政府的积极就业政策，究竟能够为大学毕业生的就业做些什么？毋庸置疑，劳动力市场信号对于引导各当事人的行为是至关重要的。设想如果没有 20 世纪 90 年代末出现的失业、下岗现象，从而激励劳动者通过改变就业预期和就业技能，通过劳动力市场实现就业和再就业，城镇劳动力资源的配置至今也不能建立在市场机制上。对于大学毕业生的就业也是一样，一定程度的结构性失业，对于这个劳动者群体调整预期和寻职行为也是必要的。

　　例如，2013 年的劳动力市场供求状况显示了一个看似矛盾的现象。一方面，具有专科和本科学历的劳动者，不如具有职业高中、技工学校和高中学历的劳动者受欢迎。事实上，高校毕业生的就业状况还不如初中毕业生。另一方面，劳动力市场对于持有较高级职业资格证书或者较高级专业技术职务的劳动者，有着十分强烈的需求，而仅仅持有初级职业资格证书或者低级专业技术职务的劳动者，则相对不受欢迎①。

　　这无疑意味着，劳动者的人力资本并非没有用处，只是学历所显

---

① 参见中国人力资源市场信息监测中心《2013 年第一季度部分城市公共就业服务机构市场供求状况分析》，中国就业网，http：//www.chinajob.gov.cn/DataAnalysis/content/2013－04/12/content_ 803270. htm。

示的受教育程度，并没有能够转化为劳动力市场所需的就业技能。这种信号向求学者提出了如何使学历与技能一致起来的要求。同时这也说明，劳动力市场信号对于政府职能的发挥也是必要的。

高校毕业生面临的结构性就业困难，固然需要劳动力市场功能和就业政策给以帮助，但是，专业和课程设置不当、教学质量低等问题，也可能加强了大学毕业生面临的结构性就业困难，给改革和调整高等教育体制提出了诸多课题。这些都为政府积极就业政策提出新的挑战。

不过，无论是上述大学毕业生就业难的现象，还是劳动力市场释放出关于这个群体就业状况的信号，显然都不能成为减缓高等教育发展速度的理由。来自各国经济发展的经验和教训，都不能支持教育可能过度的说法。

高等教育可能过度吗

20 世纪 80 年代以来，中国的教育发展成就可圈可点，不仅巩固了以往的教育成果，而且通过普及九年制义务教育和高等教育扩大招生，实现了教育水平的大幅度跃升。教育发展被转化为劳动者的人力资本，成为中国经济增长奇迹的一个重要贡献因素。

粗略的，我们可以把每年各级学校毕业未升学的青少年，看作该级教育水平的新成长劳动力。在新成长劳动力中，仅具有小学毕业程度的比重，在 20 世纪 80 年代中期以后显著下降；相应的，初中毕业生比重大幅度提高，在 90 年代以后尤其突出；自 21 世纪初以来，高校毕业生比重迅速提高，继而高中毕业生的比重也提高了。这个变化趋势表明，伴随着新增劳动年龄人口数量的减少，新增人力资本反而大幅度增加了。

中国教育发展和人力资本积累的良好势头，并不一定会自然而然地延续下去。迄今为止，教育发展主要得益于两个突出的政策效应，即普及九年制义务教育和高等学校扩大招生产生的积极效果。然而，教育发展的不可持续性，一方面表现为这两项政策本身面临着新的挑战，另一方面表现为在如何实现教育发展新突破上未取得应有的政策共识。

普及义务教育的工作正式启动于 1985 年。虽然产生过为了达标而造成乡村过度负债的消极因素，一度出现不同观点之间的争论，最终，事实证明这是一项具有远见性的政策，对于中国人力资本积累的积极效果十分显著。现在，小学和初中入学率已经很高，目前已经显现出政策效应递减的趋势，即总体来说，义务教育不再能够对于明显提高人口受教育年限做出很大的贡献。

高校扩招始于 1999 年，初衷是延缓青少年进入劳动力市场的时间，以缓解当时的就业压力。出乎意料的效果，则是中国高等教育由此进入大众化阶段。一年内高校毕业生人数，从 1999 年的 85 万人蹿升到 2012 年的 680 万人。高校扩招还有一个意料之中的附带效应，那就是拉动了高中入学率的提高，两者共同增加了新成长劳动力的受教育年限。

正像许多其他国家和地区都出现过的，高等教育的大众化，往往伴随着毕业生就业难和工资相对降低等现象，这种情况在中国也发生了。这种状况招致一股批评浪潮，认为扩招带有某种盲目性，以致政策上也开始变得谨慎，2008 年之后招生数量的增长速度有所减缓。

在上述政策出现边际效应递减的情况下，人们寄希望于国家财政对教育支出的大幅度提高。1993 年发布的《中国教育改革和发展纲要》，提出了国家财政性教育经费支出占 GDP 比例达到 4% 的目标，这一愿景直至 2012 年才终于实现。但是，这个数字足以解决中国教育发展的可持续性问题吗？回答这个问题，我们需要先来弄清楚，有哪些因素已现端倪，并可能在未来阻碍中国教育的进一步发展。

在许多人的头脑里，存在着教育可能过度发展的担忧。当然，正是由于劳动力市场上出现了大学毕业生就业难的问题，人们才会做这种猜测：是不是我们本来不应该如此大规模地扩大高等教育？从经济学的角度，也就是说，根据人力资本回报率来判断高校扩招是否盲目，或者回答过去十余年高等教育的大众化进程导致教育过度的问题，是简单且直截了当的。无论是使用扩招前的数据还是扩招后的数据，计量经济学研究都表明，高等教育比较低教育阶段的回报率更高。

在这些研究中，使用扩招后数据所得出的结论更有意义，因为扩招之前由于大学毕业生比重很低，物以稀为贵，得到较高的劳动力市场回报是在情理之中的；而如果在扩招之后，高等教育仍然得到更高的回报率，则意味着这个扩招是符合劳动力市场需求的。例如，李宏彬发现，在1999年高校扩招之后，拥有大学专科以上文凭的雇员，平均工资高于高中毕业生雇员的幅度继续提高，2009年升幅达到49%[①]。

大学毕业生就业难的一个重要原因，是这个劳动者群体的就业面过窄。中国就业者拥有大专以上学历的比重，2010年为10.1%，比美国2006年40.1%的水平低30个百分点。把两国拥有大专以上学历劳动者的行业分布相比较，我们发现，中国具有大专以上学历者过度集中在金融、信息、教育卫生和公共管理等行业，这几个行业中大学生比重甚至高于美国。

而那些直接生产性行业中的大学毕业生就业比重，中国比美国低很多。例如，在农业中的大学生就业比重，中国是0.6%，美国则高达24.6%；在制造业中大学生比重，中国为10.3%，美国为30.0%；在交通业中的大学生比重，中国为10.8%，美国为27.1%；在商业、贸易、餐饮和旅游业中的大学生比重，中国为11%，美国为28.6%（见图1）。

拥有较高学历的劳动者，并不自愿从高端服务业转向制造业甚至农业这些传统上认为的低端就业岗位。一方面，直接生产性行业对高端劳动者的需求增长，有待于这些行业的升级换代；另一方面，只有

---

① 李宏彬：《中国的教育回报率》，华尔街日报中文网2012年10月18日，转引自中国社会科学网，http：//www.cssn.cn/news/564656.htm.

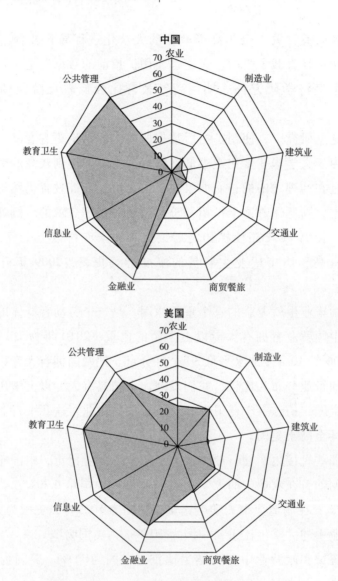

图1　中美相关行业就业者中大专以上学历比重

资料来源：胡瑞文等《我国教育结构与人才供求状况》，课题报告，2013。

发挥市场力量，经过从寻职、待业到就业，从失业到再就业的过程，才可能实现大学生就业结构的更加均衡和多样化。这个转变过程也是一个劳动者遭遇冲击的过程，无疑需要社会保险体系提供一个安全屏障。

我们还有必要跳出即时回报率这种功利的考虑，从更长远的视角回答：我们为什么需要高等教育的大力发展。著名的"钱学森之问"表明，受体制制约因而缺乏创造力，的确是中国的现实。著名科学家钱学森直至去世之前，在病榻上仍然思考着，为什么我们的大学不能按照培养科学技术发明创造人才的模式去办学，没有自己独特的创新的东西，老是"冒"不出杰出人才。

罗纳德·科斯——美国的一位百岁老人、诺贝尔经济学奖获得者，在去世之前提供了自己对"钱学森之问"的答案。他认为原因在于：中国缺少一个创意（ideas）的市场。市场，在这里代表的是一个舞台或者平台，思想或者创造力借此得到孕育、诞生、哺育、激励和成长。因此很显然，大学的健康且快速的发展，是产生这样一个市场的前提。中国的大学体制存在诸多的问题，需要通过改革予以解决，但绝不应该成为因噎废食的理由。

高等教育发展机制

凡事预则立，为了防止真有高等教育过度的情况发生，一个有益的办法就是，从现在开始，我们逐步让家庭承担更多的大学教育支出。教育经济学的一个重要发现是，如果把教育的社会回报由高到低排列的话，依次是学前教育、基础教育、较高阶段的普通教育、职业教育和培训。很显然，私人回报率高的领域，则应该更多地引导家庭和个人的投资，而社会回报率高的领域，适合由政府更多埋单。

说到政府埋单，我们面临的问题就是，当公共教育投入达到GDP的4%，即按照2012年的GDP总量计算，公共教育投入规模超过2万亿元的情况下，这笔宝贵的资源应该如何配置，才可以最有效率呢？

我们先来看一种可能的不合理情形。中国政府提出从2012年开始，政府财政对教育的投入要占到GDP的4%。设想一下，这个公共教育支出比例被落实到每一级政府意味着什么？拿许多大银行总部所在地、集中了全国 GDP 很大比重的北京市西城区，与不发达省份贵州省最穷的城市六盘水市相比，常住人口人均享有的公共教育支出，前者至少是后者的十几倍。这样的公共投入差别能否做到既公平又有效率，答案应该是不言自明的。

让我们再回到经济学的基础理论上来。经济增长的不竭源泉是生产率的提高，而提高生产率的重要途径是按照最有效率的方式配置资源。诺贝尔经济学奖获得者詹姆斯·海克曼于 2003 年指出，中国在物质资本与人力资本投资之间以及不同地区之间的教育投入，都存在着不平衡的问题，既缺乏公平性，也不符合效率原则。

正如我们已经讨论过的，在人口红利消失之后，劳动力无限供给不再是中国经济发展的特点。相应的，资本报酬递减的现象已经愈演愈烈。一个好消息则是，在物质资本回报率下降的同时，人力资本则愈加显现其报酬递增的优势。所以，社会资源从物质投资领域更多地转移到人力资本投资领域，必然带来巨大的资源配置效率，支撑中国经济的可持续增长。

虽然从长期的观点看，人力资本投资具有报酬递减的特点，但是，此时此地的有限教育资源如何在各级各类和各地区进行配置，也存在效率差别。例如，同等数量的公共教育支出，在北京市西城区的投入效率，会大大低于这笔钱配置到在六盘水市的情形。因此，我们依据资源配置的基本原则，从各级各类教育面临的问题出发，对中国教育发展提出以下政策建议。

首先，义务教育阶段是为终身学习打好基础，形成城乡之间和不同收入家庭之间孩子的同等起跑线的关键，政府给予充分的公共资源投入责无旁贷。值得指出的是，鉴于学前教育具有最高社会收益率，意味着政府埋单是符合教育规律和使全社会受益原则的，应该逐步纳入义务教育的范围。

自从中国跨越刘易斯转折点，随着就业岗位增加，对低技能劳动力需求比较旺盛，一些家庭特别是贫困农村家庭的孩子在初中阶段辍学现象比较严重。从家庭的短期利益着眼，这种选择似乎是理性的，但是，人力资本损失最终将由社会和家庭共同承担。因此，政府应该切实降低义务教育阶段家庭支出比例，巩固和提高义务教育完成率，而通过把学前教育纳入义务教育，让农村和贫困儿童不致输在起跑线上，也大大有助于提高他们在小学和初中阶段的完成率，并增加继续上学的平等机会。

其次，大幅度提高高中入学水平，推进高等教育普及率。高中与大学的入学率互相促进、互为因果。高中普及率高，有愿望上大学的人群规模就大；升入大学的机会多，也对上高中构成较大的激励。目前政府预算内经费支出比重，在高中阶段较低，家庭支出负担过重，加上机会成本高和考大学成功率低的因素，使得这个教育阶段成为未来教育发展的瓶颈。因此，从继续快速推进高等教育普及化着眼，政府应该尽快推动高中阶段免费教育。相对而言，高等教育应该进一步发挥社会办学和家庭投入的积极性。

最后，通过劳动力市场引导，大力发展职业教育。中国需要一批具有较高技能的熟练劳动者队伍，而这要靠中等和高等职业教育来培养。欧美国家适龄学生接受职业教育的比例通常在60%以上，德国、瑞士等国家甚至高达70%～80%，都明显高于中国。中国应当从中长期发展对劳动者素质的要求出发，加大职业教育和职业培训力度。

由于这个教育类别具有私人收益率高的特点，劳动力市场激励相对充分，因此，应该更多地依靠家庭和企业投入的积极性，政府投入的力度应该低于普通高中。此外，应建立起高中阶段职业教育与职业高等教育及普通高等教育之间的升学通道，加快教育体制、教学模式和教学内容的改革，使学生有更多的选择实现全面发展。

原载 2013 年第 10 期《行政管理改革》

关注新生代农民工的消费贡献[*]

年龄在 16 ~ 30 岁的农民工通常被定义为新生代农民工，这一群体已经占到外出农民工的 60%，成为外出农民工中最大的群体。2010 年"中央一号文件"中提出："采取有针对性的措施，着力解决新生代农民工问题。"这是党的文件中第一次使用"新生代农民工"一词，显示了党中央对新生代农民工的高度关注。除了作为劳动者的贡献之外，与上一代农民工相比，新生代农民工具有崭新的消费观与消费行为，将成为一个巨大的新兴消费群体，对宏观经济再平衡做出重要贡献。

一 新生代农民工的人力资本特征

目前，农民工在城市就业人员中的比例已经占到 35%，在每年的新增就业人员中，他们所占的比例更是超过 2/3。其中以新生代农民工为主体，他们这个群体的特征，决定了农民工的整体特征乃至城镇就业人员的特征。同样，新生代农民工的消费观和消费行为，也将对整个农民工群体的消费状况产生巨大影响，进而影响到整个中国经

---

* 本文作者为蔡昉、王美艳。

济的发展。

我们首先来看农民工的人力资本特点。中国社会科学院人口与劳动经济研究所进行的城市劳动力调查显示，新生代农民工的平均受教育年限为 10.7 年，上一代农民工的平均受教育年限为 8.6 年。新生代农民工的受教育水平，明显高于上一代农民工。在上一代农民工中，31～40 岁农民工的受教育年限为 9.2 年，40 岁以上农民工的受教育年限为 8 年。可见，年龄越大的农民工所受教育越少。

新生代农民工中，受教育程度在小学及以下的比例仅为 3.6%。40 岁以上农民工中，超过 30% 的人仅受过小学及以下教育。新生代农民工中，受过高中教育的比例达到 32.1%，高于 31～40 岁和 40 岁以上农民工的 21.6% 和 18.2%。最值得关注的是，新生代农民工中，受过大专及以上教育的比例达到了 16.2%，而 31～40 岁和 40 岁以上农民工中，受过大专及以上教育的比例分别只有 3.9% 和 1.6%。

除了正规教育，培训是提高人力资本水平的另一条重要途径。新生代农民工中，8.3% 的人接受过 1 个月以上的培训。在 30 岁以上的农民工中，只有 3.7% 的人接受过 1 个月以上的培训。新生代农民工接受过培训的比例，远远高于上一代农民工。不仅如此，新生代农民工接受培训的次数也更多。在接受过培训的新生代农民工中，52% 接受过 1 次培训，48% 接受过 2 次及以上培训。而在接受过培训的 30 岁以上农民工中，仅有 36% 接受过 2 次及以上培训。

新生代农民工中的很多人，其父辈即是在外打工的农民工，因此，他们中的很多人实际是跟随打工的父母在城镇长大，而不是在农村长大。新生代农民工中，32.8% 的人 16 岁以前居住在城市、县城或镇，远远高于上一代农民工的相应比例。新生代农民工中，在城市、县城或镇上小学的比例，也远高于上一代农民工。

在城镇长大并接受教育，可能会给新生代农民工带来深远的影响。首先，在城镇长大的新生代农民工，从未从事过农业，也没有务农的打算，因此，他们未来的职业发展天地必然也将在城镇，很难回到农村从事农业。以往的研究曾经证实过农业是农村剩余劳动力的蓄水池，但是，时过境迁，这种判断在今天已经不再是事实。其次，在城镇长大的农民工，家庭经济条件和生活条件更好，更容易接受新的思想观念，他们在就业上可能比其父辈更加注重发展，而不仅仅是生存；最后，由于城镇地区学校的条件通常好于乡村，因此在城镇接受教育的农民工，其接受的教育质量更高。

新生代农民工生活在规模更小的家庭中，或者说他们是计划生育政策下成长的一代，其中许多为独生子女。新生代农民工中，有13.1%为独生子女；31～40岁和41～50岁农民工为独生子女的比例分别只有3.3%和2%。16～30岁农民工中，其兄弟姐妹的个数平均为1.7个；而对于31～40岁和41～50岁的农民工而言，其兄弟姐妹的个数平均分别为2.9个和3.5个。新生代农民工整体上具有诸多类似于独生子女的特征。

新生代农民工的工作更加稳定，小时工资收入更高。新生代农民工与雇主签订劳动合同的比例为27%，比上一代农民工高出12个百分点。新生代农民工与上一代农民工的月收入都超过了2000元，前者的月收入略低于后者（低4%）。但由于新生代农民工的工作时间短于上一代农民工，其小时收入比上一代农民工高出5%。

从社会保险覆盖的状况看，新生代农民工被城镇职工基本养老保险和基本医疗保险覆盖的比例分别为10.7%和9.8%，上一代农民工的这两个比例分别为6.6%和4.8%。新生代农民工被失业保险和工伤保险覆盖的比例分别为6.1%和8.1%，上一代农民工的这两个比例分别为3.2%和4.4%。不论是城镇职工基本养老保险和基本医疗保险，还是失业保险和工伤保险，新生代农民工被这些保险覆盖的比例，都高于上一代农民工。

二　新生代农民工的消费模式

新生代农民工这些特殊的人力资本与就业特征，使得他们的消费观与消费行为都不同于传统农民工。城市劳动力调查显示，新生代农民工家庭的年人均生活消费为 13765 元，上一代农民工家庭为 11661 元，前者比后者高出 18%。与上一代农民工相比，新生代农民工家庭的年人均食品、衣着、居住、家庭设备用品及服务、交通和通信、文化娱乐用品及服务和其他商品和服务消费都更多。其中，新生代农民工家庭的年人均衣着消费，更是达到上一代农民工家庭的 2 倍多；年人均文化娱乐用品及服务消费，是上一代农民工家庭的 1.57 倍。

如果将食品、衣着、居住、家庭设备用品及服务、交通和通信、文化娱乐用品及服务和其他商品和服务消费归并为一类（简称衣食住行消费），新生代农民工家庭的年人均衣食住行消费为 13255 元，比上一代农民工家庭多出 2907 元（高 28%）。然而，与之相反的是，新生代农民工家庭的年人均医疗保健和教育消费，少于上一代农民工家庭。新生代农民工家庭的年人均医疗保健消费为 328 元，略低于上一代农民工家庭。新生代农民工家庭的年人均教育消费为 182 元，上一代农民工家庭为 952 元。前者比后者少了 770 元，仅为后者的 19%。

由于农民工家庭的消费水平还受到家庭规模、家庭人口结构、户主性别、受教育水平和婚姻状况等因素的影响，因此，仅仅通过这些描述性信息，尚无法清晰地判断与识别新生代农民工家庭的消费水平，究竟是否与上一代农民工家庭之间存在显著差异，需要运用实证分析模型，考察两者之间是否存在显著差异，以及农民工消费受到哪些因素影响。

实证分析结果表明，在其他条件相同的情况下，新生代农民工家庭的年人均衣食住行消费，比上一代农民工家庭高出 1348 元，医疗保健消费比上一代农民工家庭低 82 元，教育消费比上一代农民工家庭低 409 元。由于新生代农民工家庭的医疗保健消费和教育消费低于上一代农民工家庭的数额加总起来，远小于新生代农民工家庭的衣食住行消费高于上一代农民工家庭的数额，因此，新生代农民工家庭的年人均总生活消费，仍然比上一代农民工家庭多 857 元。

中国正处于从计划经济向市场经济体制的转轨时期，劳动力的就业、收入和社会保障等，也处于较为多元化的状况，决定家庭消费水平和消费模式的因素，也显得较为复杂。家庭收入、家庭规模、家庭成员年龄结构，以及户主的个人特征等，都会影响农民工的消费。不过，在任何时期任何地点，家庭收入都是影响家庭消费的最重要因素。

实证分析结果表明，新生代农民工家庭的边际衣食住行消费倾向和边际总生活消费倾向，都显著高于上一代农民工家庭。新生代农民工家庭的边际衣食住行消费倾向为 0.278，上一代农民工家庭为 0.157。这意味着，对新生代农民工家庭而言，人均可支配收入每增加 1 元，就会有 0.278 元用于衣食住行消费；而对上一代农民工家庭而言，人均可支配收入每增加 1 元，仅有 0.157 元用于衣食住行消费。新生代农民工家庭的边际总生活消费倾向为 0.28，上一代农民工家庭为 0.161。这意味着，对新生代农民工家庭而言，人均可支配收入每增加 1 元，就会有 0.28 元用于总生活消费；而对上一代农民工家庭而言，人均可支配收入每增加 1 元，仅有 0.161 元用于总生活消费。

三　新生代农民工的潜在贡献

中国经济增长未来的需求因素，越来越不是出口需求，也不是投资需求，而是更加依赖消费需求的拉动。新生代农民工作为一个重要的人口群体，他们的消费状况和潜力，影响到未来中国经济的再平衡。因此，通过政策调整挖掘他们的消费潜力，是一项紧迫的任务。

根据国家统计局农民工监测调查数据，农民工工资的实际年增长率从 2002 年的 3.4%，持续提高到 2005 年的 8.6%，2008 年更迅速提高至 19.7%。之后 2009 年农民工工资涨幅有一个较大的回落。但 2010 年和 2011 年，农民工工资又都保持了强劲增长，年增长率都超过 15%。调查显示，与上一代农民工相比，新生代农民工家庭有着更高的人均可支配收入，为上一代农民工家庭的 1.12 倍。随着新生代农民工工作经验的积累，其收入还将继续增长。

但是，新生代农民工成为一个巨大的新兴消费群体，对经济增长和再平衡做出贡献，还需要进一步的制度改革来推动。由于户籍制度的约束，农民工就业不稳定，社会保险项目的覆盖水平也很低，他们往往还会以返乡务农的方式，应对经济危机和宏观经济低迷。特别是，在预期不能在城市养老的情况下，他们往往在 40 岁时就考虑离开城市、返回乡村。这种就业和收入的不确定性，妨碍新生代农民工作为重要的消费群体，发挥对宏观经济的再平衡作用。

因此，加快以农民工市民化为核心的户籍制度改革，是挖掘农民工消费潜力的关键。从目前的户籍制度分步改革思路看，农民工市民化的顺序将与他们在城市就业的时间长短挂钩，这样，新生代农民工将处于不利的位置。解决的办法是，在获得城市户口更多参照在城市就业时间的同时，旨在提高基本公共服务均等化水平的政策调整，应该成为一项更具紧迫性的改革，这项政策可以起到释放新生代农民工消费潜力的作用。对于尚未纳入市民化时间表的农民工及其家庭，地方政府有责任尽快为其提供均等化的基本公共服务。根据问题的紧迫性，区分先后地推进基本公共服务均等化进程，大体上，均等化的顺序应依次为：基本社会保险（其中顺序应为工伤保险、养老保险、失业保险、生育保险）、义务教育、最低生活保障和保障性住房。其中基本社会保险和义务教育的充分覆盖，应该无条件地尽快完成。

原载 2013 年第 11 期《中国党政干部论坛》

老龄化顺势而为　转变经济增长方式迫在眉睫

　　当前，我国劳动年龄人口增速呈现逐年递增态势，预计在2013年停止增长。在人口红利消失的同时，我国还将面临人口老龄化的快速到来。这种不可逆的人口结构改变，将直接影响我国经济未来发展方式的变革。对此，本报记者专访了中国社会科学院学部委员、中国社会科学院人口与劳动经济研究所所长蔡昉。

将面临人口红利消失和老龄化双重压力

　　记者：根据第六次人口普查结果，15~59岁的劳动年龄人口在2010年到达最高峰，此后劳动人口总量开始下降，从2010年起抚养比开始上升。2050年，我国老龄化率将达30%，今后甚至可能出现负增长。对此数据该如何看？

　　蔡昉：这说明今后中国的劳动人口将不再增加。而15~64岁的劳动力人口总数从2013年起也将开始减少。这个年龄层的人口在2020年前可勉强维持在9亿人左右，之后将加速度减少。届时，中国将同时面对人口红利消失和老龄化快速袭来的双重压力。

　　有人抱怨说这是我国人口生育政策带来的后果。但客观上说，即使目前放开人口生育政策，如夫妻中有一方是独生子女的可以生二孩，也无法从根本上扭转现有态势。从其他国家走过的路径看，经过一段时间发展，人口红利的消失和人口老龄化到来是必然的、不可逆的。只是我国情况特殊，来得太快，"未富先老"成为重要特征。

　　记者：什么是人口红利？"第一次人口红利"和"第二次人口红利"的内涵是什么？

　　蔡昉：中国的高速增长得益于庞大的人口红利。一般而言，如果人口结构处在劳动年龄人口总量最大、比重不断提高、增长速度也很快的阶段，就意味着有更多的人可以作为劳动者供养依赖群体的人，人口抚养比不断下降，就可以产生人口红利。

我们暂且将一切有利于经济增长的人口因素称作人口红利。人口红利有"第一次人口红利"和"第二次人口红利"认识上的区分，但并不十分严格。其中，第一次人口红利主要指由于劳动年龄人口数量多、比重大、增长快，保证了劳动力的充足供给，以及人口抚养比较低并持续下降使得我们可以获得较高的储蓄率。

而"第二次人口红利"，是指在人口年龄结构变化了的情况下，仍然可以挖掘出一些有利于经济增长的人口因素。例如，整体提高人力资本水平，通过社会养老保障制度向积累型模式转变来推动经济增长。

目前我国人口红利的消失，指的是"第一次人口红利"。而"第二次人口红利"的挖掘潜力巨大。

如何应对加快发展消除"未富先老"缺口

记者：2050 年，我国老龄化率将达30%。人口很快也会出现负增长。"未富先老"已经成为难以规避的问题。我们应该如何对待？

蔡昉：我国人口老龄化以及人口负增长，都是经济社会发展的结果。发达国家的早期和许多其他发展中国家，都经历了老龄化的过程，日本已经连续3年人口负增长。

面对"未富先老"，"老"是不可逆转的，要解决的是"富"的问题。因此，关键是加快经济发展，消除"未富先老"的缺口。但在人口红利消失以后，经济增长不可能再靠原来那种粗放式、不计成本资源支出的模式推动。因此，经济潜在的增长速度也会降低。

应该清醒地认识到，今后许多年，我国经济增长需要资本、劳动力、人力资本和生产率几个引擎，在人口红利消失和人口老龄化双重压力下，引擎的效能都将递减，导致经济潜在增速放缓。因此，未来我国实际经济增速放缓是必然的。

167

研究表明，历史上许多经历过高速经济增长的国家，到了一定的（中等收入）发展阶段，由于全要素生产率不能持续提高，经济增长速度会大幅度降低。

日本在这方面提供了教训。日本不仅老龄化问题十分严重，而且由于没有找到新的经济增长引擎，自1990年以来，年均GDP增长率不到1%，陷入了经济停滞。

记者：经济增长速度放缓，有具体测算数据吗？

蔡昉：随着人口红利的消失，潜在经济增长率会出现下降。根据一些研究者的测算，在正常的情况下，"十二五"和"十三五"期间，潜在经济增长率将在过去十几年的年均GDP增长率基础上，分别降低1至2.5个百分点。我和我的同事具体测算的结果是，潜在的增长率将在"十二五"下降到7.6%，在"十三五"下降到6.2%。

潜在增长率的降低，意味着单纯依靠投入实现经济增长的传统模式已经难以为继，需要转向依靠技术进步和生产率提高的模式，这向我们提出了加快转变经济发展方式的紧迫任务。最重要的是，我们应该学会接受降低了的潜在增长率，而不要人为地追求超出这个水平的实际增长率。

与其一味强行追求10%的增长，不如顺应人口结构的变化逐步降低增长速度，实现更长久与可持续的增长，这对我国甚至对世界都是好事。中国经济真正要担心的不是目前的增长率，而是能否在没有完全富裕起来，老龄化却不断加剧的"未富先老"中实现持续增长，并建造一个拥有高度公平性的社会基础。我们没有多余时间，得抓紧。

措施保障　建立全方位系统化应对之策

记者：像您所言，人口结构的快速变化，使得我们的经济增长方式不得不转。那么，未来政府会采取哪些应对措施？

蔡昉：这是项系统工程。我们不仅要从思想意识上认清问题的重要性，更要进行顶层设计，建立起全方位的应对之策。

首先，要提高全社会劳动生产率，包括提高劳动者素质。人力资本的贡献任何时候都需要，但是相对来说贡献比较小。相比较而言，提高资本对劳动的比率和提高全要素生产率，这两个途径更为重要。

企业多买机器少雇劳动力，资本投入快于劳动的投入，这在指标上反映为资本劳动比率提高。政府出台大规模的产业振兴规划、刺激方案，都是资本密集的产业投入。然而，这种途径具有极大的不可持续性。在劳动力开始短缺后，不断投入资本就会带来报酬递减现象。也就是说，连续不断地投入物质资本，并不能保持生产率的持续提高。因此，必须提高资本对劳动的比率。

另外，要依靠技术进步、体制改革和更好地配置资源。还是列举日本的案例，在人口红利消失后，日本走了一条资本投入加快、重工业化的道路。带来的后果是，劳动生产率的提高中，资本劳动比率的贡献占到了94%，人力资本的贡献也是正的，但全要素生产率的贡献是-15%，没有进步反而倒退了。因此，从1990年到现在，成为日本"失去的20年"。

其次，通过户籍改革稳妥地将农民工转变为城市居民，提升农民工的保障水平。目前城市非农产业劳动力的需求都是由农民工满足，但是农民工的劳动力供给潜力还没有充分发挥，农民工进城打工、居住，但现有的户籍制度使得他们不能取得城市户口，不能均等享受城市的基本公共服务。农民工的就业保护不充分，遇到周期性失业的困扰，只能返乡，这都导致了城市劳动力供给不稳定。因此，通过户籍制度改革，把农民工变成市民，保护农民工就业，保证使他们作为劳动力的供给更加稳定，更加充足。

再次，改进养老保障制度。在人口抚养比不断下降的时候，现收现付的养老保障制度是不可为继的。因此，如果把农民工也纳入养老保障范围内，利用他们大规模的进入，把今天的现收现付做好，同时也让这一代工人积累起他们的个人账户，为未来的养老做好准备。通过建立积累型的养老保障制度，可以保持较高的储蓄率，也是第二次人口红利的重要表现。

最后，可以实行弹性退休制度。退休年龄不要"一刀切"。实行弹性制度，可以充分利用一部分高技能、高素质人员的人力资本存量，同时也要保护那些受教育程度不高的普通劳动者。

记者：政府明确转变经济增长方式，主动调低了发展速度。但从目前中西部地方已经出台的规划情况看，经济仍然保持较快的增长速度。那么，如何规避资源无效配置现象重复出现？

蔡昉：应该积极推动政府职能转变。"十二五"时期是我国从中等偏上收入阶段向高收入阶段迈进、实现全面建设小康社会目标的关键时期。在加快转变经济发展方式，保持经济长期平稳较快发展的同时，要通过提高政府基本公共服务水平，保证人人享有社会保障，是维护社会稳定、提高国家凝聚力的迫切要求。向全体人民提供基本公共服务是政府的责任，构建基本公共服务体系是政府转变职能的重要方面。这就要求科学界定政府职能与市场功能的边界，准确区分公共服务与非公共服务、基本公共服务与一般性公共服务。

另外，要让有效率的企业存活下来，让没有效率的退出经营，实现资源的优化配置，提高全要素生产率。

要防止以稳定就业、国有企业占比、维持GDP、保障税收等作为借口，保护一些该被淘汰的企业，造成经济体中这种"僵尸企业"占比太高，降低整体经济的健康水平。据有的学者研究，目前我国企业之间的生产率差异性仍然比较大，如果允许企业优胜劣汰，把这种差异缩小到美国的水平，可以提高生产率30%～50%。

总之，政府要做的事，不是替企业提高资本劳动比率，而应该真正让有效率的企业活下来。只有微观上的优胜劣汰，才有宏观上效率的提高。(记者　卢晓平)

原载 2012 年 11 月 2 日《上海证券报》

千呼万唤始出来

——从公布调查失业率说起

本文从中国失业率这个指标谈起，来看一下中国劳动力市场上的新常态，进而来观察中国经济的新常态。大家都在关心宏观经济，但是在中国谈宏观经济和在西方有一个最大的不同，这就是西方任何一个央行行长想到做什么政策动作，他就要到国会去听证，并且一定要摆出充分的理由来劝说国会，他们引用的主要依据是失业率。而我们的央行或者财政部在出台相关的宏观经济政策的时候，通常没有人去引用失业率的数据。事实上，有关失业率指标的一些重要数据甚至从来也没有系统公布过。最近有了一些发布的片段信息，所以本文想从这些信息入手，来看一看劳动力市场的状况。

一 关于失业率的事实并澄清一些认识误区

我们来看关于中国失业率的一些事实，可能会谈到不同的指标，同时澄清一些认识误区。

中国的经济增长到目前为止，已经是 18 个季度呈现增长速度下滑趋势，大概 14、15 个季度已经持续低于过去 35 年的平均经济增长速度，从接近两位数的增长掉到了 7% ~ 8%。在 20 世纪 90 年代末，我们遭遇了东南亚金融危机，时任总理朱镕基要求"保八"。到2008年、2009年我们遭遇全球危机，时任总理温家宝也要求"保八"。这次我们经济的下行趋势连续这么久，只是实行了一些所谓的微刺激手段，总体来说并没有要求必须"保八"。政府也有了一种与以往不同的心态，认为保持在7.5%上下就能够接受。原因就是我们的政府有了定力，这个定力应该是源于没有看到经济下滑带来的就业压力以及失业率的提高，这就是它的定心丸。

经济增长速度降下来了，劳动力市场没有压力吗？很多人认为就业肯定有压力。我们需要比较系统地来看一些指标，光看个别指标还不够，还要看劳动力市场整体，要看失业率、劳动参与率等，同时要把劳动力市场的变化和其他相关指标如宏观经济指标结合来比较，这样才能形成一个准确的认识。

到目前为止，我们能够从官方取得的系统的失业率数据，还是叫"城镇登记失业率"。很多人批评这个指标不可靠，大概有这么几个理由。一是它的统计对象只是城镇居民中有户籍的人，虽然农民工已经占到城镇就业的35%，但大部分人并没有被这个指标所覆盖。二是虽然有人有本地户口，但是失业了也不一定愿意来登记。还有人觉得我失业了来登记也没有什么用，即使有资格登记也没有登记，所以这部分人也没有纳入失业率登记。可见这种登记并不是客观的统计，而是需要根据个人的主观意愿来申报才行。

从2002年开始，城镇登记失业率基本上是不变化的（如图1所示）。其间我们经历了一些宏观经济的波动，特别经历了2008年、2009年的大规模的金融危机。但是即使在那个时候，失业率的常态基本是在4.1%左右，2009年经济状况最糟糕的时候，仅仅一度提高到4.3%，后来又降下来了。所以大家都觉得，这个指标和我们实际感觉到的失业状况差异很大。因此人们一直不太喜欢这个指标，而且有很多批评，还有很多学者提出比较系统的看法，认为这个指标不准确。我觉得这个指标并非不准确，只是它有局限性而已。

大家一直在呼吁，认为应该发布真正反映实际劳动力市场状况的

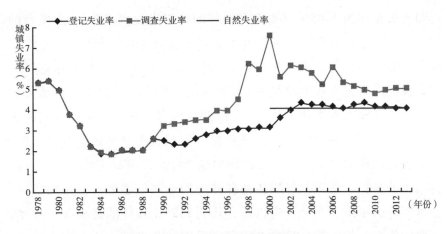

图1 城镇失业率几个指标的变化情况

资料来源：国家统计局《中国统计年鉴》，中国统计出版社，历年；都阳、陆旸：《劳动力市场转变条件下的自然失业率变化及其含义》，载蔡昉主编《中国人口与劳动问题报告No.12——"十二五"时期挑战：人口、就业和收入分配》，社会科学文献出版社，2011。

指标——"调查失业率"。这是国际劳工组织推荐的一个指标，很多国家都采用。如果依据调查失业率这个指标，覆盖对象就不仅仅限于有户籍的城镇居民，还要包括所有在这个城镇劳动力市场的人群。由于是按国际劳工组织的统一计算方法，它是可以进行国际比较的。比如，中国的调查失业率是5%，美国的调查失业率是8%，至少大体上可以有效地进行比较。

若干年前温家宝总理就提出要求，我们的文件中也多次写到，要启用和公布调查失业率，但是一直没有公布此类数据。最近我们发现开始公布一些零星的数据，但是这些数据的公布并不是用政府部门很正规、很系统的方式，而是以李克强总理在不同场合讲话，透露出若干个关于调查失业率的片断信息。2013年李克强在英国《金融时报》（*Financial Times*）上发文称，中国的失业率前7个月为5%。可能是因为与欧美的调查失业率相比，5%的失业率还算比较好看，于是就公布了。2014年李克强总理在给两院院士介绍当前经济形势时披露了几个数，3月、4月、5月调查失业率分别为5.17%、5.15%、5.07%。后来人力资源和社会保障部又补充了一下，6月末31个城市调查失业率为 5.05%（每个月提供的调查失业率都是 31 个城市的汇总）。李克强总理在 2014 年夏季达沃斯会议上称，该年 1~8 月 31 个大中城市调查失业率为 5% 左右。近年来的调查失业率大约是 5%。

我们的登记失业率总是在 4.1% 浮动，很多人觉得不太可靠，如果你告诉大家调查失业率是 5%，也会有很多人怀疑。那么真实的失业率到底应该是多少呢？我们先来看一下调查失业率是怎么得来的，知道了它的特征可能有利于我们理解这个指标。调查失业率是一个国际通用的指标。各国都曾用各种各样的指标来描述劳动力市场状况，经过国际劳工组织充分研究以后，认为相对比较好的是调查失业率，因此就作为一种推荐，目前多数国家采用这个指标。这有一个好处，它剔除了两种现象。第一种现象是你失业了但是没有去登记，因为觉得登记没有什么用处，介绍的工作不见得好，甚至也不想接受失业培训。登记领取失业保险金是有期限的，能领到救济金的时候就去登记一下，如果超过了这个期限，我领不到保险金，也就不登记了。真正失业了但是没有登记，所以登记失业率反映不出来。第二种现象是，我原来的工作没有了，我也登记了，可能还拿着失业保险金，被统计在登记失业率里面，但是我又有临时的工作，这种情况在登记失业率里反映不出来。调查失业率的好处是可以把上述情况都考虑在内。

按照定义，调查失业率需要进入家庭中，经过各种问卷调查提问三个问题，就能确认你的劳动力市场状况。

第一个问题是，过去 1 周里你有没有 1 小时及以上有报酬的工作？如果你说有，对不起，你属于就业，你说"没有"，那么你离失业就比较近了，已经有 1/3 的程度是符合失业的定义了。

第二个问题是，在过去 1 个月的时间内，你有没有积极地寻找工作？比如，有没有到就业服务部门去登记，有没有积极地向朋友、亲戚发出帮助的请求，诸如此类，这个问题的作用是问你是否真想工作。有的人原来有工作，丢掉或放弃工作以后并不想找，这时候不应该叫"失业"，而是叫"退出劳动力市场"。听说最近美国的失业率已经降下来了，2008 年金融危机之后，美国失业率超过 10%，最近降到接近 6%。人们说 6% 并不真正代表美国的就业状况，因为很多工人实际上处在没有工作的状况，他们也不积极找工作，这就是"退出劳动力市场"，反映出美国人的劳动参与率下降了。原因当然是各种各样，比如妇女生育需要在家照看孩子，或者是有些人对工作没兴趣，或者是衣食无忧不需要出来工作，等等。但是，如果有人的确需要工作，但对劳动力市场没有信心，对找工作比较沮丧，这些人看上去是退出劳动力市场，其实是处于一种失业状态。如果劳动参与率下降 3 个百分点，再把这 3 个百分点拿出 2 个百分点加在失业率上，其实美国失业率又到了 8%。所以在调查时，如果你回答说积极找工作了但还没有找到，你距离失业状况又近了一步。

接下来是第三个问题，问如果有一个工作机会，你能不能在一定时间到位，比如 1 个月之内？如果你说不行，孩子还太小，表明你是自愿退出劳动力市场，如果说明天就可以去，那就确定了你的确有就业意愿和可行性。

假如你的条件符合以上 3 个提问，你的状态就叫失业，你就会被记录到调查失业率的指标当中。当然这里也有一些问题，比如说，过去一周里你有 1 小时及以上有报酬的工作，但是这么短时间的工作肯定对你的生活没太大的帮助，你的就业状况也并不算太好。但是，定义就是如此。总的来说，虽然还存在一些问题，这还是一个大家能够接受的失业率指标。

事实上，1996 年国家统计局就构建了劳动力市场的调查系统，按照当时的数据就已经可以计算调查失业率了。但是，长期以来国家统计局没有公布这方面的数据，大概有以下几个原因。

一是失业率曾经非常高。1996 年国家统计局刚建立这个调查系统，1997 年宏观经济就开始不景气，加上东南亚金融危机的冲击和国有企业打破铁饭碗、减员增效的一系列改革，使得失业率大幅度提高。到 2000 年，调查失业率曾经达到 7.6%。从过去早就习惯了的"铁饭碗"，变成失业率高达 7.6%，政府担心引起恐慌，不太愿意公布数据。但是，登记失业率不怕公布，因为 2000 年的登记失业率只有 3.1% 。这个不是不准，也不是错误，当时有一部分人的确是登记失业了，这部分人算在 3.1% 里了。当时没有一个失业的社会保险体系，大家都登记失业，却没有失业保险金可供支付。所以当时采取了一个办法，中央拿点钱、地方拿点钱、企业拿点钱，再动用一点失业保险基金，在企业一级建立起再就业服务中心，让没有工作的职工进入这个中心，这不叫失业，叫下岗。下岗了但也能获得一些保障，这部分人就不会在登记失业中反映出来。假如当时搞调查失业率的话，这部分人就会被统计到失业数字里面去了。

后来的问题则在于，人们发现，调查失业率一下子降得很低，因此自然想不通怎么会降到那么低，和我们想象的不一样，和老百姓想象的也不一样，最后连我们自己也不相信这个数了。国家统计局也想把这个数背后的问题搞清楚，但是搞了很多年可能也没有完全搞清楚。有的部门（比如那时的劳动部），觉得别公布那个东西了，公布 3% 、4% 的调查失业率，上到中央、下到基层就不重视我们的就业保障工作了。此外，我们发现不同的城市、不同的月份、不同身份的人群之间，调查失业率波动特别大，因此大家说这个数据不稳定，这些或许是直到目前也没有统计部门以系统的方式公布这个数据的原因。

当年我也曾抱怨统计局不公布调查失业率，说你们为什么不公布这个数，至少让做研究的人掌握更多的信息呀。统计局做研究的人非常善意地说，调查失业率是由一系列相关的数据计算出来的，统计局虽然没有算这个调查失业率，但是如果你认真研究统计局发布的各种各样的数据，最后你能够估算出来个八九不离十。既然他们这么讲了，我就要琢磨琢磨，结果我花了近一年的时间琢磨出来了，计算出了一个调查失业率。我不是用自己的微观数据算出来的，全都使用官方调查数据，是在同一个调查系统中，把不同的数据汇总以后就能够得出的系列数据。其实，这么多年以来这个数一直是有的，它明显比登记失业率高，尽管最近一段时间两者之间的差距有所缩小。我大概在 2004 年、2005 年已经开始以研究成果的方式发布这个系列数据,当时劳动部主管就业的领导曾经告诉我,说我的数据与他们掌握的数据确实没有什么差别。现在看,与最近李克强总理公布的数据大体上也是一致的。所以我是相信这个数据的(参见图 1)。

多年以来很多人就呼唤,想知道中国劳动力市场到底是什么样儿,想知道调查失业率。我很多年前就公布了这个数,但谁也不去注意。一方面这个数字不是统计局公布的,可能他们认为没有什么权威性,也不知道是怎么算出来的;另一个方面是人们头脑里有一个传统观念,认为中国是一个劳动力无限供给的国家,二元经济结构导致大量的剩余劳动力,失业率高是必然的,你计算出一个不高的失业率没有什么新闻性,不符合大家预期,所以大家不重视。

相反,如果谁偶尔给出一个数,也不说是怎么算的,却会马上引起高度关注。比如世纪之交时,有人估算失业率为 20%,甚至局部地区(如东北地区)失业率达到 40%,立刻成了重要新闻,虽然没人解释是怎么计算出来的,但是却被社会广泛引用。其实这种估算根本就不合逻辑。在 20 世纪 90 年代末中国人生活水平还很低,收入来源单一,两口子都要工作,如果说失业率达到 40%,就意味着有相当多的是全家人失业。当时又没有失业保险,真有那么高的失业率,大家的日子都没办法过了。所以,这是很不符合逻辑的。到了 2009 年,调查失业率已经明显下降了。但是社会学家又公布了一个数,说当时的调查失业率在 9.6%,再一次引起轰动,也引起了决策者的震惊,当时就如何进行的调查、失业率的定义和口径有过不少争论。我说这些的意思,是想说明,人们的确有一种传统的观念,认为中国的失业率就应该很高,这个观念是应该转变的。

现在总结一下。人们认为在劳动力丰富的发展中国家,失业率高是一种必然的现象,其实这是一种误解。因为失业率并不是以劳动力的存量多还是少来决定的,失业率反映的是经济发展的波动状况。宏观经济是波动的，宏观经济处于景气的时候，失业率就应该低，处于低谷的时候，失业率必然会升高，因为劳动力利用率肯定会大幅度下降。另外还有一种失业率，它不是由宏观经济的波动决定的，而是由劳动力市场的缺陷造成的。比如，我想找工作，也有雇主想雇我，但是因为劳动力市场不健全，我和雇主之间无法沟通，也无法见面，我就处于摩擦性失业状态。再比如，我有一种技能，我想找能应用这种技能的工作，雇主虽然好不容易找到了我，但是他所需要的技能恰好不是我所具有的，结果是我处在了结构性失业的状态。

所有这些，都和劳动力市场的发育程度以及人力资本的匹配状况相关，或者与宏观经济处在什么样的状态相关，而与一个国家劳动力的总量多和少没有关系。劳动力无限供给，导致的是就业不足问题而不是失业问题。例如，农村剩余劳动力的含义，不是一堆人蹲在那儿没事干，脑袋上写着"剩余劳动力"，而是这些人和所谓"不剩余"的人是分不开的，我们都在那儿干活，但是5个人干2个人的活，这就是就业不足。在城市也是一样，通常是以冗员的形式，或者有的人处在非正规就业的部门做一点事，就业不足同时收入不高。

举一个例子，我们到一个很穷的国家，比如说孟加拉国，住在首都达卡一家叫绿洲的五星级酒店。这个名字很贴切，因为绿洲的含义就是周边都是茫茫沙漠，只是中间一小块地方有水源，长了一些椰枣树。酒店大门口有人拿着枪站岗，当我们一出酒店就陷入贫困的汪洋大海中了，有些穷人马上会跟在身后，如果你不予理睬，他们就渐渐离开了，最后剩下一个人一直跟你走了两个小时，他还用英语给你介绍当地的一些情况，最后我们过意不去给了他大约0.5美元，他非常高兴地走了。在统计局的调查员那里，一周之内他的劳动力市场状态算是就业，虽然他实际是处在严重的就业不足状态。因此，失业率与劳动力无限供给没有关系，而是和宏观经济状态以及劳动力市场的功能有关。这个认识应该澄清。

二 把发展现象和周期现象分开观察 中国劳动力市场

作为发展现象，中国长期以来处于劳动力无限供给的二元经济中；而作为宏观经济状况，中国可能在不同时期处在不同的宏观经济形势中，两者不是一回事。

中国劳动力市场正在经历从二元转向新古典类型的转变过程。在过去几年里，我们经历了两个经济发展的重要转折点。一个是刘易斯转折点。刘易斯作为发展经济学家，创造了二元经济理论。他把发展中国家大体上分为两个经济部门，一个是以农业为代表的传统部门，拥有大量剩余劳动力。比如有 5 个人在劳动，走了两三个人并不影响工作，说明这两三个人都是剩余的，随着非农产业发展，他们可以不断地被吸纳其中。就业扩大不取决于有多少人去找工作，而取决于非农产业发展有多快。这是一个长期的过程。过去 30 多年我们大体都处在这个过程中。但是，这个吸纳过程终究有结束的那一天。比如以前我需要招 1 个人，不涨工资他也很高兴来工作，如今你再给他这些工钱，他就不愿意了，你必须得给他涨工资，否则你就招不到人了。

从劳动力无限供给，到你要想招人就必须涨工资，这就叫刘易斯转折点。中国的刘易斯转折点发生在 2004 年，我们第一次看到沿海地区特别是珠三角地区有"民工荒"的现象，本来以为这是一个临时状况。但是接下来，这个现象从珠三角蔓延到了长三角，又扩大到了全国，今天我们可以看到到处都出现劳动力短缺现象。从 2004 年到今天，剔除了物价的因素，农民工的工资每年以 12% 的速度一直在上涨。

2004 年之后，我们又经历了一个很重要的转折点，更加明确地告诉我们，现在的劳动力已经是绝对短缺了。从 2010 年的第六次人口普查数据看，我们发现中国 15 ~ 59 岁的劳动年龄人口已经达到了最高峰，从 2011 年开始逐年减少，从今以后就是绝对的减少，这个现象是我们从来没有见到过的。15 ~ 59 岁人口是劳动力的来源，从这个人口年龄结构的变化，我们更加确信劳动力短缺是真实的，也是必然的现象。

从劳动力过剩到劳动力短缺是一个重要的变化，它仍然不影响失业率（如果说影响，只能是降低失业率）。如果我们把劳动力市场的失业现象分成周期性失业、结构性失业、摩擦性失业的话，这些东西都不会变化。真正和发展阶段以及刘易斯转折点有关的，是隐蔽性失业或者劳动力剩余从而就业不足现象的变化。经过刘易斯转折点，只会大幅度减少就业不足现象，降低劳动力剩余程度，并不影响失业率本身。这就是我们面对的一个重要变化，这个变化的过程其实就是劳动力从二元经济为特征的状态，不断转向所谓新古典的状态。所谓新古典状态就是，劳动者的工资是由边际劳动生产力决定的。就业问题越来越表现为周期性失业和自然失业，而不是就业不足，因此越来越需要劳动力市场制度的配合，等等。

我们可以论证一下剩余劳动力的明显减少。城市经历了打破大锅饭、减员增效改革之后，目前没有一家私人企业愿意雇用不需要的人员，国有企业也一样。虽然还有一些老职工暂时不好安顿，但是总体上不会新雇不需要的劳动力。因此城镇冗员已经不是一个主要的现象。农村也呈现着剩余劳动力（隐蔽失业）迅速减少的势头。从官方的统计看，目前农业劳动力的比重是30%多一点。如果真的还有30%的劳动力在务农，意味着改革开放30多年来，中国农业剩余劳动力下降的速度并不是很快。按照这个数据，日本和韩国在各自高速增长的30年中，农业劳动力比重的下降速度比我们要快1倍以上，我们对这个结果非常怀疑。

实际上，改革开放的伟大成就不仅仅是 GDP 增长，还有产业结构的调整和大量的农村劳动力转移。西方学者说，中国的劳动力转移是人类和平历史上（除了战争、灾难或者是摩西带着犹太人逃出埃及等等活动）最大规模的人口流动（Roberts et al., 2004）。如此惊人的巨大变化，与历史上日本和韩国相比，农业劳动力比重下降的速度却慢了很多，这肯定不合逻辑。我们发现问题出在定义上。当官方计

算务农劳动力的时候，定义中包含了相当多在外打工只是偶尔回去干
一点农活的人。当我的同事本着尽可能合理、可比的原则对务农进行
定义以后，按照比较合理的数据（当然不可能做到完美）重新估算了
到底还有多少人在务农，最后发现至少可以把官方的数字（30%出头）
再减少10个百分点，大约只有22%的人还在务农（都阳、王美艳，
2011）。图2显示的是劳动力在三次产业中实际分布情况。

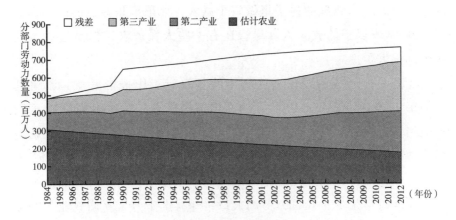

图2　劳动力产业分布的重新估计

资料来源：国家统计局《中国统计年鉴》历年；都阳、王美艳《中国的就业总量与就
业结构：重新估计与讨论》，载蔡昉主编《中国人口与劳动问题报告 No.12——"十二五"
时期挑战：人口、就业和收入分配》，社会科学文献出版社，2011。

把三大产业劳动力重新划分一下，我们又遇到了一个问题，虽然
把官方统计的务农劳动力人数减少了10个百分点，但却无法调整第
二产业、第三产业的劳动力人数，不知道该把多出来的这部分劳动力
你放在第二产业中还是第三产业中。因此，我们把多出来的这些劳动
力放入虚拟的部门，并称之为"残差"。这个虚构的"残差"部门其
实也很有实际意义，即这些劳动力在不同的宏观经济形势下，处在不
同的实际部门里。例如，2009年全球金融危机后，春节期间，官方
最初的说法是有7000万农民工提前返乡，后来澄清说这7000万农民
工中有很多是正常回家过春节的。随后，又提出来有1000万～2000
万农民工是因为金融危机影响返回农村了，这部分人就可以加在农业

劳动力里。但是春节过后不久他们又回来找工作了，不久以后又出现"民工荒"了。在经济发展速度特别快，对农民工需求特别大的时候，他们有可能分别进入第二产业和第三产业。所以，对残差作用的研究也是有意义的，表明经济增长和劳动力的分布有密切的关系，但是由于制度的原因，我们很难知道他们具体进了哪些部门。总之，现在农业劳动力确实没有那么多了，剩余劳动力一定是在大幅度减少。大家可以到一个典型的村子里做一个试验，如果不是春节的话，你很少见到 40 岁以下的成年人。尽管还有一些人在务农，但是这些人的年龄都很大了。

还有一个矛盾的现象。这两年的《政府工作报告》中，都讲到我们每年都会实现超过 1000 万的新增城镇就业，2014 年前 3 季度已经达到了 1000 万，这个数字也很令人困惑。什么叫就业？就业就是指劳动年龄人口找到了工作。劳动年龄人口是多少？中国 15 ~ 59 岁的人每年以几百万的速度在绝对地减少，不是增量的下降，而是绝对的减少。每年减少了几百万劳动人口，却有上千万人新增就业，哪来的？我们没有进口越南劳工，也没有进口非洲劳工，所以来源不明。我们只好再做一些数据的挖掘工作，去看看怎么回事。

在国家统计局发布的 2009 年的城镇劳动力数据中，略多于 12% 的人是农民工，我们的城镇新增就业是不断把农民工纳入统计之中，到现在也是如此。我们的城市就业统计是两条线、两个系统。第一个系统是官方统计有户籍的、有单位保障的就业，农民工都不列入职工的名单，名单上基本是城镇居民，我们怎么能知道农民工的数呢？根据我们做的农民工监测调查，离开本乡镇半年及以上的人目前大概有 1.7 亿，这些人都进入了各级城市，构成了城市劳动力市场的一部分，目前大概占到了 35%。真正城镇的居民在城市劳动力市场只占 65%。过去，两个统计是完全分开的，你要想知道城镇有多少人实际在就业，就必须把系统内城里人和农民工的统计加在一起，其实这两者之间已经有重合和交叉的部分了（如图 3）。有一部分农民工慢慢被企业接纳成为职工，签了 1 年合同或 2 年的合同，甚至还有干了多

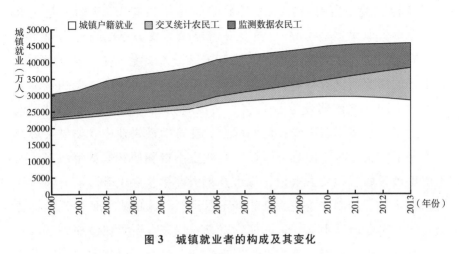

年签了无固定期限的合同。如果再统计就业人数和企业的人数，这部分农民工也应该报上去了。

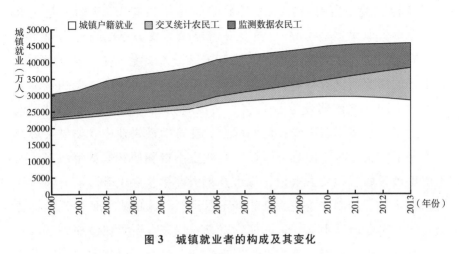

图3　城镇就业者的构成及其变化

资料来源：国家统计局历年《中国统计年鉴》及作者推算。

我们回过头来看失业率，前面讲到登记失业率、调查失业率是怎么回事，这都是现实中的。再给大家介绍一下理论的失业率。理论上失业有三种类型。一类叫周期性失业率，和宏观经济波动相关。宏观经济好，失业率低，宏观经济不好，失业率就高，失业率随着宏观经济波动是必然的。还有两类失业现象和宏观经济没有关系，一类叫摩擦性失业率，是指一个人在劳动力市场还没有找到就业的机会，在撞上机会之前就处在摩擦性失业状态。还有一类叫结构性失业率，比如一个人拥有某项技能，但却遇不上恰好需要该一技之长的企业家，他就处在结构性失业当中。除了继续学习之外，还得等待产业结构变化等机会。因此，摩擦性失业和结构性失业合起来是比较稳定的失业，叫作自然失业。自然失业也可以这么定义，即不随宏观经济波动而波动的失业。要计算的话也很简单，周期性失业和经济增长速度等有关系，最后在模型中会有一个不变项，那个就是自然失业。因此理论上我们可以算出自然失业率。

我的同事恰好也算出来，近年来我们的自然失业率是4%～

4.1%（都阳、陆旸，2011），和我们的登记失业率是一样的（见图 1）。这又是一个巧合吗？是一个合理的巧合。城镇居民才有资格进行登记失业，所有打算就业的城镇居民中只有 4.1% 的人是失业的，自然失业率也是 4.1%，这意味着城镇居民只承受自然失业，不承受周期失业。这也容易理解，城市居民与大学生一样，因技能不符合市场的需要而没有找到合适的工作，就是结构性失业。老的城镇职工不会上网，亲戚朋友也不太多，又没有门路，再加上技能也不太行，所以老是找不着工作，他们就会处在摩擦性失业中。如果宏观经济不好了，企业真有困难的时候，企业也不敢随便解雇城镇职工，因为职工被解雇了就要去登记，城市登记失业率就会上升，政府部门就会来找企业了。因此企业就会选择不受这些约束的人，他们既没有劳动合同，失业后又不会登记，他们就是农民工。所以城镇居民只承受自然失业率，只有农民工才承受周期失业。经济不景气农民工首先丢掉工作，丢掉工作就返乡了，城镇的失业率并不上升。因此这个很好理解，两者之间重合也是合理的。

调查失业率和自然失业率（也是登记失业率）之间的关系，中间就差了一块周期性失业。按照李克强总理的说法，目前城镇调查失业率是 5%，国家统计局的城镇登记失业率是 4.07%，自然失业率是 4%～4.1%，你会发现周期性失业还不到 1 个百分点。每个部分说的逻辑都是通的，因此不到 1 个百分点的周期性失业的确可以让政府、决策者不那么担心经济增长速度，让我们有足够的定力。

不仅如此，按照有一定依据的猜想，我们的实际失业率比 5% 还低，要是低过了 4.1%，自然失业率都成负的了。2010 年我们做了一个调查，从城市劳动力市场分出了城镇居民，又分出了农民工。我们发现城镇居民的调查失业率是 4.7%，与官方数字差不多。农民工如果找不到工作就回乡了，所以它的调查失业率只有 0.75%，不到 1 个百分点。城市劳动力市场是由这两种人共同组成的，城镇劳动力失业率应该是这两部分人一起构成的平均失业率。这很好办，城市劳动力市场上有 65% 是城镇居民，还有 35% 是农民工。把 0.65 和 0.35

作为权重，把4.7%的失业率和0.75%的失业率算成一个加权平均失业率，就是城镇真正的调查失业率，算出来的结果是3.3%，的确很低，低于自然失业率。也许没有这么极端，但至少说明真实的失业率的确非常低。你找一个典型的普通老板，问他经营中最大的困难是什么？通常他们会告诉你说是招不到工人。

真实的失业率的确非常低，低到比自然失业率还低，意味着劳动力市场非常强劲，这是一个好的方面。另一方面，自然失业率有它的意义。我们设想，自然失业率里最主要的是结构性失业，是你的技能和企业所需要的技能不匹配，如果没有这个失业率，你学什么、会什么都不重要，反正有工作就干了。所以，这个结构性失业率可以使企业知道什么样的人难招，也使劳动者个人知道什么样的技能找不到工作。这些信息反过来传递到教育系统，要求教育系统对教学方向和内容进行必要的改革。如果没有这样的失业现象，这个信息就传达不了。现实中我们已经遇到这样的问题。

我们并不敢说现在5%的调查失业率中完全没有包括农民工，因而我们也不清楚农民工在这个统计中究竟占了多大的比例。不过，为了论证这个统计至少是没有充分包括农民工，可以看看不同类型的人口统计调查能在多大程度上把城市里的流动人口识别出来。我们有三种类型的人口调查：第一类是人口普查，对象是全部人口；第二类是1%人口抽样调查；第三类是1‰人口抽样调查。在多数情况下，人口普查识别出的流动人口比抽样调查推断出来的流动人口多。这就是说，1‰人口抽样调查倾向于低估流动人口（农民工）。或者说，样本越小越容易把流动人口遗漏掉。然而，我们的城市劳动力调查（城镇调查失业率由此而来）就是基于这个人口抽样调查框架的。而每个月汇总的31个大中型城市调查失业率，是在千分之一的抽样框中劳动力调查的样本又大幅缩小的样本，它所能够包括的农民工就更不成比例了。

因此我们有理由说目前计算的调查失业率，很可能高估了城镇的失业现象，因为它代表的主要是城市的居民，并没有充分反映农民工的就业状况。这和现在出现的劳动力短缺现象的确是对应的。前不久人力资源和社会保障部的新闻发言人召开记者会，记者问有关最低工资的问题，发言人回答说今年经济显著下行，应该有很大的就业压力和很高的失业率。但是为什么各地政府还纷纷大幅度提高最低工资标准，这相当于商品卖不出去你还在那儿提价，这明显不合逻辑。新闻发言人具体怎么回答的并不重要，只是说这个现象是矛盾的。但是如果说经济下滑并不一定意味着就业压力，也不意味着失业率的上升，那就符合逻辑了。当然你还会继续问经济下滑不就是宏观经济周期嘛，周期性失业率当然应该上升了。

下面展示的一些数据（如图4），可以让我们看到颇为振奋人心的现象。这里使用的指标叫求人倍率，是人力资源和社会保障部在公共劳务市场上搜集的数据，用岗位数除以求职人数，这个比值大于1，意味着岗位数多，劳动力供不应求；如果小于1，意味着有人还找不到工作，劳动力供大于求。从中可以看到，文化程度在初中以下的劳动者，很长时间以来求人倍率都在1以上。另一个是大学文化程度以上人群，最近也有上行的趋势，求人倍率已经超过1了，说明与历史情形比较，大学毕业生的就业形势也有所改善，总体反映出我们的确没有就业压力。大学毕业生就业压力减小，如果是教育质量提高和教学内容改善的结果，这固然是好事。但是，如果仅仅是劳动力市场需求过于强劲的结果，以致不管人力资本是否符合就业岗位需求了，则意味着过度就业。大学毕业生往往承受着结构性失业，如果这个指标太低，劳动力市场上应该有的信号没有了，则有害于人力资本的长期积累。

为什么经济下滑而没有产生就业压力，我们后边再讲。我想顺便提供一个信息，我们看外国投行的报告，常常引用制造业采购经理指数（PMI）中的就业指数，来说明劳动力市场的状况。PMI由几个不同的指数合并计算，其中有一个指数叫就业指数。我想说明的是，这个指数是不能反映真实就业状况的。因为这个指数叫制造业采购经理指数，不是问经理们想雇多少人，而是说经理们上个月实际雇了多少人。假如上个月雇的人数比前一个月少了，可能有两个原因，一是生

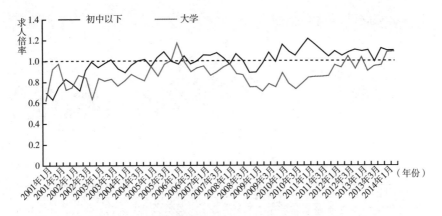

图4　分教育程度的求人倍率（2001.1～2014.1）

产下滑了，不需要那么多工人了；还有一个是上个月不是想少要工人，但是劳动力市场紧张，根本雇不到合适的工人。因此供求双方都在影响 PMI 的就业指数，如果拿它来看就业和宏观经济的关系就不可靠了（如图5）。我们看两条线，一条是 PMI 的产出指数，另一条是 PMI 的就业指数，理论上说两者之间应该具有完全的相关性。但是由于劳动力市场的短缺现象，过去两者之间还比较一致，现在经常会变得不一致，而且很明显，就业指数的稳定性比产出指数的稳定性要强。用 PMI 来分析经济形势固然可行，但是用 PMI 就业指数反映劳动力市场则不太能够说明问题。

　　现在可以给这个部分做一个小结。劳动力市场有一些关键性的指标，我们需要把劳动力市场这些指标相互之间的关系弄清楚，同时尽可能地使劳动力市场指标和宏观经济指标之间保持逻辑上的一致，这样才能得到正确的结论，否则就经常会受一些错误信息干扰。对于已有的一些官方数据和计算出来的一些指标，简单称之为不准确是没有道理的，在发展中国家中，应该说我们的统计系统无论就规模还是能力绝对都是最强大的。正如世界银行有几个学者得出的一个结论，中国出现的问题是变化太快，体制变化很快，经济增长速度也很快，经济发展阶段转变得也很快，以致统计体系跟不上实际变化的速度

187

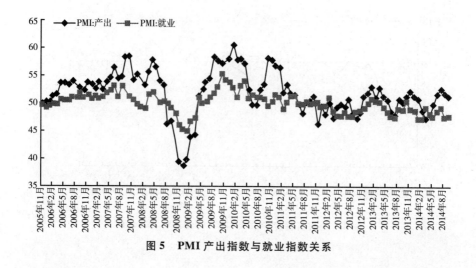

图 5　PMI 产出指数与就业指数关系

（Ravallion and Chen，1999）。你不能够理解各个指标之间的关系和某一个特定指标所对应的统计对象，你就无法解释这些数据。所以需要我们动用全部的知识才能够理解这些问题。

三　从劳动力市场现状认识中国经济新常态

现在该来回答经济下滑为什么没有带来劳动力市场的问题了。首先要看过去经济增长靠的是什么，才能知道为什么现在经济增长下滑。至少到 2010 年为止我国长期经济增长是靠人口红利。很多人会跟我争论，争论者往往是按字面意思理解人口红利的含义，说由于劳动力丰富，劳动密集型制造业的产品就有比较优势，在国际上有市场，因此得到了高增长速度，获得了人口红利。很长时间中国劳动年龄人口从而劳动力规模仍然巨大，所以人口红利不会很快消失。但是这回答不了我们争论的问题。说到人口红利，比劳动力丰富更深层的含义是，劳动力无限供给打破了新古典经济理论坚决捍卫的一个经济规律，即资本报酬递减。

对于西方经济学家来说，有些人不理解中国为什么会有高速增长，认为劳动力是短缺的，当资本积累到一定程度就会报酬递减，所以永远是乐此不疲地唱衰中国经济（如 Krugman，2013）。但是，他不知道我们有足够多的劳动力，能够积累多少资本就有多少劳动力与之配合，因此两者比例不变，可以在相当长的时间内保持资本的高回报率。所以，劳动力无限供给从而打破了资本报酬递减律，使中国经济在新古典经济学家所不能解释的情况下得到发展，是人口红利的核心。但是他们讲的也没有错，因为一旦跨过了刘易斯转折点，人口结构变化使得人口红利消失了，这时资本报酬递减的规律就要发生作用了。

迄今我们经历了两个转折点：刘易斯转折点和人口红利消失。所以劳动密集型产品比较优势就开始下降了。很多人说中国经济现在面临的问题是需求的冲击，由于西方经历了金融危机，直到现在还没有恢复过来，欧洲市场和美国市场都疲软，所以我们的劳动密集型产品没有人要了。如果是这样，我们的出口因国际市场的需求减少会随之减少。这无疑是我们面临的一个需求制约因素，但是，关键在于这个因素的影响程度有多大，是否足以导致中国经济长期减速。至少还有另一个因素，即中国制造业的比较优势下降了。我们算一个显示性比较优势指数，就能把国际市场本身的变化剔除掉，如果它下降了意味着我们的成本提高了，别人对我们产品的相对需求下降了。这个指标是中国劳动密集型产品出口占全部出口的比重，与世界贸易的同一个比重相比。计算显示，传统上具有比较优势且占中国出口主要地位的 11 种劳动密集型产品，显示性比较优势指数从 2003 年的 4.4 显著地下降到了 2013 年的 3.4。很显然，这个指数的下降意味着我们在这些产品上的优势和世界平均相比在下降。即不是说没有绝对需求了，只是比较优势下降了。

比较优势下降的结果必然表现为 GDP 的潜在增长率下降。潜在增长率是由土地、资源、劳动力、资本等生产要素供给能力以及生产率进步的速度所决定的。这些要素和生产率发生了变化，一个经济体的潜在增长率就会下降。它是一个理论上的增长率，但是很有意义。当人们做预测时，很自然会用过去的增长速度来外推未来的增长速度。如果经济处于非常稳态的状态，没有大的结构性变化，没有经历任何实质性的转折点，没有经济发展阶段变化的话，这样做预测还是大体可行的。但是，如果经历了重要的经济增长转折点，各种各样的变化都发生了，这么外推就不大靠谱了。这时就要看我们的生产要素供给能力还有多强，未来还有多大可供挖掘的潜力，生产率的进步未来能有多快，然后才能估算出潜在的增长速度。这样做预测比外推的结果要好。

我们测算的结果是，在"十二五"期间，中国经济会从过去接近10%左右的潜在增长率，降到平均只有7.6%（Lu and Cai，2014）。如果没有其他变化到"十三五"时还会降到6.2%。过去两年（2012年、2013年）的实际增长率是7.7%，2014年可能是7.4%，大体上，实际增长速度与潜在增长速度是一致的，也就是增长速度在潜力范围内，没有比它高也没有比它低（如图6）。这意味着虽然增长速度下降了，但是生产要素已经充分利用了，生产率的进步潜力也充分发挥了，生产要素没有过剩的状态，没有利用不足的状态（包括劳动力），因此也就没有出现明显的失业现象。这就是我们所说的劳动力市场的新常态，也是一个经济增长的新常态。就业没有问题，就不要以就业为借口去要求政府采取什么措施拉动需求、刺激经济。就业虽然有结构性的问题，但是这个不能用宏观总量政策去解决，也不是靠GDP增长可以解决的。

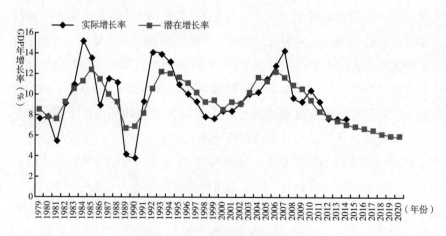

图6 中国经济潜力和实际增长率

资料来源：Lu and Cai "China's Shift from the Demographic Dividend to the Reform Dividend", in Ligang Song, Ross Garnaut and Cai Fang (eds) *Deepening Reform for China's Long Term Growth and Development*, ANU E Press, July 2014。

我们现在小结一下。如果说老常态是两位数的增长率，有人认为新常态是不是意味着7.5%的增长率？应该说不是。按照我们的人口变化，劳动年龄人口逐年减少，意味着我们未来的潜在增长率会逐步下降，直至降到3%都有可能，因为发达国家能够实现3%的增长就已经很了不起了。越是发达的状态，每一步经济增长都必须靠技术进步、靠生产率的提高。你没有人口红利了，没有后发优势了，总有一天会降到3%，能接受这个事实也很重要。我们不要去刺激经济，不要让经济的实际增长速度超越潜在增长率。然而，确实有必要去改变和提高潜在增长率，办法就是通过改革。

四 改革红利：挖掘劳动力供给以提高潜在增长率

我们现在面临一些困难，也有诸多潜力，说有潜力的原因之一就是仍然有制度障碍，而克服这些制度障碍可以提高生产要素供给和生产率。劳动力市场上有一定的自然失业率不见得是坏事，在劳动力市场上，你不仅是一个生物意义上的人，而且你还必须有人力资本，否则你还是找不到工作。如果真实失业率对劳动力市场需求太旺盛了，只要有人我就想用，特别是年轻一点的人，这时候劳动者就不用学习了。我们已经发现的"工资趋同"现象，即高技能工人和低技能工人的工资趋同，表明人力资本的回报率或教育的回报率在下降。这对受教育形成一种负激励，从而酝酿着长期的风险，既是个人风险也是整个经济的风险。

用农民工的人力资本存量来说明这一点。我们给出了农民工在不同年龄上所具有的受教育年限。多数的年轻农民工基本上适应了目前产业结构中劳动密集型二产和劳动密集型三产岗位对教育水平的需要，所以他们极受欢迎。以致农村的父母们觉得九年义务教育就足够了，孩子应该赶紧出去打工，在一些农村地区很多人甚至从初中就辍学了。但是，我们的产业结构未来会发生非常快的变化，第二产业的资本密集型岗位、第三产业的技术密集型岗位，都会要求更高的人力资本，更长的受教育年限，而这些充其量完成了义务教育的新一代农民工则难以胜任那些新岗位。

中国老话说："十年树木，百年树人"，这个百年之说不是夸大其词。过去20年间，我们在1990年、2000年、2010年分别有3次普查的数据可以做比较。在这20年间，中国经历了最快的教育发展，经历了"普九"，经历了扩招，大幅度提高了人力资本受教育年限，但是20年里成年人的平均受教育年限仅仅提高了2.7年。而如今一个典型的农民工要想跨越就业岗位，进入更高端的产业结构中去，可能需要额外的2年、3年甚至4年的受教育年限，所以要花很长的时间。过去农民工主要集中在外向型的制造业企业中，而近年来越来越多的农民工被吸引到经济政策刺激的产业里，比如基础设施、建筑行业等，但是这些行业面临着产能过剩甚至泡沫，将来一旦经济不景气，这些农民工就必然面临周期性失业。

根据欧洲的经验和教训，这样背景下的周期性失业接下来会转变成历时更长久的结构性失业。例如，西班牙在20世纪90年代经历了建筑行业的大幅度增长，年轻人都不读书了，跑去干活挣钱，工资还不断上涨。到后来金融危机爆发了，主权债务危机爆发了，产业结构变化了，虽然还会创造出新的工作机会，但是这些年轻人都没有好好读书，人力资本不适应新的增长需求。所以西班牙现在面临着50%的青年失业率。我们的劳动力市场现在虽然处在黄金时期，我们也应该替农民工想一想未来会怎么样，我们的政策要以人为本，就是要在宏观层次上和个体层次上都能做到未雨绸缪。所谓的刺激政策，只能把风险刺激得更大。刺激产生的就业"过犹不及"，我们不需要这样的就业，何况我们现在没有就业压力和周期性失业问题。

现在还有一个现象，那就是工资上涨固然是一件好事，可以改善收入分配。但是工资过快上涨也意味着有过多的企业会垮掉。当10%的GDP增长率降到了7.5%的增长率的时候，降下去的2.5个百分点是什么呢？不是说你少生产一点，我也少生产一点，而是说一部分承受不起高成本的企业已经垮掉了。一定的创造性破坏是需要的，这是我们进步的一种方式，是一种提高生产率的机制。但是如果这个过程过快的话，它的确会在短期内伤害我们的经济，我们有点承受不起。所以我们希望能掌握一个适当的节奏来调整这个过程，让这个过程延续的时间长一些，我们并不需要工资无限制上涨。当然这并不意味着要保护那些没有竞争力的企业。那么，有没有替代工资上涨的办法呢？既让农民工愿意出来就业，又不会过于加重企业负担呢？应该说有，那就是用公共政策的改革，来代替工资的一味上涨。

这一类的公共政策改革首推户籍制度改革，这项改革所能带来的红利可以产生立竿见影、一石三鸟的效果。从供给方因素对提高潜在增长率效果的角度来看，户籍制度改革能够稳定农民工的劳动力供给，这样就可以让劳动参与率提高了，劳动力供给增加了，潜在增长率就会提高。同时进一步挖掘剩余劳动力转移潜力，劳动力从生产率低的部门转向生产率高的部门，还会取得资源重新配置效率。这种资源重新配置，本身就是一种全要素生产率。从需求方面看也有改革红利。农民工有了保障充分的就业，就意味着收入分配的改善。他们如果有了户口，就获得了均等化的社会保障和其他基本公共服务，生活就没有了后顾之忧，不用每年都回家过春节了，就可以像城市居民一样消费。我们的经济增长需求结构就会更加平衡，宏观经济也会更加稳定。此外，农民工市民化后，可以更好、更有激励地接受教育和技能培训，或许还会产生一种新型的生育行为，等等，这些都会改善我们未来的经济增长。

我们做了一个关于改革红利的模拟。固然，模拟的东西虽然从来不可能是精确的，不过精确性不是我们的目的。我们只想指出一个方向性的东西。这里，我们做了一些改革效果的假设。假设"单独二孩"政策可以使我们的生育率从以前的1.4提高到1.6，其他什么都不变，未来潜在增长率将呈现逐年下降的趋势。随后我们在模型里加进去的，是假设有一个合理的劳动参与率的提高，以及能做到农民工市民化和国有企业的改革，所能导致的全要素生产率的提高。也假设了一个教育和培训的合理增量。这样，在生育政策调整前提下做出关于生育率的不同假设，模拟会得到不同的未来潜在增长率（如图7）。不管怎么说，改革都比不进行改革要好很多。特别是生育政策调整，在短期内没有什么正面的影响，负面影响也不大，但是在20年以后，会对潜在增长率产生向上的一个拉力。结论是改革可以带来显著红利，我们必须要推动改革。

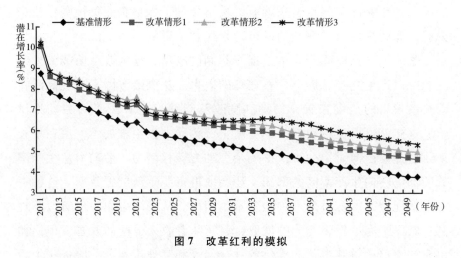

图7　改革红利的模拟

资料来源：Lu and Cai，（2014）"China's Shift from the Demographic Dividend to the Reform Dividend"，in Ligang Song，Ross Garnaut，and Cai Fang（eds）*Deepening Reform for China's Long Term Growth and Development*，ANU E Press。

我们知道历来都不乏喜欢唱衰中国的人，有一些还是国际大牌的经济学家。例如克鲁格曼就说中国的刘易斯转折点到了，靠廉价劳动力的时代结束了，必须进行调整，转向内需拉动。但是，他认为中国很可能转不过来，所以中国经济很快会撞墙，撞的还不是普通的墙，而是万里长城（长城的英文为the Great Wall）。也有一些善意的人说，中国需要进行改革，但是改革总要牺牲一些经济增长速度，改革和增长至少是此消彼长的关系，甚至也有人说改革是反增长的。他们建议中国要承受更慢一点的速度来加快改革。国际货币基金组织正面肯定改革是有收益的，但是它也认为，短期之内中国的改革会造成增长率的下降，只是长期会把它补回来（IMF，2014）。

　　但是，我们选择户籍制度改革是可以立竿见影带来红利的，即短期内也不会对增长造成影响，而且改革红利可以及时得到。认识到改革和增长是互相促进的关系，可以产生改革红利，有很积极的意义。首先有利于形成改革的共识，树立改革的决心。更重要的是能够选择一个恰当的改革方式，真实推进重要领域的改革。户籍制度改革、农民工的市民化，十八大报告和十三届三中全会都进行了部署，但是到现在看还没有实质性进展。显然是因为存在着激励不相容的问题，即地方政府知道改革的好处，同时也担心承担不起改革的成本，担心不能完全获得改革红利。所以，等待观望也是一种免费搭车行为。

　　现在，在中央和地方政府之间形成了某种对话，最初，中央发出声音说要推进新型城镇化，地方一听觉得是个好机会，纷纷表示赞成，也积极响应，以为可以借着城市基础设施的建设，上项目搞土地开发。但是中央随后传递了更加明晰的信息，即新型城镇化是以人为核心的城镇化，紧接着又部署了户籍制度改革，要实质推进农民工的市民化。地方这才明白过来，原来如此，于是说这种改革是要支付成本的，解决一个农民工的市民化要花 10 万、20 万乃至 30 万元，地方哪来的钱推进这个改革呢？于是这个球又被踢回中央。中央回复说，要探索农民工市民化的成本分担机制，今后财政转移支付会与人口的流向挂起钩。换句话说，城镇化的成本分担，意味着政府拿一点，市民拿一点，农民工拿一点，企业可以拿一点，社会也可以拿一点。虽然到目前为止既没有弄清楚各个参与方到底都要拿多少，也没有明确在各级政府之间如何分摊改革成本，但是这种博弈也是改革的一部分。

　　如果我们算出户籍制度改革是带来显著红利的，同时这个红利是从国家经济社会发展和政治稳定的意义上讲的，不见得能够为地方政府全部获得，中央政府就应该承担一部分财政支出责任，支付市民化的成本以便推进地方的改革。这样可以把户籍制度改革变得更加激励相容，它就更容易被推进。以前我们所进行的改革叫"帕累托改进"，就是说改革给一部分带来好处，同时又不伤害任何其他群体，所以没有人反对，易于推进。现在这种机会越来越少了，我们就要探索一种被称作"卡尔多改进"的改革方式，即改革总的收益是巨大的，使得最高的协调人和顶层设计者，可以拿出预期的改革收益与改革各方分担成本，并做出将来如何分享改革收益的承诺，让改革的各方都有积极性，这样改革就能及时得以推进。

参考文献

International Monetary Fund, (2014) People's Republic of China: 2014 Article Ⅳ Consultation—Staff Report, *IMF Country Report*, No. 14/235.

Kenneth Roberts, Rachel Connelly, Zhenming Xie, Zhenzhen Zheng, Patterns of Temporary Labor Migration of Rural Women from Anhui and Sichuan, *The China Journal*, No. 52, 2004, pp. 49 – 70.

Krugman, Paul (2013) Hitting China's Wall, *The New York Times*. July 18.

Lu, Yang and Cai Fang (2014) China's Shift from the Demographic Dividend to the Reform Dividend, in Ligang Song, Ross Garnaut, and Cai Fang (eds) *Deepening Reform for China's Long Term Growth and Development*, ANU E Press.

Minami, Ryoshin, 1968, The Turning Point in the Japanese Economy, *The Quarterly Journal of Economics*, Vol. 82, No. 3, pp. 380 – 402.

Ravallion, Martin and Shaohua Chen (1999) When Economic Reform Is Faster Than Statistical Reform: Measuring and Explaining Income Inequality in Rural China, *Oxford Bulletin of Economics and Statistics*, 61 (1): 33 – 56.

都阳、陆旸：《中国的自然失业率水平及其含义》，《世界经济》2011 年第 4 期。

都阳、王美艳：《中国的就业总量与就业结构：重新估计与讨论》，载蔡昉主编《中国人口与劳动问题报告 No.12——"十二五"时期挑战：人口、就业和收入分配》，社会科学文献出版社，2011。

原载蔡昉主编《人口与劳动绿皮书：面向全面建成小康社会的政策调整》，社会科学文献出版社，2015。

第五篇

积极应对『未富先老』

工资与劳动生产率的赛跑

2012 年春节后，"民工荒"再次成为各地热点和难点，而且严峻程度大大高于往年。令人费解的是，不久以前，人们还深深地沉迷于劳动力无限供给的幻觉，何以突然间，企业特别是中小企业就面临着如此严重的招工难以及由此引起的前所未有的加薪压力。严格地说，劳动力并不存在绝对意义上的短缺，企业能否雇到所需工人，取决于能否支付工人所预期的工资水平。只是提高工资的能力，无论对企业而言还是对整个中国经济而言，都在于劳动生产率是否得到同步提高。正如有的企业家所说，不涨薪是等死，涨薪是早死。这似乎是一个悖论。其实，这里我们面对的是一场工资与劳动生产率的赛跑，企业能否生存，则在于劳动生产率能否赢得这场比赛。

遭遇动荡的世界经济的负面打击，也经历了以治理通货膨胀和抑制房地产泡沫为优先目标的宏观调控影响，2011 年中国经济不可避免地会有所减速。然而，不像以往那样，实体经济增长减速并没有导致严重的就业冲击。与人们预期相反，劳动力市场供不应求已经成为常态，为劳动者免受就业冲击提供了坚实的屏障。全年城镇登记失业率仅为 4.1%。周期性现象常常预示着结构性变化。因此，从表面周期现象看到背后的长期结构性问题，有助于决策者抓住解决问题的关键，防止以短期的手段解决长期问题的缘木求鱼倾向。沿海地区部分企业的经营困境，看似源于出口不振和中小企业融资难，但其背后却有着更根本性的问题，即随着刘易斯转折点的到来，劳动力短缺和工资持续上涨，中国传统的劳动密集型产业正在失去比较优势，经济增长模式面临着重大变化。与此相应，则是劳动力市场从二元经济向新古典模式的转换，各种看似对立的现象同时存在，对我们提出崭新的挑战。本文将从工资与劳动生产率之间的关系出发，通过解析中国经济发展阶段变化的早熟特点，对劳动力短缺现象和工资上涨的前景做出判断，对提高劳动生产率的途径提出政策建议。

一 工资上涨压力来自何处

在改革开放以后长达 20 余年的时间里，主要通过劳动力市场配置就业的普通劳动者，特别是农民工的工资没有显示实质性的提高。这并不奇怪，因为直到 2004 年之前，中国处于典型的二元经济发展阶段上，具有劳动力无限供给的特征。以"民工荒"现象为标志的劳动力短缺现象首先于 2004 年出现，随后就从未间断，并推动着普通劳动者工资的持续上涨。因此，按照二元经济理论的定义，我们把 2004 年看作是刘易斯转折点到来的年份。如果说这个转折点的标志有些模糊，对于其是否已经到来还值得争论的话，我们再来看另一个可以十分确定的转折点，即 15～64 岁劳动年龄人口停止增长，相应的人口抚养比不再下降的转折点。根据联合国的预测，中国 15～59 岁劳动年龄人口增长率逐年下降，预计在 2013 年前后达到峰值，届时劳动年龄人口总量接近 10 亿人。在达到峰值之前，劳动年龄人口或就业年龄人口的增长率已经递减。因此，无论如何我们不能够说劳动力仍然是无限供给的了。

二元经济向新古典模式转换的重要起点是刘易斯转折点。发展经济学一般认为有两个刘易斯转折点。劳动力需求增长速度超过劳动力供给，工资开始提高的情形称作第一个刘易斯转折点，此时农业劳动力工资尚未由劳动边际生产力决定，农业与现代部门的劳动边际生产力仍然存在差异。而把农业部门和现代经济部门的工资都已经由劳动边际生产力决定，两部门劳动边际生产力相等阶段的到来，称作第二个刘易斯转折点或商业化点，这时才意味着二元经济的终结。

鉴于此，许多研究者愿意将其看作或者称作"刘易斯转折区间"。一方面，把刘易斯转折看作是一个区间固然有不方便之处，如无法具体指出转折的时间点，妨碍讨论中的措辞。另一方面，这样认识刘易斯转折也有其合理的成分，因为这样有利于观察两个刘易斯转折点之间的距离或者需要经过的时间。由于我们无法预测第二个刘易斯转折点到来的时间，这里可以引进另外一个同等重要的转折点，即人口红利消失点。从统计上说，这个转折点是指劳动年龄人口停止长期增长的趋势，相应的人口抚养比不再降低的人口结构变化转折点。

在某种程度上，可以用这个人口红利消失的转折点作为参照，来理解第二个刘易斯转折点或商业化点，因为后者是理论意义上存在，终究需要一个具体的象征性的时间点来代表。也就是说，在劳动力供给绝对量不再增长的情况下，必然产生农业与非农产业劳动边际生产力迅速趋同的压力。因此，刘易斯转折点到人口红利转折点之间，我们可以认为是刘易斯转折区间，是二元经济到新古典模式转换的重要区间，其间劳动力市场性质是二元经济特征与新古典特征并存，区间的终点便是新古典占主导的模式的起点。

这样，我们可以看到，脱胎于二元经济的发展过程，将会经历两个转折点，一个是人们感受到劳动力短缺的刘易斯转折点，另一个是实实在在的劳动力不再增加的转折点，我们可以称之为人口红利转折点。如果说前一个转折点是一个警钟，其到来之后仍然可以给我们一些适应和调整的时间的话，后一个转折点则是一个事实，其到来将给一个经济发展时期画上句号。因此，两个转折点之间的时间长度很重要，关系到经济增长的可持续性。

早期实现工业化的国家并没有经历过明显的二元经济发展阶段，没有显而易见的共同轨迹可循。但是，东亚发达经济体经历过这个阶段，可以作为参照系，对我们有借鉴意义。根据学者们的研究和人口统计及预测，日本于 1960 年前后到达刘易斯转折点，1990 年之后到达人口红利转折点，其间有 30 余年的调整期。虽然在 1990 年之后日本经济陷入停滞，但终究在这个调整期间日本成为高收入国家。韩国于 1972 年前后经过了刘易斯转折点，迄今为止尚未到达人口红利转折点，预期于 2013 年前后与中国一起进入人口红利消失的发展阶段。也就是说，韩国两个转折点的间隔高达 40 余年。

按照同样的标准判断，如果同意说中国于 2004 年经过了刘易斯转折点，那么随着 2013 年劳动年龄人口不再增加，人口抚养比停止下降，从而迎来人口红利转折点，则意味着两个转折点之间充其量只有 9 年的调整时间。更不用说，如果像许多我的同行所争论的那样，中国尚未到达刘易斯转折点，则不是两个转折点同时到来，便是人口红利转折点率先到来。不过，这在逻辑上并不成立，因为劳动年龄人口绝对数量都已经不增长了，遑论劳动力无限供给。但不管怎么说，两个转折点间隔如此之短，对中国的挑战是巨大的。分析表明，如果说日本和韩国的两个转折点之间的时间关系，主要是由劳动力转移速度或需求方因素决定的话，中国则更多地受到人口转变速度或供给方因素的影响。很显然，在转折点上的这个特殊性，给中国应对挑战带来更大的难度。这无疑可以解释为什么"民工荒"现象这么严重，工资上涨压力如此之大。这也有助于我们做出判断，在相当长的时间里，劳动力短缺现象和工资上涨压力不会消失。

二 工资提高是可持续的吗

在经济增长继续保持对劳动力的强大需求的同时，劳动力供给速度减慢并进而停止增长，必然推动普通劳动者的工资上涨，这就是劳动力供求关系法则。普通劳动者工资上涨相应提高中低收入家庭的人均收入水平，有助于改善收入分配现状，刺激消费需求的扩大，无疑是经济发展的目的所在。但是，工资增长的可持续性在于劳动生产率保持同步提高，如果劳动生产率提高滞后，不能支撑工资的增长，在微观层面上就会造成企业的经营困难，在宏观层面上导致通货膨胀。那样的话，经济增长相应也会陷入不可持续的境地。

那么，总体来说，中国经济的劳动生产率能承受得起工资的上涨吗？从数字表面看，2003年以后在劳动生产率与工资上涨之间，在工业部门基本保持了同步，农业中劳动生产率提高更快。特别是长期以来工资上涨滞后于劳动生产率的提高，因此，近年来的工资提高也有补偿的因素。但是，如果更深入地进行分析，我们对此还是需要保持高度警惕的。

首先，当我们计算部门劳动生产率时，所依据的劳动者数据通常是被低估的。目前工业和建筑业企业大量使用劳务派遣工，而这些工人常常没有进入企业就业人员的正规统计中。例如，2010年城镇居民的总就业中，大约有1.1亿人没有进入企业和单位的统计报表中。而农民工没有被企业列入统计报表的比重显然更大。如果把这部分工人计算在内的话，意味着计算劳动生产率的分母会显著加大，实际劳动生产率一定会降低。

其次，目前劳动生产率的提高具有不可持续性。通常，提高劳动生产率要两个途径：一是通过增加资本投入来替代劳动力，表现为资本－劳动比的提高；二是通过提高全要素生产率，即生产要素的使用效率的全面提高。20世纪90年代以来，劳动生产率的改善基本上是靠资本－劳动比的提高达到的。例如，根据世界银行专家高路易的估算，中国资本－劳动比提高对劳动生产率的贡献，从1978～1994年的45.3%提高到了1995～2009年的64.0%，并预计进一步提高到2010～2015年的65.9%。而全要素生产率对劳动生产率的贡献，则相应从1978～1994年的46.9%下降为1995～2009年的31.8%，进而2010～2015年的28.0%。

由于在劳动力短缺条件下，资本－劳动比的持续提高会导致资本报酬递减，因此作为提高劳动生产率的手段是不可持续的。日本的教训十分有助于说明这一点。日本在1960年到达刘易斯转折点之后，劳动生产率加速提高，其中全要素生产率的贡献率也较高，例如，根据有关研究，在 1960～1991 年期间，资本－劳动比提高对劳动生产率的贡献在 50% 左右，而全要素生产率的贡献也十分显著。然而，1991～2000 年期间，资本－劳动比提高的贡献一下子提高到 94%，全要素生产率贡献变成 －15% 。与此相伴随的，则是日本经济"失去的 10 年"。中国近年来也显示出资本报酬递减的现象，即伴随着资本劳动比率的迅速上升，资本边际报酬出现了明显的下降趋势。

在劳动生产率提高速度快于工资上涨速度的情况下，由于两者并不同时发生，所以也会出现名义物价上涨的现象，即工资提高引起消费扩大，进而拉动物价上涨。虽然由于劳动生产率也提高了，总体上是不影响实际生活水平的，但是，整体上涨的物价水平，终究对低收入者有不利影响。从这个意义上，今后我们不可避免地要与更高的通货膨胀水平共舞，要形成有效保护低收入者的社会保护政策。换句话说，在预见到这种基本趋势的情况下，宏观经济政策目标不应该对物价上涨过度敏感，而应该在价格稳定和充分就业目标之间保持良好的平衡。

宏观经济高度关注通货膨胀无疑是正确的，但是，在实施偏紧的财政政策和货币政策时，一方面，调控对象往往倾斜地指向中小企业，造成后者在面对日益提高的生产要素成本压力的同时，还经常会遇到融资困难。在产业结构调整加速的时期，偏紧的宏观经济政策阻碍这种结构调整。另一方面，一旦劳动生产率的提高速度不能领先或同步于工资上涨速度，成本推动型和需求拉动型的通货膨胀压力都会上升，会伤害经济增长可持续性和社会稳定。因此，寻求宏观经济稳定，不仅有赖于执行适当的调控政策，更在于提高劳动生产率。

三 如何提高劳动生产率

从以上分析可以得出的结论有三点。第一，只要中国经济保持适度的增长速度，在人口红利转折点即将到来的情况下，劳动力短缺现象将继续存在，产生工资上涨的压力。第二，在工资增长和劳动生产率提高的赛跑中，两者能否保持同步或者劳动生产率提高更快一些，是工资上涨健康与否的关键，做不到这一点则会导致无法承受的通货膨胀压力。第三，单纯依靠提高资本－劳动比的办法不能长久支撑经济增长，必须保持全要素生产率的持续提高。

对于任何国家的任何发展阶段来说，提高全要素生产率的任务都是十分艰巨的。那些落入中等收入陷阱的国家，以及陷入"失去的20年"的日本经济，都是因为没有能够实现这一惊险的跳跃。具体来说，提高全要素生产率有两条途径，分别要求有适当的制度环境予以开通。

第一是通过产业结构变化获得资源重新配置效率。劳动力从生产率低的农业转向生产率更高的非农产业，就是实现资源重新配置的经典路径。计量研究表明，20世纪80年代初至今，劳动力从农业向非农产业转移产生的资源重新配置效率，对GDP增长的贡献平均为8.2%，占全要素生产率贡献的34.3%。随着农业剩余劳动力的减少，劳动力转移速度减慢，这一贡献因素将趋于下降。不过，随着农业劳动生产率的提高，劳动力转移仍有潜力，未来的转移主体，将是那些年龄超过40岁，跨地区转移有困难的农业劳动力。根据人均GDP为6000~12000美元的国家的平均农业劳动力比重看，中国在未来10年中每年至少要把农业劳动力比重降低1个百分点。如果劳动密集型产业能够以适当的方式、在适当的程度上尽快从沿海地区转移到中部和西部地区，将有利于挖掘劳动力转移潜力，资源重新配置效率仍可获得。

第二是通过行业内部生产要素向生产率更高的企业集中。企业在竞争的压力下，要想生存就必须通过采用新技术、改善管理、改革体制、提高职工素质等手段获得技术效率。如果存在一种竞争环境，效率高的企业得以生存、发展和扩大，效率低的企业相应萎缩乃至被淘汰，整体经济的健康程度就能够得到明显提高，全要素生产率表现就会良好，因此有利于支撑可持续的经济增长。在一个成熟的市场经济中，由于农业比重已经很小，产业结构调整产生的资源重新配置效率已经微不足道，因此，其全要素生产率进步主要表现在技术效率的提高，并通过竞争淘汰低效率企业。例如，一些学者对美国的研究表明，制造业内部表现为企业进入、退出、扩张和萎缩的资源重新配置，对生产率提高的贡献高达 1/3 ~ 1/2。

妨碍中国经济通过上述两条途径实质改善全要素生产率的因素，在于探索动态比较优势过程中政府对经济活动的过度介入。在一个国家到达刘易斯转折点，从而面临着劳动密集型产业比较优势逐渐丧失的情况下，投资者和企业必然对此做出必要的反应和调整，相应的，也要承受转型的成功和失败后果。要激励投资者和企业将这种探寻健康地进行下去，需要构建一个 "创造性毁灭" 的环境，即让失败者退出，把成功者留下并由此生存、发展和壮大，同时形成一种适当的风险补偿和分摊机制，帮助投资者敢于和甘于承受创新的风险。如果这种创造性毁灭机制不存在，社会的这种旨在探寻比较优势的风险投资，相比其应有的水平就会低很多。这时，探寻动态比较优势的努力就会呈现出一种假象，似乎这是一个具有外部性的活动，单个的投资者和企业缺乏激励去做，因而，政府取而代之或者介入其中，似乎就是顺理成章的了。

正如我们看到的，这类政府干预可以体现在一系列政府战略和政策之中。首先，在诸如实施产业振兴规划、确定战略性新兴产业目录等产业政策，以及区域发展战略等长期发展政策中，政府实现着干预投资领域乃至直接进行投资等意图。其次，在应对宏观经济周期现象时，政府通过出台经济刺激方案等宏观经济政策，引导或直接投资于自己确定的优先领域，并存在把刺激政策长期化、常态化的倾向。再次，政府通过对企业、行业、产业进行补贴等保护性政策，实现自身的投资与扶持意图。现实中，上述三种政策手段是相互配合、相互补充和协调执行的。

这类政策手段潜在地具有妨碍全要素生产率提高的作用。首先，近年来中部、西部地区的工业化加速，具有与这类地区比较优势相背离的倾向，不利于实现资源重新配置效率。例如，2007 年，中国制造业的资本－劳动比，中部地区和西部地区分别比东部地区高 20.1% 和 25.9%。也就是说，中部和西部地区制造业变得更加资本密集型，重工业化程度更高了。其次，不利于创造性毁灭机制的形成，妨碍全要素生产率的提高。目前，政府主导的经济增长主要表现在政府投资比重过高，国有经济仍然具有垄断地位，相应的，中小企业遇到进入障碍以及其他发展条件如融资方面的歧视对待。在国有经济受到更多的保护，并且相应地形成对非公有经济的相对抑制的情况下，创造性毁灭的机制不能发挥作用，而且必然产生对新技术应用的阻碍。

因此，为了防止出现没有劳动生产率根基的工资上涨趋势，保持中国经济的竞争力和可持续增长，既不要违背劳动力供求关系抑制工资上涨趋势，也不能人为推动工资上涨，政府应该着眼于创造良好的优胜劣汰的政策环境，让各类企业充分竞争，达到全要素生产率显著提高的目标。

原载 2012 年第 3 期《贵州财经学院学报》

未富先老与延缓退休难题

在理解人口老龄化原因时，人们通常着眼于观察人口转变从最初的少年儿童人口减少，进入相继而来的劳动年龄人口减少的阶段，从而老年人口占全部人口比重提高这样一个事实。但是，往往忽略由于寿命延长带来的人口预期寿命提高在其中所起的作用。我们设想，即使人口年龄结构不发生在少儿年龄组、劳动年龄组和老年组之间的消长，如果老年人活得更长，按照定义的老年人在全部人口中比重这个指标来观察的老龄化程度也会提高。由于经济社会发展，中国出生人口预期寿命已经从 1982 年的 67.8 岁提高到 2010 年的 73.5 岁。在健康寿命延长的条件下，老年人不啻宝贵的人力资源和人力资本。

延长退休年龄的国际经验与争论

在大多数发达国家，挖掘劳动力供给潜力的一个政策手段，是提高退休年龄以便扩大老年人的劳动参与率。例如，有大约半数的经济发展与合作组织国家，已经或者计划提高法定退休年龄，其中 18 个国家着眼于提高妇女退休年龄，14 个国家着眼于提高男性劳动者的退休年龄。2010 年，经济发展与合作组织国家男性平均退休年龄为

62.9 岁，女性为 61.8 岁。按照目前的趋势估计，到 2050 年，经济发展与合作组织国家男女平均退休年龄将达到 65 岁，即在 2010 年的基础上，男性退休年龄提高接近 2.5 年，女性退休年龄提高大约 4 年。

然而，提高退休年龄的政策并非没有争议，实际执行中出现的情况远比政策初衷复杂得多。近年来提高退休年龄的政策在一些欧洲国家遭到民众的抵制。导致这种民众意愿与政策意图相冲突的原因，来自劳动者和决策者有着不同的解释。

反对此类政策调整的民众，往往认为政府提高退休年龄的政策调整，动机是减轻对养老保险金的支付负担。与此相对应的政府解释则是，劳动者长期耽于过于慷慨的养老保险制度，以致因为不愿意失去既得利益而加以反对。随着人口老龄化的进程加速，养老金缺口成为现实的或潜在的问题。特别是在劳动年龄人口尚高的时候形成的现收现付模式，最终会因人口年龄结构的变化而日益捉襟见肘。因此，政府的确要从养老保险制度的可持续性角度出发，考虑退休年龄的问题。这种认识和利益的冲突，使得退休年龄的变化不可避免地成为一种政治决策，受到人口老龄化之外因素的制约。

值得考虑的关键问题在于，提高退休年龄并不必然意味着老年劳动者可以自然而然地获得就业岗位。即使在发达国家，劳动力市场上依然存在着年龄歧视，造成老龄劳动者就业困难。在许多国家，在青年失业率高和就业难的压力下，政府某些政策甚至还加重了提前退休的情形，旨在让老年人给青年人"腾出"岗位。虽然此类政策的实施结果表明，其在降低老年职工劳动参与率方面，部分地达到了效果，但对降低青年失业率却无济于事，但是，这个政策倾向至少反映了社会上流行的一种观念，即认为延长退休年龄不利于青年就业问题的解决。

未富先老造成的特殊难题

对于中国来说更大的挑战还在于，在劳动者中，年龄越大受教育程度越低，因而临近退休年龄的劳动者学习新技能的能力不足，适应产业结构变化遇到的困难更大。如果这时不能退休，就意味着把他们推到脆弱的劳动力市场地位。劳动者不是同质的。在雇主感受到年轻劳动力严重不足的同时，他们并不愿意雇用年龄偏大的劳动者；当具有高等教育水平和高技能的老专家受到劳动力市场青睐时，年近退休的普通劳动者仍然面临就业困难。

把身体健康长寿的因素与人力资本积累因素结合起来考虑，有效工作年龄理应伴随预期寿命的提高而延长。如果能够做到这一点，就意味着可以通过把实际退休年龄向后延，从而扩大劳动年龄人口规模，降低每个劳动年龄人口供养的退休人数。如果把实际退休年龄从55岁延长到60岁及至65岁时，可以大幅度降低老年人口的抚养比。以2030年为例，延长实际退休年龄，可以把每百名20岁以上的工作年龄人口需要供养的老年人口，从55岁退休情形下的74.5人降低到60岁退休情形下的49.1人，进而到65岁退休情形下的30.4人。

值得指出的是，法定退休年龄与实际退休年龄是不一样的，即在法定退休年龄既定的情况下，实际退休年龄可能因劳动力市场状况而产生巨大的偏离。例如，虽然法定的退休年龄大多数采取男60岁、女55岁，但是在就业压力比较大，特别是受到劳动力市场冲击的情况下，劳动者的实际退休年龄经常会大大低于法定退休年龄。可见，真正能够改变人口工作时间从而供养老年人能力的，是实际退休年龄，而与法定退休年龄无关。如果单纯改变法定退休年龄而劳动力市场却无法充分吸纳这些人口，则意味着剥夺了他们在就业与退休之间的选择，使他们陷入严重的脆弱地位。

虽然在许多发达国家，提高法定退休年龄成为应对老龄化及其带来的养老基金不足而广泛采用的手段，但是，由于与发达国家在两个重要条件上相比，中国的情况有显著的不同，使得这个做法不应成为我们近期的选择。

首先，不同的劳动者群体在退休后的预期寿命不同。预期寿命是反映人口健康状况的综合性指标，在总体水平上受到经济和社会发展水平的影响，在个体上与不同人口群体的收入、医疗乃至教育水平密切相关，因此，在同样的退休年龄下，不同群体退休后的余寿是不同的，从而导致能够享受养老金的时间长短各异。

例如，即使在美国这样一个整体收入水平和医疗水平都较高的国家，1997 年 67 岁年龄组人口在 65 岁上的余寿，在全部人口达到 17.7 岁的同时，女性高达 19.2 岁，而低收入组的男性仅为 11.3 岁。中国预期寿命的差异应该更加显著，从地区差距来看，2000 年上海地区的人均寿命为 79.0 岁，而贵州仅为 65.5 岁。虽然我们没有分人群各年龄组的预期寿命数字，由于中国有比美国更大的收入差距，并且社会保障覆盖率低，基本公共服务具有某种程度的累退性，我们可以合理地推断，退休人口的预期余寿差异会更大。一项公共政策，只有在设计的起点上就包含公平的理念，才具有操作上的可行性。

其次，以人力资本为主要基准来衡量的劳动力总体特征不同。中国目前临近退休的劳动力群体是过渡和转轨的一代。由于历史的原因，他们的人力资本禀赋使得他们在劳动力市场上处于不利竞争地位。延缓退休年龄以增加劳动力供给的可行前提，是老年劳动者的教育程度与年轻劳动者没有显著差别，加上前者的工作经验，因而在劳动力市场是具有竞争力的。这种情况在发达国家通常是事实，如在美国的劳动年龄人口中，20 岁的受教育年限是 12.6 年，而 60 岁反而更高，为 13.7 年。目前在中国劳动年龄人口中，年龄越大受教育水平越低。例如，受教育年限从 20 岁的 9 年下降到 60 岁的 6 年，而与美国的差距则从 20 岁比美国低 29%，扩大到 60 岁时比美国低 56%。

在这种情况下，一旦延长退休年龄，高年龄组的劳动者会陷入不利的竞争地位。在西方国家，由于劳动力市场需要一个追加的劳动力供给，延长法定退休年龄可以为劳动者提供更强的工作激励，而对中国来说，类似的政策却意味着缩小劳动者的选择空间，甚至很可能导致部分年龄偏大的劳动者陷于脆弱境地：丧失了工作却又一时拿不到退休金。在刘易斯转折点到来的情况下，劳动力短缺现象不断发生，就业总量压力也明显减缓，但是，劳动力供求中结构性矛盾反而更加突出，与劳动者技能和适应能力相关的结构性失业及摩擦性失业愈发凸显。这表明，目前劳动力市场上对高年龄组劳动者的需求，并没有随着刘易斯转折点的到来而增大。

根据 2005 年 1% 人口抽样调查数据计算，城乡劳动年龄人口的劳动参与率从 45 岁就开始下降。例如，城镇人口的劳动参与率从 35～44 岁的 85.9% 降低到 45～54 岁的 69.3%，进而下降到 55 岁及以上的 23.1%。对于那些年龄偏大的劳动者来说，劳动参与率的降低显然是在劳动力市场上竞争力缺乏的结果，即"沮丧的工人效应"的表现。

政策建议与路径

可见，至少就中国目前条件而言，单纯提高退休年龄并不是提高老年人劳动参与率的唯一出路。扩大劳动力总体规模和降低社会对老年人的供养负担，恐怕不应该在当前临近退休年龄的人口身上做文章，而是需要创造条件，把当前这一代年轻人逐渐培养成为拥有更充足人力资本的劳动者，使得他们不仅适应产业结构变化的要求，而且能够在未来具备延长工作时间的能力。中国应该选择一个有差别和选择自由的退休年龄制度，在近期内主要着眼于提高实际退休年龄而不是法定退休年龄。这个制度框架应该包括以下内容，通过立法和严格执法、发展教育和培训，以及广泛的劳动力市场制度和社会保险制度安排逐步推进。

首先，严格执行现行法定退休年龄，制止提前退休现象。在遭遇经济冲击和就业压力大的时期，企业在政策的默许之下推动许多尚未达到退休年龄的职工提前退休，导致实际退休年龄大大低于法定退休年龄。在 20 世纪 90 年代末的宏观经济低迷时期，大量职工提前退休导致实际退休年龄一度降低到平均只有 51 岁。而在 2009 年遭遇世界性金融危机期间，返乡农民工中那些年龄偏大的，虽然往往只有 40 岁左右或者以上，但许多人从此不再回到城市打工。因此，严格执行现行退休年龄，并将其适用性延伸到农民工，有助于防止实际退休年龄低于法定退休年龄的现象再度发生。

其次，对于就业者具有受教育程度高、技能需求强的特征的部门，如高科技企业、科研机构、高校等事业单位，应该实行具有弹性的退休年龄制度，允许在单位和劳动者都有意愿的条件下，适当延缓退休时间。女性职工与男性职工统一退休年龄，也可以从这些部门着手进行。养老保险制度应对此做出必要的调整，形成合理、适度的激励机制。

再次，国家通过发展教育和在职培训，提高新成长劳动力的教育水平和在职劳动者的技能，并使其具备根据产业结构调整的需求更新技能的适应力，为未来整体提高法定退休年龄做好人力资本准备。

最后，加强对《就业促进法》的宣传和执法检查力度，制止和消除就业中存在的性别歧视、年龄歧视和户籍身份歧视。政府公共就业服务应该向那些临近法定退休年龄的劳动者倾斜，为他们提供更加积极的就业保护和扶持政策。

原载 2012 年 7 月 21 日《华夏时报》

马尔萨斯何以成为最"长寿"的经济学家?

　　如果按照英国人当时的出生时预期寿命,马尔萨斯于 1766 年出生时,预期活不过 40 岁。所以,1834 年以 68 岁"高龄"逝世的马尔萨斯,在当时算得上是寿终正寝了。不过,说他最"长寿",其实是指他的学说所产生的深远影响。可以说,没有哪一个经济学家像马尔萨斯的理论及其政策含义那样,集声名狼藉和源远流长于一身。

　　仅仅从市场流行的角度,看一看他的名著《人口论》,就可知马尔萨斯学说有多么历久弥新。在过去 200 多年的时间里,这本书被无数次再版,被翻译成几乎所有的主要语言,仅近年来以简体中文在市面上流行的,就有北京大学出版社版、华夏出版社版、敦煌文艺出版社版、陕西人民出版社版和安徽人民出版社版等。一位有心人注意到,在 20 世纪 90 年代伦敦的市场上,单以最著名的古典经济学家代表著作的第一版售价论,现代经济学之父斯密的《国富论》为 2 万英镑,另一位伟大的经济学家李嘉图的《政治经济学及赋税原理》仅为 6500 英镑,而马尔萨斯的《人口论》则高达 3 万英镑。

　　应该说,马尔萨斯绝非徒有虚名。众所周知,在 1798 年出版的《人口论》一书中,他描述的人口将以几何级数增长,而食物充其量只能以自然级数增长的忧郁人类前景,至今仍被悲观主义者奉为圭桌，也使作者成为当之无愧的第一个人口学家。不那么为人所知的是，马尔萨斯还是经济学诞生后第一个受聘的经济学教授，甚至现代经济学之父斯密都没有得到这一荣誉，只当了个逻辑学和道德哲学教授。更严肃地说，真正使马尔萨斯学说长盛不衰的，是下面几个原因。

首先，马尔萨斯人口理论可以解释有史以来人类经济活动的绝大部分时期。占主流地位的增长理论，把经济增长看作一个新古典式的过程，把土地从考察的生产要素中剔除了出去，劳动力是短缺的，资本的边际报酬递减，唯有生产要素投入之外的生产率提高，才能引起长期的经济增长。从这个占统治地位的观点中，人们不难发现，它不能解释工业革命以前世界上普遍存在的经济增长类型——马尔萨斯式的贫困陷阱。因此，终究要有一些经济学家（如汉森和普雷斯科特）站出来承认，人类经济发展至少应该划分为两种类型，一个是以麻省理工学院教授索洛命名的新古典增长类型，一个是以马尔萨斯命名的前工业革命阶段类型。

必须指出的是，在马尔萨斯与索洛之间，还应该有一个以发展经济学家刘易斯命名的二元经济发展阶段。使其得以成为一个独特发展阶段的，是无限供给的劳动力及其从农业向非农产业的转移过程。许多后起工业化经济体，以及如今仍属低收入和中等收入分组的国家，就处于这个经济发展阶段。这种经济发展类型，不难为中国人所理解和认同，因为中国过去 35 年的高速经济增长，正是伴随着人类和平时期历史上最大规模的劳动力转移和流动。

虽然在增长理论圈子里，经济学家们言必称索洛，其实，马尔萨斯式的贫困陷阱理论，能够解释的历史范围，远非索洛理论所能比。另一位增长经济学家琼斯曾经做过这样的比喻，设想人类迄今为止 100 万年的历史，是沿着一个长度为 100 码的标准橄榄球场地，从起点到终点走过来的，在 99 码之处即 1 万年之前，人类才创造了农业，与单纯靠渔猎、采集为生的原始生产方式相揖别；罗马帝国的鼎盛时期距离终点仅为 7 英寸；而我们熟知的把马尔萨斯时代与工业化时代做出划分的工业革命，一经发生，距球场的终点已经不足 1 英寸了。

这就是说，如果我们用以其理论完美刻画了基本特征的经济学家来命名人类经济活动有史以来三个主要发展阶段的话，在马尔萨斯贫困陷阱、刘易斯二元经济发展和索洛新古典增长三者之中，虽说是"铁路司机各管一段"，马尔萨斯理论所能解释的这一段，在时间上是最为悠久绵长的。这也解释了为什么学者、社会活动家和政治家，甚至一般读者给予马尔萨斯更加旷日持久的关注，对他的记忆更为刻骨铭心。

在写作中引证马尔萨斯的《人口原理》（有的版本译为《人口论》）时，一位主编曾经建议我不要引用敦煌文艺出版社的插图版（马尔萨斯《人口原理》（菁华彩图珍藏本），敦煌文艺出版社，2007），而是换成某个更严肃的版本。我当时诚心地接受了这个建议。不过，对于许多普通读者来说，这个版本所收集的极为丰富的图片资料，从各个历史时期的老照片到宗教的和世俗的绘画作品，本身就不啻为一部人类经历马尔萨斯式发展阶段的历史，与马尔萨斯的理论和解说互相补充、相映成趣。

其次，新旧马尔萨斯主义可以帮助思维懒惰的人类解释他们难以理解的现实。其实，在马尔萨斯写作《人口论》的时代，改变人类生产方式的工业革命已经如火如荼地发生了。不仅因为"身在此山中"而不识"庐山真面目"，更是由于伴随工业革命的创造性破坏，使得许多没有能力获得技术进步带来机遇的穷人，反而陷入更加无助的境况，以致悲天悯人的马尔萨斯神父在那个时代临近结束的时刻，得出了对其做出完美描述的悲观理论和政策建议。从人口增长必然加剧人口与食物之间的矛盾进而造成更严重的贫困这一逻辑出发，马尔萨斯甚至冒天下之大不韪，主张废除能够给穷人带来哪怕杯水车薪般帮助的《济贫法》。难怪浪漫主义诗人柯勒律治悲叹道："看看这个强有力的国家，它的统治者和聪明的人民竟然听从马尔萨斯的话！悲哀啊。"

工业革命以后，在工业和农业乃至崭新的经济活动领域，技术进步像列车车轮一样不可阻挡，同时也不断地碾碎许多人心中的乌有之乡。随着第三世界国家开始独立发展，经济社会发展的失败再次与人口爆炸联系到一起；经济总量增长的同时，"贫者愈贫、富者愈富"的马太效应仍然无处不在；人们为了改善自己当前的生活质量，却破坏了子孙后代发展的资源和环境的可持续性；人类竭泽而渔般的经济活动，还造成全球变暖，甚至威胁着地球的生存。此外，迄今无法征服的艾滋病、癌症和不断冒出来的传染性疾病，不绝如缕的局部战乱、人类无法把握的自然灾害、在许多国家仍然蔓延的饥馑……

辛勤工作在各个知识领域的思想家们，尝试对各种现实问题给出科学解释和正确建议的同时，大多数普通知识分子具有难以想象的思维惯性和惰性，而马尔萨斯的解释可以最直截了当地满足这种智力需求。无须煞费苦心地判断技术变迁的可能性，不必因加入制度变量而把问题复杂化，甚至可以罔顾历史事实，只需把人口因素与发展相关问题逐一对应，就像往计算机程序中输入数据，简单的"因果"便立等可取，且能使具有不同知识背景的人群都耳熟能详。此外，政治家也发现，这种简单却古老的逻辑，可以为自己的无知、无助乃至政策失误，提供放之四海而皆准的辩解或者托词。

再次，马尔萨斯关于如何对待贫困人群的论点和论据，为长期辩论中的反方提供了思想武器。从工业革命时代开始，代表先进生产力的资本积累和技术进步，始终与一部分人群的贫困如影随形。因天灾人祸、劳动能力或技能不足，或者干脆由于运气不佳，许许多多劳动者的手工劳动被机器替代，这些劳动者短期内又不能适应新的岗位，以致陷入难以自拔的贫困之中。这时，各种形式的社会救助和社会保险，便成为一种公共政策选项摆在政府面前。许多国家在工业化的早期，便应运而生了这样的社会救助和社会保险项目。

然而，从这种社会救助机制产生之日始，就存在着两种对立的观点。在学理上，穆勒将其必要性和潜在的弊端一并概括出来。他警告人们，社会救助会产生两种结果，一种是救助行为本身，一种是对救助产生的依赖。前者无疑是有益的结果，后者则在极大程度上是有害的，其危害性之大甚至可能抵消前一结果的积极意义。围绕这个"穆勒难题",学者和政策制定者被划分为正方和反方,分别赞成和反对政府实施对穷人进行保护和救助的社会政策。马尔萨斯人口学说所引申出来的政策含义,必然是救助越多,越是会引起被救助者蜂拥而至。

凯恩斯曾经以掩饰不住的钦佩之情,引用了马尔萨斯所举的一个例子,似乎是赞成后者对待穷人的态度——"大自然的盛宴中,没有他的座席"。在马尔萨斯的寓言里,如果宴会的受邀客人不顾女主人的警告,愿意与不期而至者同席分享食物的话,一旦消息传开,宴会厅就会挤满未被邀请的来宾,必然造成女主人和原来的宾客所不希望看到的结果:宴会的秩序与和谐被破坏,先前的富足变成了现在的匮乏,每个角落都充满了痛苦和依赖的场面,得不到食品的人们哄闹不休。最后,原先那些貌似慷慨的受邀宾客后悔不迭,才承认女主人斩钉截铁拒绝任何不期而至者的态度是正确的。

在今天这个比之马尔萨斯时代远为富足的世界,各国都未能完美地解答"穆勒难题",以受邀与否区别来宾的宴会仍在上演。例如,许多欧洲人或许在后悔选择了过于慷慨的养老保险制度、劳动力市场制度以及移民政策;美国人仍然在医疗保险和移民政策的立法上争执不断;日本人担心老龄化造成过高的赡养系数;中国的市长们担心农民工的市民化会摊薄原有居民的福利,不一而足。在公说婆说、莫衷一是的理论和政策辩论中,马尔萨斯的理论始终为这场辩论的反方即社会保护政策的反对者提供着权威性的背书。

最后,马尔萨斯的经济理论被凯恩斯主义"借尸还魂",使其间接影响力至今未有丝毫的减弱。我们知道,凯恩斯最核心的经济观点中关于政府干预的必要性,建立在现有资源利用率不充分的观察的基础上。而这个被总结为"有效需求"的理论假说,很可能是直接受到马尔萨斯的启发。很久以来,人们认为凯恩斯先发明了有效需求假说,然后才发现了马尔萨斯。但是,凯恩斯的传记作者斯基德尔斯基则认为,凯恩斯发现的顺序很可能是颠倒过来的。

无论事实究竟如何,对于这位剑桥前辈思想的重新发现,使凯恩斯异常兴奋、欣喜若狂。他对马尔萨斯本人获得这个灵感后的生动描写，其实也反映了他自己的心情：“这一想法对他的震撼之大以至于他骑上马从黑廷斯跑到镇里……”在 1922 年就完成初稿、1933 年付梓的《托马斯·罗伯特·马尔萨斯》一文中，凯恩斯无比感慨地说：“马尔萨斯这个名字因‘人口原理’而不朽，而他提出更深刻的‘有效需求原理’时的天才直觉却被遗忘了。”特别是在阅读了马尔萨斯与李嘉图之间的通信之后，凯恩斯大胆地臆想：“如果是马尔萨斯而不是李嘉图成为 19 世纪经济学领头人，今天将是一个明智得多、富裕得多的世界！”

建立在有效需求理论的基础上，凯恩斯本人于 1936 年出版《就业、利息和货币通论》，标志着宏观经济学的诞生，为政府通过刺激需求实现充分就业和持续经济增长奠定了理论基础，形成了一场轰轰烈烈的凯恩斯革命。虽然在 20 世纪 70 年代以后，凯恩斯主义遭到越来越多的批评，但是，每逢经济危机特别是现代世界经常发生的金融危机，各国政府不约而同地重新举起凯恩斯主义大旗，出台各种各样版本的经济刺激政策。如果说凯恩斯经济学因金融危机发生而不断死灰复燃，马尔萨斯则因此而阴魂不散。

200 多年中，许多与时俱进的学者，尝试用日新月异的技术进步拒绝马尔萨斯适用上千年的贫困陷阱学说，以变化了的人口转变阶段论证马尔萨斯人口学说和政策建议的荒谬，从以人为本的关怀理念批驳马尔萨斯对贫苦大众的漠视，借凯恩斯主义的失败试图一并“埋葬”马尔萨斯的经济学观点，甚至以新老马尔萨斯主义的不合时宜对其极尽妖魔化之举。事实上，与马尔萨斯这个人或直接或间接相关的理论学说和政策主张，的确误导过并且仍在误导着各国的经济社会实践。但是，马尔萨斯的理论却依然“长寿”，超越大多数其他经济学家。或许，消除其错误遗毒的最佳策略，应该是更加严肃认真、更加历史地对待马尔萨斯的学说，更深入地理解和评判其理论遗产，及至达到去芜存菁的效果。

原载 2013 年 11 月《读书》

第六篇
深化关键领域的改革

在社会发展领域收获改革红利

经济学家的研究表明，一个高速增长的经济体，在人均收入达到7000～17000 购买力平价美元时，减速的可能性很大。如果这个减速程度很深，而且不是暂时性的，这个曾经的高速增长经济体还可能陷入中等收入陷阱。按照同等口径计算，中国目前的人均 GDP 恰好处于这个减速概率最大的区间，因此，如何避免中等收入陷阱，顺利过渡到高收入阶段，是中国面临的严峻挑战和紧迫任务。

虽然大多数学者和政策制定者都同意，通过深化改革保持增长可持续性，是应对这一挑战的重要途径，但是，现实中推动改革却遇到两个难题：其一，迫切需要推进的改革领域可以列出一个庞大的清单，而究竟如何确定优先序则始终没有一锤定音；其二，很久以来政府的关注点更多地集中在产业政策和投资项目上，改革没有被放在优先的议事日程上面。本文认为，在众多的改革任务中，社会领域的改革具有优先序，不仅本身是极其紧迫和重要的，对于其他领域的改革可以起到纲举目张的引领作用，还可以指明和引导政府积极介入的投资方向。

一　投资主体转换导致的"潮涌现象"

中等收入陷阱的一个成因，就是当一个国家从低收入阶段进入中等收入阶段时，传统比较优势逐渐丧失，而尚未找到赖以推动经济增长的新比较优势产业。具体表现是，大多数减速后不能保持可持续增长的经济体，通常都会遇到缺乏有效益的投资领域，从而整个社会缺乏投资冲动的难题。一些国家对此做出的反应就是反复推出刺激方案，力图通过政策诱导的大规模投资打破经济停滞的恶性循环。但是，许多国家在不同时期的经验都表明，这种努力往往不能奏效。例如，尽管尝试了各种刺激政策，日本经济增长率还是从 1955～1975年的平均 9.2% 降至 1975～1990 年的 3.8%，进而跌落为 1990～2010年的 0.85%，经济减速变为了长达 20 余年的停滞。

一个社会的投资，通常要求在纯粹的"私人产品"到纯粹的"公共品"这个宽广的"光谱"中形成一种平衡，但是，由于不同类型投资的主体是不一样的，每个时期的私人储蓄率、技术可得性、宏观经济景气、需求强度以及政府财力也不尽相同，因此，在现实中不同类型的投资往往会集中发生，即在某一时期此类投资可能起主导作用，另一时期其他类别的投资会占主导，这样就形成了投资的"潮涌现象"。在实施刺激性方案或战略的情况下，如果人为刺激的投资未能选准具有比较优势的产业，或者还导致资本报酬递减，这种投资"潮涌现象"不仅无助于促进可持续增长，还会造成宏观经济失衡。

为了简化起见，我们可以从私人产品到公共品做一个性质排序，把社会投资粗略地分为三个类别。类别 I 是这样一种投资，通过形成私人产品的生产能力和实施生产，追求即时的、私人的回报。由于这类投资的回报是排他的，因此，投资诱因是市场化的，投资主体为独立自然人或法人，如个人、企业和其他营利组织。类别 II 是这样一种投资，通过在或多或少具有公共品性质的领域如基础设施投资，追求获得长期的，并且具有共享性质的回报。这种投资的回报可以通过制度设计而具有排他性，但是与前一类投资相比，这类投资具有更明显的外部性。因此，政府往往以某种方式介入或干预这类投资。类别 III 则是这样一种投资，回报是长期的，并且具有更为显著的外部性，以致常常不能明确地界定受益者。这类投资领域包括政府、社会保障和社会保护、基础教育、基础研究等。据其性质，政府更深地介入这个类别的投资过程。

在迄今为止中国的高速经济增长时期，包括各种经济成分在内的投资主体，在类别Ⅰ的投资活动中异常旺盛，在一定时期这类投资的回报率也很高，对经济增长做出了十分显著的贡献。而自20世纪90年代后期以来，随着国有企业进行抓大放小的改革，国有经济部门在拉动投资方面的作用越来越大，分税制改革后中央财力显著增强，这类投资的政府介入愈见明显。特别是在包括西部大开发战略、东北等老工业基地振兴战略、中部崛起战略等区域发展战略的推动下，以大型制造业项目、产业振兴项目和基础设施投资为主要对象的政府主导型投资，即投资类别Ⅱ，也越来越成为投资的重要组成部分，并在应对世界金融危机出台的一揽子刺激计划中达到顶峰。与此同时，在经济增长的需求拉动因素中，经济增长对投资的依赖也达到无以复加的程度。

二 刘易斯转折点后的投资报酬递减

政府和国有企业在投资中占据日益增大的份额，不仅加重了经济增长对投资的依赖，而且导致资本报酬递减。投资的"潮涌现象"与比较优势变化的趋势有关。虽然以劳动力短缺和工资上涨为标志的刘易斯转折点，在2004年前后才明确显示出到来，但是，在此之前比较优势的变化是以"润物细无声"的方式逐渐发生的。应对劳动密集型产业比较优势式微的对策，无疑是提高劳动生产率。因此，早在20世纪90年代就出现了资本投入增长加速的势头。但是，如果劳动力供给的增长速度也呈现下降趋势，这种资本深化的结果不可避免地出现资本报酬的递减。因此，如图1所示，自20世纪90年代初以来资本增长加快的同时，资本回报率相应下降了。

新古典增长理论在劳动力短缺的假设下，预见到了资本－劳动比不断提高必然导致资本报酬递减。在二元经济发展时期，劳动力无限

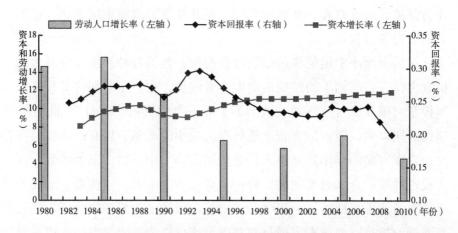

图1　资本增长加速与资本回报率下降

资料来源：劳动年龄人口数来自联合国 2010 年预测；资本增长数来自国家统计局年鉴；资本回报率系作者估算。

供给的特征，使中国经济增长在一段时期内免除了资本报酬递减律的困扰，获得了人口红利。虽然劳动年龄人口至今保持增长，但是，这种增长早在 20 世纪 90 年代初已经开始减速，而这与资本报酬递减现象的发生在时间上是吻合的，可以看作是人口红利消失的先兆。因此，虽然上述投资"潮涌现象"反映了寻求新的比较优势的尝试，以及通过提高资本－劳动比改善劳动生产率的努力，也算是符合经济逻辑的。但是，资本报酬递减律的作用表明，通过更为密集的资本投入这个途径保持增长可持续性，似乎并非畅通无阻，因而需要另辟蹊径。

政府主导的以基础设施建设为重点的大规模投资，看上去好像可以逃脱资本报酬递减的命运。因为投资于公路、铁路、航空、港口、能源以及城市建设等领域，回报具有长期性和外部性，需要用不同的标准来评价其效益。或许是出于这种理念，这类投资大有成为新的"潮涌现象"的势头。但是，这种效益的不同评估方式并不改变投资需要回报这个根本要求。即使在投资类别 II 这种需要适度超前的领域，因为用于投资的资金归根结底是有成本的（实际融资成本和机会成本），如果过度超前，同样会导致产能过剩从而报酬递减现象。

对于地方政府来说，这类建设投资高度依赖土地财政或者负债，在建设效益显现出来之前就可能出现债务危机。许多经济体减速的长期趋势，往往是以周期性的事件作为拐点的。中国一旦发生这种情况，探寻新的比较优势和提高劳动生产率的良好愿望，便会造成适得其反的结果。

三 报酬递增的投资与社会领域改革

提高资本 – 劳动比固然是提高劳动生产率的途径之一，但是，资本报酬递减现象为这一途径设置了限度。只有持续提高全要素生产率，才是劳动生产率增长的不竭源泉。这个道理是广为人知的，但是，改善全要素生产率并保持其持续增长的秘籍，却是由如日本这样经历过因全要素生产率徘徊导致经济发展停滞的国家，用惨痛的代价换来的。即便这些经验和教训如此弥足珍贵，却仍然鲜为人知或者被包括日本的决策者在内的人们所忽略。

在劳动力无限供给条件下，通过劳动力从低生产率部门（农业）向高生产率部门（非农产业）转移，可以获得资源重新配置效率，这是全要素生产率的重要组成部分。中国在改革开放时期的高速增长，已经获益于这个效率源泉。通过变革体制、改善管理、积累人力资本、激励当事人、创新技术和更新生产流程，可以获得全要素生产率的另一个源泉，即技术效率。这个道理也是不言而喻的。关键在于如何使这些事件在现实世界里发生，政府应该做什么、不做什么才有助于这种效率的实际获得。

简单的答案是：政府减少对直接经济过程的介入和干预，转而着力于社会资本的积累，并创造一个优胜劣汰的市场竞争环境。很显然，这涉及政府职能的根本性转变。这时，投资类别Ⅲ就闪亮登场了。以提高人力资本存量为目标的社会事业投资，不会发生报酬递减的现象，因而是不会犯选择性错误、具有可持续性的投资领域。并且，教育、培训、科学研究和社会保障等领域，因直接改善劳动者的素质和预期，发挥其生产和创新的主动性，也是全要素生产率的源泉。不过，这类投资看似市场回报不那么直接，价格信号也不那么明显，有时还会遇到激励不足的难题，需有良好的制度安排，方能引导充足的投入。因此，我们需要一系列相关的改革。

具体来说，这样的改革主要包括以下一些领域和突破点。第一，教育体制亟待脱胎换骨式的改革，核心是实现"政教分离"，即政府集中于管理、规范和公共教育资源的均等性分配，而给予教育事业更充分的空间实现自主发展。当务之急包括放松对社会办学的制度禁锢，同时实现高中教育和学前教育的义务化。第二，通过接纳农民工在城市落户，以及消除户籍人口与流动人口之间在享受基本公共服务方面的不均等性，加快推进户籍制度改革。第三，社会保障制度要在提高覆盖率的同时，理清并确立总体思路，避免保障项目的碎片化倾向，在人口加速老龄化的条件下保持其可持续性。第四，以工资集体协商制度为重点，推进劳动力市场制度的建设，实现劳动者报酬和工作条件决定的良性机制，构建和谐劳动关系。

上述改革领域不仅是进一步深化整体改革的重点，这些领域的改革也是众多改革选项中"低垂的果子"，已经显现出可以迅速切入的改革突破口，因此应该给予最高的优先序。首先，社会领域的改革有利于推动政府职能转变。政府的管理能力也是稀缺资源，一旦在社会领域明确了政府的责任，特别是硬化与政府管理与服务有关的支出和投入，不仅有利于直接引导政府职能向这些方面的转变，也会因为优先序的变化，降低政府部门干预直接经济过程的机会。其次，经济与社会发展的不协调也表现在社会领域改革的相对滞后上面，因此，不仅这些领域的改革越来越紧迫，到了非改不可的地步，同时也使这些领域的改革边际收益最大，相对而言，具有帕累托改进的性质。

户籍制度改革：保持增长的
"立竿见影"之策

　　人们习惯于从需求方认识经济增长源泉。经济学家可以指出许多经济"新增长点"，关注的主要是城市化和中西部地区发展中，基础设施建设产生的投资需求；政府想到的则是促进经济增长的政策"抓手"，如实施推动投资的产业政策、区域政策和经济刺激计划。毋庸置疑，投资永远是推动经济增长的一个重要引擎，政府推动经济增长的政策在一定限度内也是必要的。但是，在今后保持经济可持续增长中，这种推动经济增长的思维和实施方式可能不再奏效，甚至可能产生欲速而不达的后果。

　　改革开放至今，人口红利不仅提供了充足的劳动力供给，而且贯穿于高速经济增长的每个因素之中。例如，对经济增长做出主要贡献的资本形成，不仅得益于抚养比下降促成的高储蓄率，而且因劳动力无限供给阻止了资本报酬递减现象，使得投资成为经济增长的主要贡献因素。此外，全要素生产率提高的源泉，也在相当大程度上来自劳动力从农业向非农产业转移产生的资源重新配置效率。当然，劳动力供给和人力资本提高对经济增长的贡献，更是不言而喻的。因此，如果人口红利消失，经济增长减速就是必然的。

　　2010年便是中国人口红利消失之年。根据人口普查数据预测，

2010 年中国 15～59 岁劳动年龄人口达到峰值，随后绝对减少；据此计算的人口抚养比达到谷底，随后迅速提高。因此，在预测今后潜在增长率时，劳动力供给这个参数是负增长。此外，由于劳动力不再是无限供给，资本报酬递减现象已经发生，近年来资本边际回报率显著下降，今后资本形成的增长率也必然减缓。因此，即便在假设全要素生产率的增长率不发生大幅度跌落的情况下，潜在增长率也会以较大的幅度下降。

在上述假设下，我们做出的估算是，潜在 GDP 年增长率将由"十一五"时期的平均 10.3%，下降到"十二五"时期的 7.6% 和"十三五"时期的 6.2%（见图 1）。潜在增长率是在资本和劳动都得到充分利用的前提下，在一定生产要素的供给制约下，以及全要素生产率提高限度内，可以实现的正常经济增长率。这个定义有两个含义，即在充分就业的假设下，只要实际增长率不低于潜在增长率，第一，就不会产生周期性失业现象。这就是为什么 2012 年经济增长速度不能达到 8%，劳动力市场上没有出现严重的就业压力，"民工荒"和招工难反而继续成为企业发展的瓶颈。第二，也不需要额外的需求刺激，2001～2011 年期间，拉动 GDP 增长的需求因素中，消费需求贡献了 4.5 个百分点，资本形成（投资需求）贡献了 5.4 个百分点，净出口贡献了 0.56 个百分点。因此，即使"十二五"期间净出口的贡献为零，投资需求减半，靠国内消费需求和一半投资需求形成的需求拉动（4.5 个百分点加 2.7 个百分点，共 7.2 个百分点），也足以支撑这一时期的潜在增长率（7.2 个百分点）。

一个从二元经济发展向新古典增长转变的国家，随着传统增长源泉（如人口红利）的式微乃至消失，经济增长越来越依靠技术进步带来的全要素生产率的提高。由于生产率的提高需要付出艰难的努力，不再有捷径可走，因此，经济增长速度减慢是不可避免的，也是顺理成章的。但是，经济增长从上一个五年规划期的 10.5% 到 7.2% 这样的下降幅度，则是由人口红利消失转折点所致。那么，我们有没有可能把戛然而止的转折点，延伸为一个相对平缓的转折区间，以

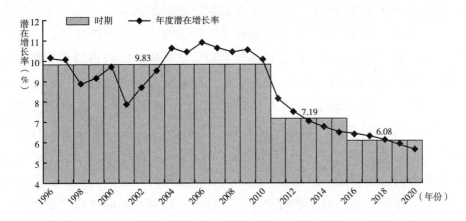

图 1 估计的 GDP 潜在增长率（1996～2020 年）

资料来源：蔡昉、陆旸《中国今后 10 年可以实现怎样的增长率?》，陈佳贵等主编《2012 年中国经济形势分析与预测》，社会科学文献出版社，2011。

便赢得时间予以应对呢？答案是肯定的。

理论界和政策界的一个共识是，深化改革是保持长期可持续增长的根本途径。在很多情况下，也许不该如此功利地看待改革，以追求短期 GDP 作为改革动因和改革目的。以首次提出"中等收入陷阱"概念著称的世界银行经济学家卡拉斯指出，诸如发展资本市场、加快创新和发展高等教育、改善城市管理、建设宜居的城市和形成集聚效应、有效的法治、分权和反腐败等领域的改革效果，至少需要 10 年乃至更久才能显现出来。

中国所处经济发展阶段的一个重要特征是"未富先老"，这既带来了格外严峻的挑战，也创造了独一无二的机遇。换句话说，从中国特殊的国情出发，的确存在着一些改革领域，如果得到实质性的推进，可以对推动经济增长产生立竿见影的效果。户籍制度改革便是这样一个领域。现行的户籍制度仍然起着阻碍劳动力充分流动的制度性障碍作用。虽然目前已经有 1.6 亿农村劳动力离开本乡镇外出就业，但是，由于尚未成为法律意义上的市民，他们作为城市产业发展所需的主要劳动力供给，一直处于不稳定和不充分的状态。一旦通过改革消除这一制度性障碍，可以产生促进经济增长的效果。

因此，户籍制度改革便是这样的一个领域，一旦取得成效，可以产生一石三鸟的效果，在促进经济发展方式转变，即经济增长更加平衡、协调和可持续的同时，立竿见影地提高潜在经济增长率。

第一是通过增加劳动力供给提高潜在增长率。模拟表明，在2011～2020年期间，如果中国能够每年将劳动参与率提高1个百分点，将会使此期间平均每年的潜在GDP增长率提高0.88个百分点。现在人们关注的提高劳动参与率的途径是提高退休年龄，其实这是一个不可行的办法。由于在劳动年龄人口中，随着年龄的提高，受教育程度显著下降，临近60岁的劳动者，其人力资本已经无法适应就业岗位的需要，其实是无法参与劳动力市场的。因此，提高劳动参与率的主要出路，在于加大农村劳动力转移的力度，使城乡劳动者的就业更加充分。

第二是通过消除制度障碍疏通劳动力流动渠道，继续创造资源重新配置效率，保持全要素生产率的提高。未来10年，是中国从中等偏上收入国家迈向高收入国家行列的关键时期，与人均GDP在6000～12000美元的中等收入国家相比，中国农业劳动力继续转移的潜力仍然是巨大的。处在这个发展阶段上的其他国家，平均的农业劳动力比重为14.8%，比中国低10～20个百分点，因为按照学者的估算，目前中国农业劳动力比重为24%左右，而按照官方统计口径，农业劳动力比重仍然高达35%左右（见图2）。这意味着在今后10年乃至20年内，从现有的农业劳动力出发，中国每年需要减少数百万农业劳动力，即每年降低农业劳动力比重1个百分点以上。这样的话，就能保持资源重新配置效率的持续提高，进而支撑中国经济增长的可持续性。

第三是通过提高农民工的社会保障覆盖率扩大其消费水平。由于农民工尚未获得城镇本地户籍，他们的就业和收入不稳定，社会保险的覆盖水平还十分低下，并且不能产生长期的和确定的居住预期。这种状况导致他们的终身收入流缺乏稳定性，从而使得他们并不能成为

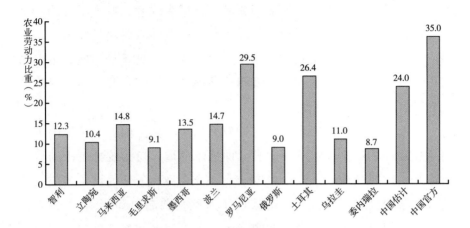

图 2　人均 GDP 在 6000～12000 美元国家的农业劳动力比重与中国比较

资料来源：世界银行数据库；国家统计局《中国统计年鉴》；都阳、王美艳《中国的就业总量与就业结构：重新估计与讨论》，载蔡昉主编《中国人口与劳动问题报告 No. 12——"十二五"时期挑战：人口、就业和收入分配》，社会科学文献出版社，2011。

像城镇居民一样的正常消费者。

　　例如，在 2011 年外出就业的 1.59 亿农民工中，加入社会养老保险的比重为 13.9%，加入工伤保险的比重为 23.6%，加入基本医疗保险的比重为 16.7%，加入失业保险的比重为 8%，加入生育保险的比重为 5.6%。虽然这已经比几年前有了明显的提高，但是仍然大大低于城镇劳动者的覆盖水平。同年城镇劳动者的上述社会保险覆盖率分别为 60.0%、49.3%、52.8%、39.9% 和 38.7%。在这种缺乏社会保障的情况下，农民工只好把收入的 1/4 左右汇回农村老家，作为个人的保障方式以平滑自身消费。也就是说，如果通过户籍制度改革，很大一部分农民工的社会保障覆盖率能够达到城镇居民的水平，即便在收入不提高的情况下，他们的消费至少也可以增加 1/4，中国消费需求将显著扩大，可以明显促进中国经济再平衡。

　　党的十八大报告提出加快改革户籍制度，有序推进农业转移人口市民化，努力实现城镇基本公共服务常住人口全覆盖。在党的报告中，这是第一次做出推进农业转移人口"市民化"的表述，并提出基本公共服务常住人口全覆盖的要求，是城乡统筹、城乡融合的一个崭新目标。同时也提出了户籍制度改革的三条并行的路径：第一，吸纳农民工成为城市户籍人口；第二，努力为尚不具备条件成为市民的农民工提供与城镇居民同等的基本公共服务；第三，实现社会保障体系对城乡居民的全面覆盖。

因此，推进户籍制度改革需要遵循三个重要原则。第一，中央政府要提出改革目标和实施时间表。即把以户籍人口为统计基础的城市化率作为指导性规划下发给地方政府，分人群有条件地设定完成改革的截止期。例如，举家外迁的农民工家庭目前超过 3000 万人，应该尽快使他们成为市民。第二，明确区分中央和地方在推进户籍制度改革中的财政责任。建议由地方政府为社会保障和最低生活保障等生活救助项目埋单，中央政府承担义务教育责任。第三，地方政府根据中央要求制定改革路线图，按照时间表推进改革。对于尚未纳入市民化时间表的农民工及其家庭，地方政府有责任尽快为其提供均等化的基本公共服务。

高等教育该不该保持继续扩大的势头？

　　作为当时缓解就业压力的一个重大举措，我国高校从 1999 年开始大规模扩大招生，扩招后的高校毕业生于 2002 年和 2003 年先后进入劳动力市场，目前每年高校毕业生已经超过 600 万人，预计 2020 年超过 900 万人。近年来，社会上对于高校扩招有种种议论，指出了扩招的一些负面效果，如大学毕业生数量庞大导致就业难，进而造成起薪低；高校规模扩张过快导致教学质量降低，高校负债严重甚至出现债务风险；等等。

　　然而，上述问题都是可以通过政策调整和教育体制改革加以解决的操作层面问题。高等教育发展加速带来的一个最为根本性的变化是，新成长劳动力的人力资本素质得到显著改善。如果我们把各级学校毕业后未升学的总人口粗略地看作新成长的劳动力，1999 年这部分人口中高校毕业生比重为 5.6%，高中毕业生比重为 17.8%，而2010 年这两个比重分别提高到 36.0% 和 22.8%。也就是说，目前新成长劳动力中受过高中以上教育的比重已接近 60%。这个成就与高校发展目前遇到的问题相比，对于我国经济社会发展显然具有更深远和长期的积极影响。因此，笔者建议，我国高等教育应该保持目前的发展速度，甚至应该以更快的速度发展。

一 保持持续增长的必由之路

首先，显著改善劳动者人力资本素质，是经济增长方式转向生产率驱动型的必然要求。迄今为止，我国利用丰富的劳动力和高储蓄率，以增加要素投入为驱动力实现了高速经济增长。随着我国于2004年跨过了刘易斯转折点，人口红利也将于2013年随着人口抚养比停止下降而消失，保持未来经济增长的源泉必须转向全要素生产率的提高，即通过提高生产要素使用效率、资源重新配置和产业结构升级获得增长的驱动力。这种经济增长模式的转变是一个关键的跨越，没有人力资本的显著改善是难以实现的。

日本在这方面有沉痛的教训。在日本赶超发达国家的过程中，高等教育曾经发展很快。但是，日本社会对于大学毕业生就业的关注和对于教育质量的批评，促使政府有意放慢了高等教育发展的速度，结果在20世纪80年代后期以来，高等教育与其他发达国家的距离拉大，就劳动年龄人口中人均接受高等教育的年限来说，日本相当于美国的水平，从1976年的45.3%下降到1990年的40.4%，回到了1965年的水平上。在1990年人口红利消失之后，经济增长因未能转向创新驱动而陷入持续的停滞状态。例如，日本全要素生产率对平均劳动生产率的贡献率，从1985~1991年的37%跌落到1991~2000年的-15%，导致日本经济"失去的10年"。

其次，高等教育发展及其诱导形成的高中阶段教育的扩大，是提高受教育年限的有效手段。经济学家通常采用劳动者受教育年限作为测算人力资本的指标，并发现其对经济增长有显著贡献。产业结构调整的成功与否，同样有赖于劳动者素质的显著提高，即要求劳动者受教育年限增长。长期以来，我国劳动者受教育年限的提高，主要是通过普及义务教育达到的。随着义务教育毛入学率已经达到100%，继续提高受教育年限必须通过普及高中和大学教育。

受教育年限的提高需要长期的积累，不是一朝一夕可以做到的。

例如，即使伴随着义务教育普及率的提高和高等教育的扩大招生，16岁以上人口的受教育年限，在1990~2000年期间仅仅从6.24年增加到7.56年，总共才增加1.32年，2005年为7.88年，5年中只增加了0.32年。因此，为了提高未来劳动者受教育年限，要求继续扩大高校招生规模并由此诱导高中入学率的提高。

最后，培养具有与产业结构变化相适应的能力和高端就业技能的劳动者，也是保持经济增长持续动力、防范经济社会风险的必然要求。按照目前相应产业的劳动者受教育水平估算，如果劳动者从第二产业的劳动密集型就业转向第二产业的资本密集型就业，要求受教育水平提高1.3年；转向第三产业技术密集型就业，要求受教育水平提高4.2年；即使仅仅转向第三产业的劳动密集型就业，也要求受教育水平提高0.5年。这就是说，人力资本含量低的产业将逐渐减少，受教育水平低的劳动者可能成为劳动力市场上的脆弱群体。

在这方面，美国可以作为前车之鉴。美国产业结构升级一度表现为劳动力市场的两极化，即对人力资本要求高的产业和对人力资本要求低的产业扩张快，而处在中间的产业处于萎缩状态，导致许多青年人不上大学甚至不上高中，形成所谓"从中学直接进入中产阶级"模式。然而，在全球化进程中，美国低端制造业在国际分工中日益丧失竞争力，实体经济相对萎缩，每一次经济衰退都会永久性地丧失一部分就业岗位，形成"无就业复苏"，那些受教育水平与产业升级不相适应的劳动者群体，则容易陷入失业和贫困状态，美国社会的收入差距也日趋扩大。

二　普及高等教育任重道远

长期以来，在科学技术水平上与发达国家的差距，成为我国赶超发达国家的一种后发优势。在某种程度上，人力资本差距形成的后发优势也得以充分利用，例如，我国占有了劳动密集型制造业的巨大国际市场份额就是其体现。然而，随着我国二元经济特征的逐渐消失，丰富而廉价的劳动力不再是比较优势，必须大幅度地提高劳动者的人力资本水平。

一般认为，毛入学率在 15% 以内即为高等教育精英化阶段，15%～50% 为高等教育大众化阶段，50% 以上为高等教育普及阶段。我国在 2002 年进入高等教育大众化阶段，下一个目标就是普及化。发达国家从高等教育的大众化到普及化，通常用 25～30 年的时间。与此相比，我国高等教育扩张的速度其实不算快。从 2002 年扩招后第一批专科生毕业开始，我国实现了高等教育大众化。此后一直到 2005 年，高等教育毛入学率每年增长两个百分点。从 2006 年开始，高等教育毛入学率的增长速度下降，年均增长 0.8 个百分点。假定以后高等教育毛入学率按照目前的速度增长，我国要到 2042 年才能实现高等教育普及化。

很显然，我国高等教育的普及不能等那么久。根据预测，我国劳动年龄人口在 2013 年就停止增长，人口抚养比停止下降，意味着单纯以劳动力数量衡量的第一次人口红利将丧失。为了保持经济增长的可持续性，通过扩大人力资本存量，挖掘第二次人口红利的任务十分紧迫。而加快高等教育普及速度，无疑是提高人力资本水平的关键抓手。2010 年我国三级教育总入学率比世界平均水平低 8.7 个百分点。由于我国小学毛入学率已经超过 100%，初中毛入学率已达 99%，因此，这个教育差距主要是高中和大学入学率低造成的。要缩小这个差距，需要付出持续的努力，高等教育发展速度只能加快而不能减慢。

三　政府责任与开放办学并重

由于大学毕业生就业难问题持续存在，社会上出现了对高校扩大招生的质疑声音，甚至有不少叫停高等学校扩招的言论。还有人主张通过加大职业教育发展力度取代发展高等教育的努力。如前所述，高等教育对于建设创新型国家的作用是不可取代的。职业教育可以提高劳动者的技能和适应能力，有利于保持制造业竞争力和就业稳定性，无疑应该得到大量发展，但是，职业教育并不能替代大学教育，也没有必要与高等教育相对立。下面，我们可以从教育的性质以及由此决定的政府在各个教育阶段的责任来论述这个问题。

体现在劳动者身上的技能等素质，可以提高劳动者通过就业获得的回报率，通常被称作教育的私人收益率。此外，教育有着巨大的正外部性，表现为社会收益率。因此，社会收益率越高的教育阶段越是需要政府的投入。相反，在社会收益率较低而私人收益率较高的教育阶段上，家庭和个人的投入积极性比较高。教育经济学的研究表明，教育的社会收益率在学前教育阶段最高，依次为基础教育、较高阶段的普通教育，最后是职业教育和培训。相应的，教育的私人收益率高低，恰好呈现与此相反的顺序。根据教育的社会收益率规律以及我国现阶段教育发展的主要瓶颈，可以得出关于政府责任的若干建议。

首先，义务教育阶段是为终身学习打好基础，形成城乡之间和不同收入家庭之间孩子的同等起跑线的关键，政府充分投入责无旁贷。值得指出的是，鉴于学前教育具有最高社会收益率，意味着政府埋单是符合教育规律和使全社会受益原则的，应该逐步纳入义务教育的范围。近年来，随着就业岗位增加，对低技能劳动力需求比较旺盛，一些家庭特别是贫困农村家庭的孩子在初中阶段辍学现象比较严重。从家庭的短期利益着眼，这种选择似乎是理性的，但是，人力资本损失最终将由社会和家庭共同承担。因此，政府应该切实降低义务教育阶段家庭支出比例，巩固和提高义务教育完成率，而通过把学前教育纳入义务教育，让农村和贫困儿童不致输在起跑线上，也大大有助于提高他们在小学和初中阶段的完成率，并增加继续上学的平等机会。

其次，大幅度提高高中入学水平，推进高等教育普及率。高中与大学的入学率互相促进、互为因果。高中普及率高，有愿望上大学的人群规模就大；升入大学的机会多，也对上高中构成较大的激励。目前政府预算内经费支出比重，在高中阶段较低，家庭支出负担过重，加上机会成本高和考大学成功率低的因素，使得这个教育阶段成为未来教育发展的瓶颈。因此，从继续快速推进高等教育普及化着眼，政府应该尽快推动高中阶段免费教育。相对而言，高等教育应该进一步发挥社会办学和家庭投入的积极性。

最后，通过劳动力市场引导，大力发展职业教育。我国需要一批具有较高技能的熟练劳动者队伍，而这要靠中等和高等职业教育来培养。欧美国家适龄学生接受职业教育的比例通常在 60% 以上，德国、瑞士等国家甚至高达 70% ~ 80%，都明显高于我国。我国应当从中长期发展对劳动者素质的要求出发，加大职业教育和职业培训力度。由于这个教育类别具有私人收益率高的特点，劳动力市场激励相对充分，因此，应该更多地依靠家庭和企业投入的积极性，政府投入的力度应该低于普通高中。此外，应建立起高中阶段职业教育与职业高等教育及普通高等教育之间的升学通道，加快教育体制、教学模式和教学内容的改革，使学生有更多实现全面发展的选择。

原载 2012 年第 10 期《中国党政干部论坛》

生育政策调整的路径选择[*]

我国人口转变已进入一个崭新的阶段，表现为劳动年龄人口绝对减少，老龄化进程加速，并对经济潜在增长率产生负面影响。在坚持计划生育基本国策的同时，适时适度地调整生育政策，不仅符合以人为本的时代要求和取信于民的历史承诺，也是通过改革获得制度红利的重要领域。本文建议稳妥实施放开"二胎"的生育政策调整，并预测这一调整可以为 2030 年以后的经济增长带来积极效应。

一 生育政策现状

以 1980 年中共中央发表《关于控制我国人口增长问题致全体共产党员共青团员的公开信》为标志，独生子女政策已经实行 30 余年。这一政策的实施，用一代人的时间实现了人口再生产类型从高出生、低死亡、高增长向低出生、低死亡、低增长的历史性转变，缓解了人口与就业、资源、环境的矛盾，创造了长达 30 余年的"人口红利"期。根据国家统计局人口普查和人口抽样调查数据，计算得出的总和生育率（即按照现有生育模式，一个妇女终身生育的孩子数）多年

* 本文作者为蔡昉、陆旸。

241

已经低于 1.5，联合国在 2010 年发表的《世界生育率模式 2009》中，也相应地把中国 2006 年的总和生育率修正为 1.4，归入低生育国家的行列。

随着人口转变进入新的阶段，人口结构矛盾开始显现。多年处于低生育水平的结果，就是人口老龄化和劳动年龄人口增长减速直至负增长。根据第六次人口普查数据预测，在 2022 年前后，我国总人口将在 13.8 亿的水平上达到峰值，随后绝对减少。从 2011 年开始，15~59 岁劳动年龄人口绝对减少，今后这个趋势将继续。60 岁及以上老年人口比重将从 2010 年的 13.3%，提高到 2022 年的 18.7%，届时老年人口接近 2.6 亿。

在此之前，我国人口结构的特点是劳动年龄人口数量大、比重高，保证了劳动力供给的充足性，创造了高储蓄率的条件，为 20 世纪 80 年代以来改革开放期间的经济发展提供了人口红利。这种人口红利具体体现在劳动力供给、人力资本、物质资本积累、全要素生产率等各个方面。而随着以劳动年龄人口减少为表征的人口红利消失，我国 GDP 潜在增长率预计将从 1995~2010 年期间的平均 10.3%，下降到"十二五"时期的 7.6%，进而"十三五"时期的 6.2%，之后持续降低。

随着经济增长和社会发展，人口逐渐老龄化是一般性规律，中国的不一般之处在于，在较低人均收入水平上，进入了更为老龄化的人口转变阶段。因此，在加快转变经济发展方式、完善养老保障制度、发展老年事业和养老产业、积极应对老龄化的努力之外，生育政策也需要与时俱进地进行调整。

我国生育政策的现状是：实行严格"一孩"政策的地区包括全国城镇及 6 个省市的农村居民，大约覆盖全国人口的 35.9%；实行"一孩半"政策，即农村生育第一个孩子为女孩的家庭可以再生育一个孩子，包括 19 个省区农村居民，覆盖全国人口的 52.9%；实行"二孩"政策即农村居民普遍可以生育两个孩子的地区，包括 5 个省区的农村，覆盖全国人口的 9.6%；实行"三孩"政策的是部分地区少数民族农牧民，约占全国人口的 1.6%。

此外，全国普遍实行了"双独"政策，即夫妻双方皆为独生子女的家庭可以生育两个孩子；有 7 个省市农村实行了"单独二胎"政策，即夫妻有一方为独生子女的家庭即可生育两个孩子；有 12 个省区市取消或放宽了生育间隔规定；有 5 个省区放宽了再婚夫妇的生育政策。从现状出发，我们认为采用分步实行"单独二胎"政策向"二胎"过渡的调整方式，已经过于保守。

二　政策调整路径选择

在讨论生育政策调整时，学者和政策制定者常常纠结于一个双重目标：既希望人口增长具有持续性，长期内促进人口总量和结构的平衡，又不愿意看到生育水平的明显上升。那么，我们在政策上可以接受怎样的生育水平，或者总和生育率的警戒线是多少呢？从人口学的角度，一个妇女终身生育的孩子数即总和生育率低于 2.1 这个更替水平，可以被界定为低生育水平。国际上认为，根据可能产生的人口及经济社会后果，1.5~2.1 为低生育水平，1.3~1.5 为很低生育水平，而 1.3 以下则是极低生育水平。

过低的生育水平会导致一系列经济社会问题，最直接的问题是人口老龄化和劳动力的短缺，造成资本报酬递减，大幅度降低经济潜在增长率。而且，在人口、经济与社会等多种因素的相互作用下，生育水平一旦落入很低的值域，将长期持续下去，形成不良循环。经验表明，1.5 是一个临界水平的生育率，一旦低于这个水平，哪怕将其提高到 1.6 都是难上加难。在我国生育率已经只相当于更替水平 2/3 的情况下，政策调整已迫在眉睫。

很显然，超低生育率不应成为我国人口发展的政策目标，保持"适度"的低生育水平，既不能低于 1.5，也不应超过 2.1。事实上，由于人口转变趋势并不仅仅取决于某项政策的实施，而更多的是经济社会发展的必然结果，因此，无论采取何种政策调整方案，我们都很难看到生育率提高到 2.1 的结果。长期以来，主管人口工作的部门从人口众多的国情出发，把 1.8 的生育水平作为判断生育率高低的基准，主张长期生育水平应该保持在 1.8 左右为宜。

在目前人口学家所做的各种预测和模拟中，除了个别结果认为一步放开"二胎"会在短期内（3～5 年）导致总和生育率高企，超过 2.1 的替代水平之外，绝大多数得出长期总和生育率在 1.9 以下，并随着时间推移而趋于下降的预测结果。因此，生育政策调整的选择最终落在：是维持现行 1.4 的极低生育水平，还是进行较大幅度的调整（允许生育二胎），尽可能使未来生育率更接近 1.8 的均衡水平这个范围内。

三　政策调整的增长效应

随着劳动年龄人口进入负增长，人口红利终究要消失，经济增长速度转为较低的常态也是不可避免的。这个基本趋势已经无法改变，生育政策调整也不能在短期内逆转人口红利。不过，未雨绸缪调整生育政策，对于未来我国人口均衡发展乃至长期潜在增长率，仍然可以产生积极的效果。在对人口生育政策进行调整之后，短期内不会产生对 GDP 潜在增长率的正面影响，负面影响程度也非常微弱，还不足 0.01 个百分点。但是，在一代人进入劳动力市场之后，政策调整对潜在增长率的积极作用将会比较明显。

根据我们的模拟，生育政策调整对经济潜在增长率的效果在 2030 年之后才会显露。以维持现行政策和生育水平的情形为参照基准，通过政策调整，在把总和生育率迅速提高到 1.77～1.94 并保持下去的情况下，2031～2035 年的潜在增长率可以提高 7.1%～11.8%，2046～2050 年的潜在增长率可以提高 15.5%～22.0%。而把今后总和生育率提高到 1.77～1.94 的水平，恰好与立即放开"二胎"的改革方案相对应。

有两点值得指出。首先，只要引导措施得当，在这个范围内的政策调整不会导致失控的局面。具体来说，在实施生育政策的前期，以往行之有效的计划生育管控措施，可以应用于针对二胎以上情形；在调整完成并稳定下来之后，政策着眼于提倡节制生育，完善相关服务体系；随后逐渐过渡到生育自主的政策取向上；在总人口达到峰值之后，政策目标则应转向鼓励生育。其次，通过政策调整把生育率提高到更加接近于更替水平（如 1.77～1.94），是一种最为乐观的设想。根据许多其他亚洲经济体的经验，很可能政策放开却不能逆转生育率下降的趋势。那样的话，鼓励生育的政策取向应该来得更早。

原载 2013 年第 6 期《现代人才》

中国农业新阶段及其议程

过去的 10 年，是中国农业和农村发展最好的 10 年。直观上，我们废除了农业税，粮食产量接近于实现了"十连增"，农民收入大幅度提高，农业和非农产业的关系、城市和农村的关系也得到了大幅度的改进。这些都是"三农"发展很重要的方面。但我们沿着现有的道路走下去能不能实现农业现代化，仍然是一个值得探讨和思考的问题。如果将中国的农业发展划分为不同的阶段，就会看到每个时期有特定的任务和需要解决的问题。

第一阶段：解决食品供给

通过改善激励机制和市场环境，提高生产率，特别是提高不同稀缺生产要素的生产率，如在特定的历史阶段分别表现为提高土地生产率或者劳动生产率，目的是达到农产品特别是粮食的充分供给。这个阶段起步于我国在 20 世纪 70 年代末 80 年代初实行家庭联产承包责任制。家庭联产承包责任制在逐步被中央承认之后，在 80 年代迅速成为全国性的经营体制。林毅夫的研究表明，在 70 年代末到 80 年代中期中国农业的增长中，家庭联产承包责任制的实施做出了 47% 的贡献。

　　农业的发展是通过改革创造了好的激励机制，同时为生产要素和产品市场的发育提供了更好的价格信号，使得技术变迁发挥了实际作用。虽然中国农业大多还是以家庭为单位经营，但它的技术含量已经发生了巨大的变化。以农业机械化为例，可以看出中国农业的技术变迁已经发生了巨大的变化。如果机械化的推进是以小型的拖拉机和农具为主的话，这种技术的变迁不是为了解决劳动力的问题，而是为了提高土地的生产率；而如果是大型拖拉机和农具的农业机械化模式，则意味着节约劳动力是农业机械化所要达到的目的。在 20 世纪 90 年代后期以前，小型农机具的增长速度为每年两位数左右，而大型拖拉机和农机具的增长速度每年只有 1% ~ 2%，在此之后，随着劳动力的日渐短缺，农业中节约劳动力的技术变迁被诱导出来，大型农机具的增长速度上升为两位数，而小型农机具的增长速度则明显变慢。结果是，我国农业的劳动生产率和食品的人均占有量都大幅度提高。

第二阶段：提高农民收入

　　农民为市场提供了食品和农产品，但是并不意味着农民收入水平的相应提高。"谷贱伤农"意味着粮食多了反而有可能抑制农民收入的增长。在这一阶段，提高农民收入的办法是剩余劳动力向非农产业的大规模转移。第一步将劳动力从粮食转移到经济作物上，接下来就地转向了乡镇企业，再进一步转向了本乡镇之外的各级城市和发达地区。与此同时，农产品的价格也在发生变化，政府不断出台惠农政策。在此阶段，农民收入得到了很大的提高。

　　这一阶段对应着发展经济学中二元经济发展阶段。刘易斯把发展中国家区分为两个不同的部门，一个以传统的农业为代表，在这个部门中，有大量的过剩劳动力。因为土地是固定的，而劳动力是过剩的，因此把劳动力投入有限的土地中，劳动所能挣得的边际产品就非常低。也就是说投入一个新的劳动力后不再增加产量，这意味着如果把这些劳动力转移出去也不会降低农业的生产率，但可以增加农民的收入。因此，整个二元经济发展就是一个劳动力不断被非农产业吸收的过程。

进入21世纪，农民工的规模不断扩大。统计上将"农民工"定义为农村劳动力离开本乡镇6个月及以上。根据统计，这些劳动力96%以上进入了各级城市。2012年，农民工的数量已经达到了1.63亿，城市的就业人口中有1/3是农民工，城市新增就业人口中有2/3是农民工，也就是说农民得到收入增长的同时也为城市的高速经济增长提供了充足的劳动力供给。

与此同时，过去10年是中央"三农"政策最好的时期，中央"三农"支出的绝对额也在逐年上升，各级政府出台很多惠农项目，这些都起到了帮助农民增加收入的作用。因此，政府的政策和市场机制都在提高农民收入上发挥了积极的作用。

第三阶段：保障粮食安全

粮食安全问题不仅仅指粮食是否自给自足，还指我们要有牢固的食品生产能力，能够生产出保证食品安全的农产品。这主要是依靠充分的激励机制，让生产者愿意去种植，还要有足够大的力度去激励生产者种植，这样才能构建起食品安全供给的农业生产条件和农业生产方式。

这个阶段将农业生产方式提到了更高的优先地位。过去的农业积累了大量的剩余劳动力，随着劳动力的转移，非农产业不断发展，直至不提高工资就无法吸引农民工外出，这种现象被称为"刘易斯转折点"，即过去不需要提高工资就能够得到的剩余劳动力不存在了，与此同时出现了劳动力短缺现象及低端劳动力的工资不断上涨的现象。从这个意义上说，可以将2004年视为我国的"刘易斯转折点"。也有意见认为，长期的经济发展阶段应该存在一个"刘易斯转折区间"而非"刘易斯转折点"。中国15~59岁的劳动年龄人口在2010

年已经达到了峰值，此后呈减少趋势。因此，2004～2010 年可以被认为是我国的"刘易斯转折区间"。无论按照哪个标志，我国的"刘易斯转折"都已完成。它的意义在于在转折之后，劳动力出现短缺，劳动密集型产业的比较优势会相对下降，劳动力短缺也会引发资本报酬的递减现象。因此靠资本和劳动力投入型的经济增长方式已经难以为继，必须转向更加依靠生产力提高、技术进步、创新驱动的经济增长模式。

更加重要的是，在发展经济学中，"刘易斯转折点"也称为"食品短缺点"，即到达该点后继续转移劳动力，城市需承担更高的工资，对食品需求会显著提高。与此同时，农业则必须用更好的生产方式来补充流失掉的劳动力。此时，农业生产率的提高和技术进步就成为前所未有的一个新要求。这个阶段面临的任务是：推动农业科技进步及提高其贡献率；使生产要素流动和配置更加合理；显著扩大农业经营规模。这就要求政府在恰当领域进行更高的投入并提供各种外部服务，包括金融服务。

建立新的农业生产方式还有一些理论难点需要突破。第一，农业是天生的弱势产业吗？表面上看答案是肯定的，农业有更大的自然风险，规模狭小，缺乏对高素质劳动力的吸引力。但是，美国农业的现代化程度和规模经营的程度都很高。这在一定程度上说明，"农业的弱势"可能在于它的生产方式。但生产方式不是注定不变的，在不同国家存在着不同的农业生产方式。第二，农业金融是特殊的吗？无论是大农业还是小农业的发展，都需要劳动和资本的投入，政府的补贴只是一个方面，农业自身的积累才是更能有效使用的资源。农民向非农产业的转移也需要资金的支持。而一家一户的农民和小规模的农业是不能得到正规金融机构的支持的，究其原因，也要归结于生产方式的问题。一家一户的小规模经营与规模化的金融机构二者之间是很难能衔接对应的。

农业特殊论的根源在于农业小规模、缺乏竞争力的生产方式，从美国、欧洲和其他发达国家的经验来看，现代化农业是可以自生并且具有竞争力的。中国农业的特殊性来源于中国特殊的发展阶段，我们在这个阶段提出了新的任务和需要，但与此同时，现行的许多制度因素还在制约着农业发挥其潜力。

　　我倾向于认为：农业不是一个天生的弱势产业，其弱势是特定发展阶段的问题，农业最终将发展为自生的竞争性的产业，特别对中国这样一个大国来说，更是如此。

原载 2013 年 8 月 7 日《中国科学报》

警惕"中等收入陷阱" 合理调整收入分配*

今年是"十二五"开局之年,"合理调整收入分配关系"首次作为独立章节写入"十二五"规划纲要(草案),意味着新一轮收入分配改革的号角已经吹响。

改革开放以来,我国社会财富增长较快,但是财富分配结构不够合理,城乡之间、行业之间、区域之间收入差距不断扩大。

产生收入差距的原因是什么?当前收入差距扩大的现状究竟怎样?如何正确看待这一问题?未来我国将如何破解这一难题?记者带着这些问题,专访了曾参与制定"十二五"规划纲要研究的全国人大代表、中国社会科学院人口与劳动经济研究所所长蔡昉。

收入差距较大 准确量化存困难

记者: 当前城乡之间、行业之间、区域之间收入分配差距的现状究竟怎样?能否得出差距仍将拉大的结论?

蔡昉: 按照有关统计口径,从整体的收入差距来看,这些年我国的基尼系数不断上升,从2002年以后就已经超过0.4的国际警戒线,有人认为现在已经接近0.5。但我认为,用一个具体量化的数据来形容收入差距,也不见得非常准确。因为现在的收入调查,并没有包含农民工家庭,所以据此计算出来的基尼系数也就很难说有多准确。

不过,可以肯定的是,当前我国的收入差距确实比较大。包括城市居民内部的收入差距,农村居民内部的收入差距,还包括城乡居民

---

* 本访谈作者为雷敏。

之间的收入差距。而且研究表明，城乡收入差距在整体收入差距中的占比最大，对基尼系数的贡献达到 40% ~60% 。

这就给了我们一个思路，即解决收入分配差距最重要的一个方面是缩小城乡收入差距，关键就在于推进户籍制度改革，推进城乡统筹。

从地区之间的收入差距来看，虽然目前东、中、西部三类地区之间的差距仍然较大，但也要看到 2003 年后，省和省之间人均 GDP 的基尼系数是不断缩小的，因为 2003 年以后，中、西部地区的整体经济增速是超过沿海地区的，如果把农民工的收入也计算进去的话，地区之间的人均收入差距可能会比现在小一些。

总的来说，我国目前的收入差距比较大，但是并不能做出收入差距仍将不断扩大的判断。关键是要有针对性强、力度大的改善收入分配的政策。

多重原因拉大收入差距　合理与不公正因素并存

记者：产生这些收入差距的原因是什么？

蔡昉：原因比较多，一是改革开放以来，中国从过去的计划经济逐渐过渡到了市场经济。在计划经济年代，就业、工资是由国家定的，国家认为多大差距合理，是可以控制住的。但市场经济的含义是，每个人面临着不同的机会，遇到同样的机会时，每个人的人力资本不尽相同，因而把握机会的能力也不相同，所以产生了收入差距。总体来看，教育回报率是不断提高的，不同教育水平、不同素质的人的收入也有高有低。

从行业差距来看，有些行业集中更多的高素质的人才，有些行业从业者受教育程度相对低一些，那这些行业之间的收入必然产生差距。这些都是合理的收入差距。

但是，劳动者就业机会尚未实现均等，因此也产生不合理的收入差距。此外，也存在一些企业依靠特殊的垄断地位获得过高收入的问题。这类企业经营效益有保证，赢利较多，职工收入较高。而大量的中小企业面临激烈的市场竞争，利润和资本回报率不高，在劳动力整体供过于求的背景下，选择尽量压低劳动力成本。这是导致行业收入差距拉大的不公正的因素。

至于地区之间的收入差距，在历史上本就长期存在。改革开放以来，我们允许一部分地区先富起来的政策，也使得沿海地区的经济发展快于中、西部。当然，中、西部大量农村剩余劳动力转移到沿海地区，也是分享沿海经济发展的途径之一，但是，劳动力流动仍然遇到诸多制度障碍。

所以，收入差距的形成既有历史的原因，也有改革开放后发展有先后、个人能力有差异的原因，还有体制机制的原因，既不能据此就得出计划经济比市场经济好的结论，也不能掉以轻心，缺乏紧迫感。

警惕"中等收入陷阱"　消费新引擎带动经济增长

记者： 如何看待当前收入分配差距的危害性，以及解决这一问题的紧迫性？

蔡昉： 可以从两个层面来看这个问题。一是从经济角度看，"十二五"规划纲要中提出把加快转变经济发展方式作为主线，把经济增长过度依赖投资和出口拉动转为依靠消费拉动。要实现这一目标，就需要提高居民收入水平，同时改善居民的社会保障水平。而且，由于中低收入者的边际消费倾向比较高，所以要重点增加这部分群体的收入，满足他们的消费需求。

中国已经成为世界第二大经济体，但还要成为与其经济水平相匹配的消费大国，这是今后 10 年中国继续保持高增长，实现全面建设小康社会目标的关键。

从社会角度看，一部分人生活陷入困难，会产生不满情绪，形成不安定因素。中国一定要避免落入"中等收入陷阱"。因为从中等收入国家进入高收入国家不是必然的，这取决于在经济层面，中国能否成功进行收入分配改革，把扩大消费作为经济增长的新引擎；在社会层面，能不能增强社会和谐，保持政治社会稳定。

政策方向已定 "十二五"收入分配改革将稳步推进

记者：您认为未来 5 年，中国进行收入分配改革应在哪些方面着力？

蔡昉："十二五"规划纲要（草案）中已经提出，初次分配和再分配都要处理好效率和公平的关系，再分配应更加注重公平。

具体来讲，在初次分配领域，首先要纠正以往只讲效率、不讲公平的做法。例如，针对行业收入差距中的不公正现象，就应该要求打破行业垄断，引入竞争因素。没有哪个行业"自然垄断"到只能允许一家企业存在，应该让若干家竞争性企业进入，这对打破垄断行业高收入作用很大。总之，解决行业收入差距过大的问题，首先要打破进入和退出的壁垒，创造企业充分竞争环境。同时，也要对那些具有垄断地位企业的薪酬进行合理规范和调控。

其次，从企业层面来讲，劳动报酬的增长应与劳动生产率的提高保持同步。应建立和完善工资集体协商制度，引入科学机制，给职工表达诉求的渠道和平台。

另外，要消除阻碍农民工变为市民的户籍、社保等障碍；保持就业的持续扩大，尤其着力解决大学毕业生技能与市场需求不匹配的问题，以及农民工等群体的就业问题。

在再分配领域，要更加注重公平。政府现在已经制定了非常完备的政策措施，但关键要加大执行力度，确保落实。比如，低保是否真正补给了低收入者；义务教育阶段是否让每个人真正享受到了教育公平；社会保障体系能否进一步完善，重点覆盖农民工、城镇灵活就业和无就业人员；等等。

新华社采访 http：//news. xinhuanet. com/fortune/2011 – 03/10/c_ 121172899. htm。

推进改革　提高潜在增长率[*]

　　人们习惯于从需求方认识经济增长源泉。在潜在增长率下降的情况下，经济学家可以指出许多经济"新增长点"，关注的主要是城市化和中、西部地区发展中基础设施建设产生的投资需求；政府想到的则是促进经济增长的政策"抓手"，如实施推动投资的产业政策、区域政策和经济刺激计划。毋庸置疑，投资永远是经济增长的一个重要引擎，政府推动经济增长的政策在一定限度内也是必要的。但是，在今后保持经济可持续增长中，这种推动经济增长的思维和实施方式可能不再奏效，甚至可能产生欲速不达的后果。

　　然而，从供给方着眼，通过改变生产要素供给和全要素生产率提高的条件，可以提高潜在增长率，进而支撑一个较高的经济增长速度，则是一条可选和必选的途径。许多人以为经济体制改革只可能在较长的时间后才能见到促增长的效果，其实，从中国实际出发，有诸多领域的改革可以取得立竿见影的增长效果。换句话说，改革固然有一个更加理想化的终极目标，但是，归根结底还是要靠其带来的促进经济增长效应来推动。因此，围绕提高潜在增长率推动改革，不啻一种充分的激励和强大的动力。

一　经济增长减速趋势

　　改革开放至今，人口红利不仅提供了充足的劳动力供给，而且贯穿于高速经济增长的每个因素之中。例如，对经济增长做出主要贡献的资本形成，不仅得益于抚养比下降促成的高储蓄率，而且因劳动力

---

[*] 本文作者为蔡昉、陆旸。

无限供给阻止了资本报酬递减现象，使得投资在一定时期内可以有效地成为经济增长的主要贡献因素。此外，全要素生产率提高的源泉，也在相当大程度上来自劳动力从农业向非农产业转移产生的资源重新配置效率。当然，劳动力供给和人力资本提高对经济增长的贡献，更是不言而喻的。因此，如果人口红利消失，经济增长减速就是必然的。

2010 年便是中国人口红利开始消失之年。根据人口普查数据预测，2010 年中国 15～59 岁劳动年龄人口达到峰值，随后绝对减少；据此计算的人口抚养比同时达到谷底，随后迅速提高。因此，在预测今后潜在增长率时，劳动力供给这个变量是负增长。此外，由于劳动力不再是无限供给，资本报酬递减现象已经发生，近年来资本边际回报率显著下降，今后资本形成的增长率也必然减缓，即假定 2012～2020 年中国平均投资增长率约为 13%。因此，即便在假设全要素生产率的增长率不发生大幅度跌落的情况下，潜在增长率也会以较大的幅度下降。

在上述假设下，我们做出的估算是，潜在 GDP 年增长率将由"十一五"时期的平均 10.3%，下降到"十二五"时期的 7.6% 和"十三五"时期的 6.2%。潜在增长率是在资本和劳动都得到充分利用的前提下，在一定生产要素的供给制约下，以及全要素生产率提高限度内，可以实现的正常经济增长率。这个定义有两个含义，即在充分就业的假设下，只要实际增长率不低于潜在增长率，第一，就不会产生周期性失业现象。这就是为什么 2012 年经济增长速度不能达到 8%，劳动力市场上却并没有出现严重的就业压力，"民工荒"和招工难反而继续成为企业发展瓶颈；第二，也不需要额外的需求刺激。2001～2011 年期间，拉动 GDP 增长的需求因素中，消费需求贡献了4.5 个百分点，资本形成（投资需求）贡献了 5.4 个百分点，净出口贡献了 0.56 个百分点。因此，即使"十二五"期间净出口的贡献为零，投资需求减半，靠国内消费需求和一半投资需求形成的需求拉动（4.5 个百分点加 2.7 个百分点，共 7.2 个百分点），也足以支撑这一时期的潜在增长率（7.2 个百分点）。而且，这样的增长速度更符合党的十八大提出的建立在更加平衡、更加协调和更加可持续的基础上的要求。

对于我们做出的这种判断，一个可能的质疑是：从人口年龄结构变化这一个因素，是否足以推论出中国经济潜在增长率的必然下降。实际上，我们并没有泛化也没有夸大人口红利，而只是恰如其分地以其实际作用作为分析的出发点。不过，我们的确需要扩展对人口红利的认识，即它并不简单地体现在劳动力供给上面，甚至可以说，充足的劳动力供给是人口红利一个相对不重要的作用方面，而最重要的是无限供给的劳动力这一性质，打破了新古典增长理论关于资本报酬递减的假设。根据这个原理，我们就可以理解，为什么中国（乃至整个东亚经济）没有陷入"克鲁格曼的魔咒"（Krugman，1994）。那是因为东亚经济有一个蕴含潜在人口红利的二元经济发展阶段，而这个阶段之所以存在，关键在于特定的人口转变过程（Cai，2010）。因此，人口转变阶段变化了，二元经济发展阶段也随之发生变化，经济增长速度和模式也必然变化。

二　提高潜在增长率的空间

一个从二元经济发展向新古典增长转变的国家，随着传统增长源泉（如人口红利）的式微乃至消失，经济增长越来越依靠技术进步带来的全要素生产率的提高。由于生产率的提高需要付出艰难的努力，不再有捷径可走，因此，经济增长速度减慢是不可避免的，也是顺理成章的。但是，经济增长从上一个五年规划期的 10.5% 到 7.2% 这样的下降幅度，则是由于人口红利消失转折点所致。在成熟的经济体，由于没有显著且突兀的结构变化，因此，潜在增长率通常反映的是经济增长的长期趋势。而对于二元经济发展到新古典增长的根本性转折来说，潜在增长率发生的变化必然是急剧而陡峭的。

那么，我们有没有可能把戛然而止的转折点，延伸为一个相对平缓的转折区间，以便赢得时间予以应对呢？换句话说，按照自然趋势，潜在增长率到"十三五"后期将会降到6%以下，以后会进一步降低。而在相当长的时间内，中国仍然处在中等偏上收入水平阶段，我们还需要保持适度、较高的增长速度。这是否可行呢？

答案是肯定的。潜在增长率是在充分就业条件下，在现有生产要素和全要素生产率水平下可以达到的合理的经济增长速度。可见，改变生产要素供给和提高全要素生产率都可以提高潜在增长率。在估计潜在增长率时，我们曾经假设了劳动力供给逐年减少，同时假设劳动参与率不变，全要素生产率的增长率相对稳定但略微下降。但是，这些影响潜在增长率的变量并非一成不变的。事实上，无论是经济史还是我们的模拟都表明，改变上述一些假设，即按照经济发展的逻辑，加大激励提高劳动参与率，创造条件提高全要素生产率，就可以显著提高潜在增长率。模拟表明，在2011~2020年期间，第一，如果每年劳动参与率提高1个百分点，将会使平均每年的潜在GDP增长率提高0.88个百分点；第二，如果每年都能够将全要素生产率增长率提高1个百分点，那么平均每年的潜在GDP增长率将提高0.99个百分点。毋庸置疑，这种变化对潜在增长率的提高效果是非常显著的。在图1中，我们描述了这种效果。

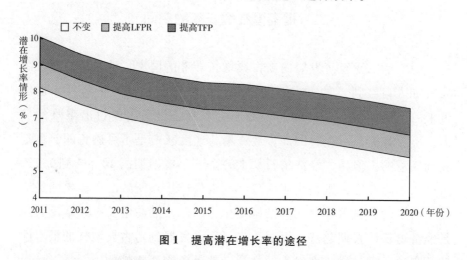

图 1 提高潜在增长率的途径

毋庸讳言，这样的模拟就如估计潜在增长率本身一样，总是有这样那样的缺陷，自然会在经济学家中引起诸多的争论。不过，如果我们不拘泥于精确的数字，而立足于接受其传达的政策含义，这种研究无疑是有价值的。也就是说，虽然模拟总是以一些不尽精确的假设和数据为基础，但是，劳动参与率和全要素生产率的提高能够积极且显著地改变潜在增长率，无疑是正确的、符合理论预期的结论。

理论界和政策界的一个共识是，深化改革是保持长期可持续增长的根本途径。在很多情况下，也许不该过分功利地看待改革，以追求短期 GDP 作为改革动因和改革目的。不过，中国所处经济发展阶段的一个重要特征是"未富先老"，这既带来了格外严峻的挑战，也创造了独一无二的机遇。换句话说，从中国特殊的国情出发，的确存在着一些改革领域，如果得到实质性的推进，可以通过提高劳动参与率、全要素生产率以及诸如此类的因素，产生立竿见影推动经济增长的效果。

三 我们需要什么样的改革？

户籍制度改革便是这样的一个领域。现行的户籍制度仍然起着一种阻碍劳动力充分流动的制度性障碍作用。虽然目前已经有 1.6 亿农村劳动力离开本乡镇外出就业，但是，由于尚未成为法律意义上的市民，他们作为城市产业发展所需的主要劳动力供给，却处于不稳定和不充分的状态。另外，由于缺乏社会保障和其他基本公共服务的充分覆盖，农民工也难以发挥其本来应有的消费者作用。所以，一旦通过改革消除这一制度性障碍，可以产生一石三鸟的效果，在促进经济发展方式转变，即经济增长更加平衡、协调和可持续的同时，立竿见影地提高潜在经济增长率。

户籍制度改革推动农村剩余劳动力进一步转移和农民工市民化，既可以通过增加劳动力供给提高潜在增长率，也可以通过消除制度障碍疏通劳动力流动渠道，继续创造资源重新配置效率，保持全要素生产率的提高。未来 10 年，是中国从中等偏上收入国家迈向高收入国家行列的关键时期，与人均 GDP 在 6000～12000 美元的中等收入国家相比，中国农业劳动力继续转移的潜力仍然是巨大的。处在这个发展阶段上的其他国家，平均的农业劳动力比重为 14.8%，比中国低 10～20 个百分点，因为按照学者的估算，目前中国农业劳动力比重为 24% 左右，而按照官方统计口径，农业劳动力比重仍然高达 35% 左右（见图 2）。这意味着在今后 10 年乃至 20 年内，从现有的农业劳动力出发，中国每年需要减少数百万农业劳动力，即每年降低农业劳动力比重 1 个百分点以上。这样的话，就能保持资源重新配置效率的持续提高，进而支撑中国经济增长的可持续性。

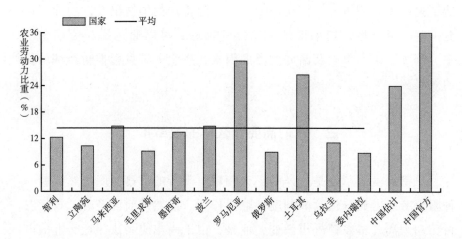

图 2　人均 GDP 在 6000～12000 美元国家的农业劳动力比重与中国比较

资料来源：世界银行数据库；国家统计局《中国统计年鉴》；都阳、王美艳《中国的就业总量与就业结构：重新估计与讨论》，载蔡昉主编《中国人口与劳动问题报告 No. 12——"十二五"时期挑战：人口、就业和收入分配》，社会科学文献出版社，2011。

户籍制度改革还通过提高农民工的社会保障覆盖率扩大其消费水平。由于农民工尚未获得城镇本地户籍，他们的就业和收入不稳定，社会保险的覆盖水平还十分低下，并且不能产生长期的和确定的居住预期。这种状况导致他们的终身收入流缺乏稳定性，从而使得他们并不能成为像城镇居民一样的正常消费者。

例如，在 2011 年外出就业的 1.59 亿农民工中，加入社会养老保险的比重为 13.9%，加入工伤保险的比重为 23.6%，加入基本医疗保险的比重为 16.7%，加入失业保险的比重为 8%，加入生育保险的比重为 5.6%。虽然这已经比几年前有了明显的提高，但是仍然大大低于城镇劳动者的覆盖水平。同年城镇劳动者的上述社会保险覆盖率分别为 60.0%、49.3%、52.8%、39.9% 和 38.7%。在这种缺乏社会保障的情况下，农民工只好把收入的 1/4 左右汇回农村老家，作为个人的保障方式以平滑自身消费。也就是说，如果通过户籍制度改革，很大一部分农民工的社会保障覆盖率能够达到城镇居民的水平，即便在收入不提高的情况下，他们的消费至少也可以增加 1/4，中国消费需求将显著地扩大，可以明显促进中国经济再平衡。

党的十八大报告提出加快改革户籍制度，有序推进农业转移人口市民化，努力实现城镇基本公共服务常住人口全覆盖。在党的报告中，这是第一次做出推进农业转移人口"市民化"的表述，并提出基本公共服务常住人口全覆盖的要求，是城乡统筹、城乡融合的一个崭新目标和顶层设计。同时也提出了户籍制度改革的三条并行的路径：第一，吸纳农民工成为城市户籍人口；第二，努力为尚不具备条件成为市民的农民工，提供与城镇居民同等的基本公共服务；第三，实现社会保障体系对城乡居民的全面覆盖。

从某种程度来说，上述户籍制度改革路径似乎早已确定，许多地方政府甚至探索了一些有地方特色的实施政策。但是，这一改革在实际推进中可谓步履艰难，整体来说进度并不理想。地方政府在推进户籍制度改革方面，既有动力，也有顾虑。虽然总体而言户籍制度改革并不触动紧密的既得利益集团，在政治上似乎容易达成共识，但是，仍然有两个原因使得地方政府犹豫观望、踟蹰不前。

第一个原因是，地方政府缺乏为接受农民工成为市民埋单的能力。在目前地方政府基本公共服务支出责任和财政能力之间已经不对称的情况下，扩大覆盖范围无疑会使地方财力更加捉襟见肘。在农民工对税收的贡献没有被地方政府清楚地识别，或者乐于以外来人口贡献"补贴"户籍居民的条件下，使得由地方推动实质性的户籍制度改革的激励不足。

第二个原因是，地方政府在推动地方经济发展方面的动力十分强烈，但是，当今后中国面临的风险越来越是关乎国家长治久安的问题时，地方政府具有免费搭车的倾向，有意无意地把最终责任推给中央政府。固然，在党中央新的领导班子形成后，各级党和政府领导在贯彻落实十八大精神的过程中，也将更具战略性眼光和思维，但是，推进改革始终应该依靠党中央和中央政府的顶层设计。

由于上述两方面原因，以农民工市民化为核心的户籍制度改革，难以单独依靠地方政府进行实质性推进。因此，推进户籍制度改革的顶层设计和局部推进，需要遵循三个重要原则。第一，中央政府要提出改革目标和实施时间表。即把以户籍人口为统计基础的城市化率作为指导性规划下发给地方政府，分人群有条件地设定完成改革的截止期。例如，举家外迁的农民工家庭目前超过 3000 万人，应该尽快使他们成为市民。第二，明确区分中央和地方在推进户籍制度改革中的财政责任。建议中央政府承担义务教育责任，由地方政府为社会保障和最低生活保障等生活救助项目埋单，同时尽快实现基础养老金的全国统筹。第三，地方政府根据中央要求制定改革路线图，按照时间表推进改革。对于尚未纳入市民化时间表的农民工及其家庭，地方政府有责任尽快为其提供均等化的基本公共服务。

提高全要素生产率还有一个有着巨大潜力的领域。既行业内部的企业之间存在生产率差异，允许更有效率的企业生存、扩大和发展，相应淘汰那些长期没有效率改进的企业，可以提高行业进而整体经济的生产率水平。研究表明，在美国，通过部门内企业的进入、退出、生存、消亡这种创造性破坏机制，对全要素生产率提高的贡献为 30% ~ 50%（Foster et al., 2008）。此外还有研究表明，中国部门内企业间生产率差异巨大，如果缩小到美国的水平，可以提高全要素生产率 30% ~ 50%。这两个数字如此巧合的含义是，迄今为止，中国尚未获得这种类型的全要素生产率源泉。

这就要求进行相应的改革，拆除行业进入和退出壁垒，消除生产要素流动的制度性障碍，通过竞争机制实现优胜劣汰。通常，在讨论这个问题时，人们往往盯住国有企业改革，特别是强调国有企业的有进有退、有所为有所不为。但是，鉴于这个改革领域极大地触及既得利益，不仅要做到十八大报告要求的"必须以更大的政治勇气和智慧，不失时机深化重要领域改革"，还应该从策略上把改革转向不针对任何所有制，着眼于创造公平竞争的制度环境，允许各种类型（不论大小和所有制）企业平等进入所有竞争性行业，获得同等竞争条件和待遇。在竞争性领域，让任何长期缺乏效率的企业退出经营，而无论以前的贡献如何。

参考文献

Cai, Fang, Demographic Transition, Demographic Dividend, and Lewis Turning Point in China, *China Economic Journal*, 2010, Vol. 3, No. 2, pp. 107 – 119.

Foster, Lucia, John Haltiwanger, and Chad Syverson (2008) Reallocation, Firm Turnover, and Efficiency: Selection on Productivity or Profitability? *American Economic Review*, Vol. 98, pp. 394 – 425.

Hsieh, Chang-Tai and Peter J. Klenow (2009) Misallocation and Manufacturing TFP in China and India, *The Quarterly Journal of Economics*, Vol. CXXIV, Issue 4, November, pp. 1403 – 1448.

Krugman, Paul, The Myth of Asia's Miracle, *Foreign Affairs* (November/December), 1994.

都阳、王美艳：《中国的就业总量与就业结构：重新估计与讨论》，载蔡昉主编《中国人口与劳动问题报告 No.12——"十二五"时期挑战：人口、就业和收入分配》，社会科学文献出版社，2011。

原载 2013 年第 1 期 《比较》

图书在版编目（CIP）数据

赢得改革红利/蔡昉著. —北京：社会科学文献出版社，
2015.4
（影响力书系）
ISBN 978 - 7 - 5097 - 7255 - 3

Ⅰ.①赢… Ⅱ.①蔡… Ⅲ.①中国经济 - 经济体制改革 -
文集 Ⅳ.①F121 - 53

中国版本图书馆 CIP 数据核字（2015）第 052963 号

·影响力书系·

赢得改革红利

著　　者／蔡　昉

出 版 人／谢寿光
项目统筹／恽　薇
责任编辑／恽　薇

出　　　版／社会科学文献出版社·经济与管理出版分社（010）59367226
　　　　　　地址：北京市北三环中路甲 29 号院华龙大厦　邮编：100029
　　　　　　网址：www. ssap. com. cn
发　　　行／市场营销中心（010）59367081　59367090
　　　　　　读者服务中心（010）59367028
印　　　装／三河市东方印刷有限公司

规　　　格／开本：787mm × 1092mm　1/16
　　　　　　印张：17.25　字数：239 千字
版　　　次／2015 年 4 月第 1 版　2015 年 4 月第 1 次印刷
书　　　号／ISBN 978 - 7 - 5097 - 7255 - 3
定　　　价／59.00 元